5

narrativa tea

Dello stesso autore in edizione TEA:

Un mattino d'ottobre
Commissario domani ucciderò Labruna
Lo specchio del barbiere
La morte al cancello
Pesca con la mosca

Gianni Simoni

Pesca con la mosca

Romanzo

TEA

Per informazioni sulle novità
del Gruppo editoriale Mauri Spagnol visita:
www.illibraio.it
www.infinitestorie.it

TEA - Tascabili degli Editori Associati S.p.A., Milano
Gruppo editoriale Mauri Spagnol

www.tealibri.it

Prima edizione Narrativa TEA gennaio 2012
Prima ristampa Narrativa TEA febbraio 2012

PESCA CON LA MOSCA

A Ed McBain

« Fiduciose formiche!
Che vanno e vengono,
e trascinano pesi enormi,
e scavano tane profonde.
Senza vedere la mia scarpa che incombe. »
Gesualdo Bufalino

Nota dell'autore

Le vicende raccontate in questo romanzo sono frutto della fantasia dell'autore, e anche alcuni luoghi sono immaginari. Altri no, poiché, come spesso accade, dai ricordi emergono luoghi, ma anche personaggi, realmente esistiti o esistenti. Niente di più di uno spunto narrativo, tuttavia, e ogni coincidenza con situazioni e persone reali è puramente casuale.

Capitolo 1

Uscì da una porta secondaria e si avviò a passo lento verso la fermata della corriera che, ogni ora, risaliva la valle. Un abito leggero, di seta. Sul braccio una borsetta e nella mano una busta con l'intestazione dell'ospedale. L'avrebbe aperta a casa, nel silenzio della sua stanza. Si sentiva addosso la stanchezza degli ultimi giorni, la normalità di un quotidiano che continuava ostinatamente a rispettare e le lunghe notti, trascorse con gli occhi sbarrati nel buio. La riprese il dolore alla schiena e sentì lo stomaco che le si rovesciava, attanagliata dal senso di nausea che la coglieva al mattino, sempre più spesso.

Sentì il bisogno di sedersi e si abbandonò su una panchina, a pochi metri dalla pensilina. Guardò l'orologio da polso: ancora venti minuti di attesa. Per le undici sarebbe arrivata a Tavernole e la casa si trovava poco lontano, nel vicolo sul retro della piazzetta.

Trovò le chiavi dove le aveva lasciate, sul davanzale, dietro un vaso di gerani. Aveva tempo: la vecchia maestra, che da diciotto mesi le aveva affittato la stanza e che oggi l'aveva sostituita, sarebbe rientrata solo nel pomeriggio, dopo le quattro, quando chiudeva la scuola materna.

Non aveva avuto il tempo di rifare il letto. Lo fece adesso, dopo avere rassettato la stanza, riordinando tutto con cura. Poi si sedette al piccolo tavolo che stava in un angolo e prese la busta con la carta da lettere. Levò la stilografica dalla borsetta e iniziò a scrivere, fermandosi dopo il primo periodo. Non aveva più visto né sentito i genitori dal Natale precedente, quando aveva trovato il coraggio di telefonare, e sua madre, al suono della sua voce, aveva subito riagganciato.

Forse una lettera a Enrico. Ma vi rinunciò. Sarebbe stata inutile e dolorosa.

La vecchia maestra piuttosto. Non poteva andarsene senza una parola, e delle sue cose doveva pur disporre in qualche modo. Lo fece. Le dispiaceva di non averla potuta salutare, ma lei avrebbe capito. Avrebbe saputo cosa fare di tutti i suoi abiti e soprattutto di quel pacco arrivato la settimana prima, che non aveva ancora aperto e che giaceva sul fondo dell'armadio. Quello avrebbe potuto regalarlo a una ragazza del paese che ne avesse la necessità.

Mise il biglietto in una busta e la posò sul tavolo, dopo averci scritto il nome della maestra.

Si guardò in giro. Dimenticava il cardellino. Prese la gabbia, si avvicinò alla finestra e aprì lo sportello. La bestiola ne uscì cautamente, fece un piccolo volo e tornò a posarsi sul davanzale.

Non c'era altro da fare e si sedette sulla sponda del letto. Solo allora aprì la busta, anche se non aveva dubbi su quanto vi fosse scritto nel referto. Niente più di un formulario prestampato con una crocetta sulla casella che l'interessava. Adesso che lo vedeva, nero su bianco, sentì una sorta di pace che la invadeva e si stese sul letto, gli occhi che correvano al soffitto e alle sottili crepe che formavano delle piccole ragnatele, interrotte da qualche macchia di umidità. Restò così per qualche minuto, in attesa che la testa le si sgombrasse da ogni pensiero. Poi si alzò e gettò la busta dell'ospedale nel caminetto, dandole fuoco e guardando la carta che si accartocciava fino a ridursi a un mucchietto di cenere.

Si sfilò l'abito di seta e lo sostituì con uno di cotone, che aveva acquistato un paio di mesi prima su una bancarella, al mercato del giovedì. Adesso aveva veramente finito e uscì di casa, mettendo le chiavi dietro il vaso.

L'orologio del campanile suonò l'una. A quell'ora non c'era nessuno in giro e nessuno la vide attraversare le ultime case del paese, imboccare la statale per poi abbandonarla quasi subito, quando prese il viottolo sassoso che correva parallelo pochi metri sotto, per poi perdersi in una macchia, dove, circa un chilometro a monte, iniziava il sentiero sterrato che scendeva al fiume.

Non aveva pensato di mettersi delle scarpe basse e camminare coi sandali le veniva difficile, ma riuscì a proseguire fino alla fine del viottolo.

Si fermò un momento, mettendosi supina sull'erba umida e si passò una mano sul ventre, mentre due lacrime le rigavano finalmente il volto. Poi si levò, sentendo un'altra fitta alla schiena, e scese lungo il sentiero.

Capitolo 2

L'ansa del torrente volgeva a est e gli alberi che la costeggiavano facevano da schermo al sole, sorto da poco e ancora basso. I raggi che si facevano strada tra il fogliame giocavano sull'acqua, in un mosaico di luci e ombre. Nel mezzo, oltre alcuni massi che affioravano alla superficie, il torrente correva vorticoso, sollevando spruzzi di spuma bianca, e si acquietava solo quando il fondo si addolciva o l'acqua stagnava in qualche insenatura che moriva sull'erba e sulla sabbia del pendio che saliva fino alla strada asfaltata.

L'acqua, in alcuni punti, era intorbidita dal terriccio che si staccava dal greto e dalle foglie degli alberi che, a tratti, fremevano alle raffiche di vento di quel mattino di settembre che aveva già un sapore autunnale.

Le foglie danzavano, avvicinandosi e scostandosi, ai refoli d'aria che giungevano a increspare il pelo dell'acqua e tra le foglie sciaguattava un vestituccio giallo, a fiori, che era risalito fin quasi alla vita, lasciando scoperte le gambe illividite della ragazza. Gli occhi scuri e umidi erano aperti e guardavano il cielo, senza vederlo, in un pianto muto e sospeso. Una foglia le si era posata sulla guancia e vi era rimasta, appiccicata dall'acqua che vi scorreva sopra dolcemente, senza staccarla.

Un centinaio di metri a valle Carlo Petri, con scarso successo, combatteva la sua guerra personale contro la trota di montagna che, qualcuno gli aveva detto, insieme a qualche raro temolo era ancora possibile trovare in quei luoghi, nella parte alta della valle, dove le acque del Mella erano ancora abbastanza pulite.

In passato aveva seguito qualche volta un suo collega pescatore e l'esperienza l'aveva intrigato, perché non si trattava di calare una lenza e restare in attesa di un sussulto del galleggiante, cosa che si poteva fare anche a ottant'anni e in ciabatte, ma di camminare, di risalire torrenti, di decifrare gli anfratti dove il pesce amava rintanarsi e poi sfidarlo, facendo planare sull'acqua quella lenza che si doveva lanciare con un colpo di frusta, dopo averla fatta vibrare sopra il capo, con una tecnica particolare che culminava in uno scatto del polso che imbracciava la canna col mulinello.

Tutto questo Petri lo aveva appreso guardando l'amico all'opera e carpendo qualche spiegazione che non sempre aveva capito del tutto, pur non dandolo a vedere. Dall'amico, ancora in servizio, non voleva tornare, temendone il sorriso benevolo. Aveva quindi scelto la strada più difficile, entrando direttamente in un negozio di caccia e pesca e cercando di assumere un'aria svagata che non aveva ingannato neanche per un momento il negoziante che sapeva riconoscere a colpo d'occhio un principiante.

Fu così che, dopo aver finto di approvare tutte le decisioni del suo interlocutore che, bonariamente, gli faceva sempre proposte alternative, inducendolo a scelte che all'apparenza erano sue, se ne uscì dal negozio carico all'inverosimile, con tutto l'armamentario di un pescatore professionista: dagli stivaloni di gomma che gli coprivano interamente le cosce e salivano in una sorta di pettorina che si agganciava dietro il collo e gli avrebbe permesso di sguazzare senza bagnarsi anche in un metro d'acqua, a una serie di mosche, strani oggettini piumati e variopinti nei quali era celato l'amo.

Se n'era tornato a casa perplesso per la somma che aveva scritto sull'assegno e, sotto gli occhi comprensivi di Anna, aveva rimesso insieme la congerie di cose di cui il negoziante l'aveva caricato, cercando di non far trapelare il senso di smarrimento che lo attanagliava.

Le prime uscite furono disastrose e perse il conto delle lenze e delle mosche perdute negli anfratti rocciosi o, più spesso, nelle fronde degli alberi che si trovavano alle sue spalle, quando faceva ondeggiare la coda di topo avanti e indietro, sopra la testa, per imprimerle la velocità necessaria per il lancio. Poi, col tempo, le cose migliorarono e più di una volta era riuscito a portare a casa qualche trota, che aveva affrettatamente riposto nel cesto che portava a tracolla, certo che il suo collega le avrebbe ributtate in acqua essendo sotto misura.

Anna sembrava entusiasta dei suoi progressi, anche se le sue lodi, troppo scoperte, finivano con l'insospettirlo, parendogli di essere trattato come il bambino di un tempo, capace solo di eccellere nelle attività scolastiche, ma impacciatissimo in tutto il resto.

Quel giorno sembrava peggiore del solito. Aveva già perso tre esche e di trote neppure l'ombra, quando decise di risalire il torrente alla ricerca di acque più tranquille. Camminava nell'acqua bassa, vicino all'argine, quando, superata una curva, vide aprirsi l'ansa che gli parve una benedizione. Cercò di ricordare se le trote amassero le ingolfature o preferissero attardarsi nei piccoli specchi che si formavano sul filo della corrente, quando il corso dell'acqua si placava dopo il salto da un masso, per riacquistare velocità più avanti, a un nuovo dislivello, ma non riusciva a rammentare gli insegnamenti dell'amico che, a questo proposito, qualcosa doveva pur avergli detto.

Si sforzò di ragionarci sopra, accendendosi una sigaretta. Non riusciva a immedesimarsi nello spirito di una trota, che, a suo parere, non si muoveva certo a caso e, terminato di fumare, decise di infischiarsene e, sistematosi nell'acqua a un paio di metri dalla riva, azzardò qualche lancio, avendo cura di tenersi basso, per evitare i rami che si protendevano sul torrente.

Era controluce e solo dopo qualche minuto si accorse di quella macchia gialla che spiccava tra le foglie. Imprecò contro chi non si faceva scrupolo di insozzare anche le acque di montagna e, arrancando con gli stivaloni, risalì per una decina di metri, incurante del fondale che si stava abbassando, fino a rendersi conto che quella macchia gialla era una vesticciola da cui sporgevano due gambe e due braccia. Il cuore prese a battergli forte e, senza badare all'acqua che gli era penetrata negli stivali, riuscì ad avvicinarsi al corpo.

La ragazza non poteva avere più di una ventina d'anni e l'abito le era risalito fino alla vita, lasciandole scoperte le mutandine di cotone, di un celeste sbiadito che lasciava intravedere il ciuffo di peli scuri del pube, che in parte fuorusciva dai bordi dell'indumento, che l'acqua aveva allentato. Fu questo a deciderlo, anche se sapeva che non avrebbe dovuto farlo.

Si trovava a qualche metro dal ciglio erboso e vi lanciò il cesto e la canna da pesca. Poi prese il corpo per un piede e, ansimando, riuscì a trascinarlo a riva, issandolo sul pendio. Le calò la veste fino a coprirle le ginocchia e cercò inutilmente di chiuderle gli occhi, che parevano guardarlo. La ragazza aveva un viso minuto e il colore livido della pelle, che si stava raggrinzendo, gli suggerì che doveva trovarsi in acqua da almeno un paio di giorni.

Cercò di riprendere fiato e le pose un fazzoletto sul volto. Per farlo dovette inginocchiarsi. Fu in quel momento che, a poca distanza, scorse due sandali, con un tacco di qualche centimetro, disposti ordinatamente uno accanto all'altro al termine di un sentiero sterrato.

Adesso si trattava di raggiungere la strada e, ignorando di proposito il sentiero, iniziò ad arrampicarsi attraverso la vegetazione, aggrappandosi agli alberi e ai ciuffi d'erba. Gli ci volle qualche minuto e, quando raggiunse la statale, si abbandonò stremato sulla striscia erbosa che correva lungo il bordo asfaltato.

Non riusciva a capire se avesse lasciato la macchina a monte o a valle e non voleva neppure allontanarsi, lasciando sola la ragazza. La prima cosa da fare era vuotare quella sorta di scafandro che si era riempito d'acqua e lo fece, celandosi dietro un cespuglio. Poi tornò sulla strada, in attesa di un'auto di passaggio.

Rinunciò subito a un furgone carico di cassette di frutta e verdura che scendeva suonando il clacson e pareva andare di fretta. Dopo un quarto d'ora e tre sigarette, apparve una Opel di piccola cilindrata con una donna alla guida. Petri le fece cenno di fermarsi. L'auto non accennò a rallentare, e lui avanzò di due passi sulla carreggiata, allargando le braccia e costringendola a una brusca frenata.

La donna, una cinquantenne con gli occhiali da vista, abbassò il finestrino e gli gridò qualcosa che lui non capì.

Si avvicinò alla macchina, rendendosi conto solo allora del suo aspetto poco rassicurante. «Abbia pazienza, signora», le si rivolse, «ma non l'avrei fermata se non si trattasse di una cosa gravissima. Mi chiamo Petri e questo è un mio documento», e tese alla donna la sua carta d'identità. «Stavo pescando nel torrente qui sotto, quando ho trovato una ragazza, una ragazza morta, annegata. Ho bisogno di mettermi subito in contatto coi carabinieri e forse lei mi può aiutare perché...»

«Una ragazza? Una ragazza annegata?» lo interruppe con voce stridula la donna, alzando rapidamente il finestrino e facendo scattare la chiusura interna.

Petri sospirò e bussò al vetro. «Legga il mio documento per favore», gridò a voce alta.

La donna abbassò gli occhi sulla carta d'identità che aveva in mano e calò di due dita il finestrino. «Qui c'è scritto: PROFESSIONE MAGISTRATO. Lei è un magistrato? La fotografia non corrisponde. Qui c'è uno coi capelli neri e la cravatta e lei...»

«Il documento è di una ventina di anni fa e me l'hanno sempre rinnovato. Controlli. Questo spiega il fatto dei capelli neri e la scritta MAGISTRATO. Perché un magistrato lo sono, anche se in pensione, e uno, quando fa una fototessera, ha logicamente la cravatta e non è vestito da pescatore. Comunque, se ha qualche dubbio, i carabinieri li va ad avvertire lei e si porta dietro la mia carta d'identità. Io posso anche aspettare qui.»

«Be'», fece la donna che si era ripresa, «se è per questo, i carabinieri li può chiamare anche lei», e senza lasciar tempo a Petri di interloquire, scese dalla macchina e levò dalla borsa un cellulare e una piccola rubrica. «Le dico il numero», disse, tendendogli il cellulare, e Petri lo digitò, mentre la donna gli restituiva il documento.

La Caserma era nel paese che aveva attraversato al mattino, pochi chilometri sotto. Rispose un appuntato, con voce distratta. Petri decise che non era il caso di sottilizzare e si qualificò, chiedendo del comandante. Qualche secondo d'attesa. Anche nelle caserme hanno messo Mozart, pensò infastidito. Venne al telefono un brigadiere al quale spiegò, con poche frasi precise, l'accaduto, dicendo che lui restava lì in attesa e indicando il nome della località che gli venne suggerita dalla donna.

«Arriviamo in meno di venti minuti», rispose il brigadiere e riagganciò.

Petri guardò la donna. Aveva accostato al margine della strada ed era scesa. Forse più vicina ai sessanta che ai cinquanta. Un gran seno che era bilanciato da un sedere altrettanto generoso e due occhi da ipertiroidea dietro le lenti degli occhiali. Si appoggiò a un paracarro e Petri le offrì una sigaretta.

Fumarono in silenzio.

«Io sono la levatrice del paese», disse lei, mentre schiacciava il mozzicone della sigaretta. Lui ne seguì i movimenti. Portava dei sandali bassi, da cui sbucavano le dita dei piedi, con le unghie smaltate di un rosso violaceo.

«Mi dispiace di averla spaventata», disse Petri.

La donna sorrise. «Be'... un pochino sì. Lei che fa il giudice lo dovrebbe sapere. Uno ti ferma per chiederti un'informazione. Quello finge di non capire, e tu scendi per spiegarglielo meglio e, prima che te ne renda conto, ti ha sbattuto dietro un cespuglio e ti è saltato addosso.»

Petri assentì gravemente col capo, dando un'occhiata alle mani della levatrice. Non aveva la fede. «Lei è sposata?»

«No, sono ancora signorina.»

Petri tornò ad annuire. In fondo essere scambiato per un potenziale stupratore era quasi lusinghiero. Doveva raccontarlo ad Anna. «Signorina», fece dopo un momento, «se lei vuole proseguire...»

«Niente affatto, adesso voglio vedere come va a finire. A proposito, lei invece è sposato?»

«Sì», rispose Petri.

«Ci viene spesso a pescare da queste parti? Io abito a Tavernole, al 32 di via Garibaldi, una villetta con un giardino intorno, non può sbagliarsi. Mi offrirebbe un'altra sigaretta?»

Petri tornò a tenderle il pacchetto e fece scattare l'accendino con le mani protese a coppa. La donna le prese tra le sue, trattenendole con delicatezza e muovendo le dita sul dorso delle sue mani.

«Credo che sia accesa», disse Petri, e la donna ebbe un piccolo sussulto. «È proprio certa di volersi trattenere?» continuò Petri. «Guardi che non è un bello spettacolo.»

«Certissima», fece la levatrice, fumando nervosamente.

Ricordò di avere parcheggiato la sua macchina nei pressi di un'osteria con un pergolato.

«Neanche un chilometro sotto. Se vuole, dopo, ce l'accompagno, sono di strada», disse la donna.

Ci volle quasi mezz'ora prima che arrivassero le due campagnole militari.

Il brigadiere, un giovanotto sulla trentina con uno spiccato accento veneto, si diresse subito verso Petri. «Dottore», disse tendendogli la mano, «noi ci conosciamo. Sono il brigadiere Zanin e lei mi ha chiamato a testimoniare circa tre anni fa per l'omicidio di quel contadino che...»

«Certo, certo», rispose Petri che non ne aveva alcun ricordo.

«E lei?» riprese il brigadiere. «Sempre all'ufficio istruzione, o come lo chiamano adesso?»

«No», gli spiegò Petri. «Ho scelto di mettermi in pensione.» Aveva parlato a voce bassa, quasi vergognandosi. Il brigadiere parve un po' deluso, ma poteva trattarsi anche di una sua impressione.

Petri spiegò che la ragazza si trovava sulla riva del torrente, proprio sotto la strada, dove lui aveva trascinato il corpo.

Il brigadiere sembrava sulle spine. «Non sarebbe così cortese d'accompagnarci? Sa, con la sua esperienza...»

«Certamente, l'avevo già pensato», rispose Petri. «E, già che ci siamo, faccia prendere del nastro, così può far recintare la zona, e se magari avesse anche una macchina fotografica...»

«Ho con me tutta l'attrezzatura necessaria, per questo ho tardato un poco», disse il brigadiere. «Forse lei non se lo ricorda, ma qualche anno fa venne alla Legione a tenerci un corso sulle prime indagini.»

Questo Petri lo ricordava benissimo e provò un pizzico di soddisfazione. «Allora andiamo», disse al brigadiere, «e le consiglierei, per scendere, di seguire la boscaglia e non imboccare il sentiero. Potremmo trovarci delle tracce utili.»

«Ha ragione», disse Zanin e diede le disposizioni necessarie a un paio di carabinieri, mentre un terzo si caricava sulle spalle uno zaino.

Il corpo era dove l'aveva lasciato Petri e qualche tafano gli ronzava intorno.

«Questa è stata di sicuro strozzata», affermò Zanin mostrandogli un segno violaceo di pochi centimetri sul lato sinistro del collo.

«Non direi», fece Petri. «Come sia morta non lo sappiamo ancora, ma se qualcuno l'avesse strangolata i segni dovrebbero essere diversi e interessare gran parte del collo. Quel segno può anche essere stato provocato dall'urto contro un sasso o un pezzo di legno. Solo l'autopsia sarà in grado di dircelo. Adesso faccia scattare le fotografie. Anzi, prima si procuri un ramo abbastanza diritto di un paio di metri e ci faccia annodare sopra un lembo di stoffa. Ci penso io, che ho gli stivaloni, a conficcarlo nel punto esatto in cui ho trovato il corpo. Forse avrei dovuto lasciarcelo e ho agito d'impulso...»

«Secondo me ha fatto bene, sta venendo burrasca e il corpo avrebbe potuto anche essere trascinato più a valle», fece Zanin.

«Giusto», concluse Petri.

Scattarono una ventina di fotografie. Al corpo, allo specchio d'acqua e al palo che Petri vi aveva conficcato. Petri indicò i sandali e anche quelli vennero fotografati. Poi, col brigadiere, si avvicinò al termine del sentiero. Videro subito le ultime impronte della ragazza e risalirono il sentiero di lato, costeggiandolo lentamente, seguitando a scattare fotografie. Non vi erano altre tracce e tutto faceva pensare che la ragazza fosse scesa al torrente da sola. Recintarono tutta la zona con un nastro rosso e bianco. Un carabiniere aveva con sé un sacco grigio di plastica pesante, con la cerniera, e sembrava aspettare ordini.

«Vieni anche tu con me», gli disse Zanin. Tornarono a scendere al torrente, dove era rimasto il corpo.

«Lei, brigadiere, questa ragazza non l'ha mai vista?» chiese Petri.

«Ci stavo giusto pensando. Non è una faccia nuova, ma al momento...»

«D'accordo. Piuttosto, non è che voglia darle consigli, ma nei suoi panni una telefonata in Procura la farei subito.»

«Ha ragione, lo faccio immediatamente. È la sua presenza che me lo stava facendo dimenticare.» Levò di tasca il cellulare e si spostò di alcuni metri per trovare campo. Parlò per alcuni minuti e si riavvicinò a Petri. «C'è al telefono il dottor Martinelli, il Procuratore capo, e vuole parlare con lei.»

«Va bene, me lo passi», disse Petri.

«Olà, Petri!» gridò allegramente Martinelli. «Mi hanno detto che invece di pescare trote hai pescato una bella ragazza.»

«Il cadavere di una bella ragazza», precisò lui con voce secca.

«Certo, certo, non adombrarti subito, e magari scusami la battuta infelice, ma il fatto che tu ti trovi lì mi sembra un colpo di fortuna, perché io non posso logicamente muovermi, ho una giornata fitta di riunioni. Zanetti è in udienza fino a sera e gli altri due sostituti sono già fuori per due rapine in provincia, una col morto. Per il resto tutti ancora in ferie. Come vedi...»

«Davvero una situazione difficile. Ma io cosa c'entro?»

«Niente per la verità, ma intanto vorrei sapere la tua impressione: omicidio o suicidio?»

«Suicidio, al novanta per cento, anche se lo potrà dire con certezza soltanto il medico legale. Non dimenticare che adesso sono solo un pescatore e...»

«Sì, un pescatore dei miei stivali. Non arrabbiarti se ti chiedo un favore. Il brigadiere Zanin lo conosco, bravo ragazzo, un tipo sveglio, e mi ha detto cos'ha fatto, e sono convinto che tu c'entri per qualcosa. Gli ho già dato le disposizioni del caso, ma se tu potessi seguire la faccenda per qualche ora, te ne sarei molto grato. In via del tutto ufficiosa, ovviamente, ma mi toglieresti un peso dallo stomaco e, appena possibile, ci mando un sostituto e tu te ne puoi tornare in città, tanto non credo che tu abbia degli impegni pressanti...»

«Va bene, Martinelli, dillo tu al brigadiere.»

«Già fatto. Gli ho detto che può consigliarsi con te, poi, magari più tardi, mi rifaccio vivo e...»

«Ciao, Martinelli», lo interruppe Petri e chiuse la comunicazione.

Risalirono la china per la seconda volta, seguitando a fotografare il sentiero metro dopo metro e raggiunsero la statale, quasi contemporaneamente ai due carabinieri che, portatosi sulle spalle il sacco incernierato, abbandonarono il carico sul ciglio della strada. Altri due carabinieri vi erano rimasti per impedire che si fermassero eventuali curiosi.

La donna della Opel era sempre lì e non c'era stato verso di smuoverla. Si avvicinò con aria incuriosita.

«A casa anche lei, signora», ordinò il brigadiere.

«Aspetti un momento», intervenne Petri e fece scorrere un lembo di cerniera. La ragazza aveva sempre gli occhi aperti e la foglia appiccicata al viso.

La levatrice si portò una mano alla bocca. «Ma questa la conosco. È la Caterina, quella che sta da un anno e mezzo alla scuola materna e ha una stanza dalla vecchia maestra elementare, la Ghelfi, la Paola Ghelfi.»

«Brigadiere», fece Petri, «siamo già arrivati all'identificazione. Prenda la signora a verbale e poi scendiamo in paese. Io, però, dovrei recuperare la mia macchina, che dovrebbe trovarsi...»

«So io dov'è e ci posso accompagnare io il giudice, poi vengo in caserma.» La levatrice gli aveva dato un'occhiata, strizzandogli l'occhio.

Zanin, che non si era accorto di nulla, guardò Petri con aria interrogativa. «Come preferisce lei. Ci vediamo tutti in caserma. Il dottor Martinelli mi ha assicurato che...»

«Tranquillo», rispose Petri. «Vado con la signora e ci vediamo tutti da lei entro mezz'ora. Maledizione! Ho scordato la canna da pesca e il cestino sul greto del torrente.»

«Ci mando un carabiniere a recuperare tutto», disse il brigadiere.

Capitolo 3

Salì sulla Opel e cercò di aggiustarsi sul sedile, accorgendosi di essere completamente zuppo. «Mi dispiace, signorina...»

«Elsa, mi chiamo Elsa», disse la levatrice.

«Le stavo dicendo che mi dispiace, signorina Elsa, ma temo che le bagnerò tutto il sedile, perché...»

«Non si preoccupi, appena a casa potrà cambiarsi. Sicuramente in macchina avrà degli indumenti di ricambio e, prima di andare in caserma, se lo desidera, potrà farsi anche una doccia.»

Petri non rispose nulla, limitandosi a darle un'occhiata di sfuggita. La gonna le era risalita di due spanne sopra le ginocchia, mettendo in mostra due cosce robuste, velate da una leggera peluria. Petri si agitò un po' inquieto.

«Mi sta per caso guardando le gambe?» chiese la levatrice, e lui arrossì.

Arrivarono all'osteria col pergolato. La sua macchina era sul piazzale, al sole, che ormai era già alto.

«Mi venga dietro», gli gridò la signorina Elsa. «In dieci minuti ci arriviamo.»

La villetta era isolata, con un piccolo giardino sul davanti, fitto di rose, di ortensie, di zinnie, in macchie multicolori.

«Le faccio strada», disse la levatrice, avviandosi alla porta d'ingresso.

Gli ci volle qualche minuto per orientarsi nel piccolo soggiorno in penombra, passando dalla luce accecante dell'esterno. Rimase fermo, vicino alla soglia, con la sacca in mano. La levatrice era scomparsa dietro una porta.

Ne uscì dopo qualche secondo con un accappatoio sul braccio e un paio di ciabatte di gomma in mano. «Se mi segue, la conduco al bagno. Sta di là, oltre la mia camera da letto. Potrà farsi una doccia e cambiarsi con tutta tranquillità.»

«Grazie, ma...»

«Non vorrà cambiarsi qui in soggiorno, credo. E neppure andare in caserma con quella sorta di scafandro di gomma...»

«Certo, certo», rispose Petri e la seguì nella camera, arredata come quella di una ragazzina. Le pareti erano quasi interamente tappezzate di fotografie di neonati.

«Li ho fatti nascere tutti io», disse la signorina Elsa.

Petri pensava che il bagno fosse separato da una porta e si guardò in giro invano. La levatrice parve accorgersene.

«Il bagno è separato solo da questo muretto», e indicò una piccola parete di un metro d'altezza, piastrellata con motivi floreali. «Capisco il suo imbarazzo, ma non deve preoccuparsi. Io l'aspetto in soggiorno, ma, in ogni caso, non si dimentichi il lavoro che faccio da più di vent'anni. Sarebbe come essere di fronte a un medico.»

«Ma io non sono un bambino che...»

«Storie, gli uomini sono tutti uguali, sia quando escono dalle gambe materne, sia cinquant'anni dopo», disse la levatrice.

Petri non seppe cosa ribattere. Non avrebbe voluto offenderla. Attese che la donna uscisse dalla camera da letto e poggiò la sacca per terra, sfilandosi a fatica quella che gli parve veramente un'armatura di gomma. Dentro c'era ancora dell'acqua e la rovesciò nello scarico. Anche tutto il resto era bagnato e depositò calze, mutande, maglietta e camicia sul bordo del muretto. Poi si mise sotto la doccia, sentendosi scorrere via il sudore e il terriccio che gli si erano accumulati addosso. L'acqua era calda, alla temperatura giusta, e chiuse gli occhi con un senso di benessere. Ci restò per qualche minuto. Poi iniziò a strofinarsi vigorosamente e si volse per aprire la sacca dove teneva gli indumenti di ricambio e per poco non gli venne un colpo. Dal muretto era sparito tutto.

Si rivestì in fretta e tornò in soggiorno.

La levatrice stava versando qualcosa in due bicchieri. «Le va un po' di tè freddo?»

«Grazie», rispose Petri. «Ma tutti i miei indumenti bagnati...»

«Fuori, stesi al sole. In un'ora sarà tutto asciutto. A proposito, mi scuso se sono venuta a prenderli mentre lei stava ancora sotto la doccia, ma non ho saputo tenermi. Volevo proprio vedere come fosse un giudice in costume adamitico, dopo averli sempre visti in televisione con quella specie di tonaca nera. Spero che vorrà scusare la mia curiosità.»

«E che impressione ne ha avuta?» scappò a Petri, che avrebbe voluto subito mordersi la lingua.

«Passabile. Magro, ma con un filo di pancetta. Dovrebbe fare un po' di ginnastica. Le servirebbe anche per rassodare le natiche. Per il resto penso che sua moglie non debba ancora lamentarsi.»

Petri sorrise. La levatrice incominciava a essergli simpatica. Forse sono solo un vecchio bigotto e lo spirito mi fa difetto, pensò. Dovrò raccontare ad Anna anche questa e sentire cosa ne pensa. Si era distratto un momento e non aveva capito cosa stesse dicendo la signorina Elsa. «Abbia pazienza, ma non ho capito...»

«Le stavo dicendo che forse non aveva tutti i torti a essere un po' guardingo nei miei confronti, anche se per ragioni completamente sbagliate.»

«Non la sto seguendo.»

«Voglio dire che era fin troppo palese che volevo portarmela un momento a casa prima di andare in caserma, e a posteriori capisco che il suo imbarazzo di poco fa era ampiamente giustificato. Le chiedo ancora scusa, perché gliene ho dato motivo. La vecchia zitella insoddisfatta... Quasi un classico, ma non è il mio caso, glielo assicuro.»

«Non ho mai avuto dubbi in proposito», rispose Petri. «Semmai ho pensato che lei volesse dirmi qualcosa in privato, prima di andare dai carabinieri.»

«Esatto. Proprio questo. Volevo capire se potevo confidarle, prima di andare in caserma, la convinzione che mi sono fatta per la morte di quella povera ragazza. Il brigadiere è una persona intelligente, ma sempre poco più di un ragazzo, e non mi sentirei di comunicargli i miei sospetti. Non vorrei influenzarlo. Preferisco farlo con lei.»

«Mi dica, signorina Elsa.»

«La Caterina, la ragazza che lei ha trovato nel torrente, era una bravissima figliola. Mi è capitato qualche volta di farci due chiacchiere. Aveva un fidanzato, Enrico, il figlio del padrone della segheria che c'è appena sopra il paese. Erano innamorati e si volevano sposare. L'Enrico l'ho messo al mondo io e lo conosco bene. Un bravo figliolo anche lui, ma con il fuoco dei vent'anni, e la Caterina non voleva sentirci. Nessun rapporto prima del matrimonio. Non so se per convinzione o perché avesse timore di restare incinta. Quello che posso dire, o meglio immaginare, è che l'Enrico, a un certo punto, non ne abbia potuto più e che poi le cose siano finite male. Spero di sbagliarmi, ma non vedo proprio chi abbia potuto annegarla, perché...»

«Ma lei è convinta che qualcuno in acqua ce l'abbia buttata? E perché non avrebbe potuto farlo da sola? Perché non avrebbe potuto decidere di suicidarsi?»

«La Caterina? Vuole scherzare? Una ragazza che sta per sposarsi non decide certo di buttarsi a fiume e poi, un tipo come lei, una ragazza molto religiosa, con una fede profonda. No, giudice, una così non è tipo da suicidarsi.»

«Non so che dire, forse ha ragione, ma adesso è meglio che andiamo in caserma.»

«Non vuole mangiare qualcosa? Io a mezzogiorno salto, con tutta la ciccia che mi trovo attorno, ma lei che è magro come un chiodo...»

«A me è scomparso completamente l'appetito», rispose Petri avviandosi alla porta.

Zanin li stava aspettando. «Adesso prendo a verbale la signorina Elsa e poi vorrei parlare un po' con lei», disse a Petri. «Magari dopo aver mangiato un boccone insieme. In mensa abbiamo un ottimo cuoco.»

«Grazie, ma non ho appetito. Preferisco fumarmi una sigaretta fuori, all'ombra.»

Una decina di minuti e la levatrice uscì dalla caserma. «La

saluto, giudice, nel pomeriggio riporto tutta la sua roba in caserma. Il brigadiere mi ha detto che si ferma qui per tutta la giornata.»

Zanin lo fece accomodare nel suo ufficio. «Allora», esordì, «la ragazza dovrebbe già trovarsi in città, all'obitorio, per l'autopsia, e il dottor Martinelli mi ha assicurato che già domani in giornata dovremmo avere il risultato dei primi accertamenti medico-legali. Mi ha telefonato poco fa e mi ha anche pregato di chiederle se può fermarsi da noi questa sera...»

«Come, questa sera?» chiese Petri. «Adesso me lo chiami subito, perché...»

«Era fuori ufficio, in riunione con Prefetto e Questore e mi ha detto che non sarà raggiungibile neppure attraverso il cellulare», disse Zanin.

«Dovevo aspettarmelo», sospirò Petri. «E va bene, ma dovrei subito avvertire mia moglie e non ho con me il portatile.»

«Il telefono è a sua disposizione, dottore», fece Zanin e uscì dall'ufficio tirandosi dietro la porta.

Per fortuna Anna era in casa e lo stette pazientemente ad ascoltare. «Ma cosa è accaduto a Martinelli? Fino a poco tempo fa ti vedeva come il fumo negli occhi e adesso ti chiede addirittura di...»

«Hai perfettamente ragione. Penso che il suo atteggiamento sia cambiato da quando si è ormai convinto che non sono nient'altro che un vecchio pensionato e che non posso in nessun modo fargli ombra. In fin dei conti non è uno sciocco ed è sempre stato un pragmatico.»

«Sarà...» disse Anna poco convinta. «Ma la cena, Carlo? La cena che avevamo programmato per questa sera?»

Della cena lui si era completamente dimenticato, ma, quando ricordò i commensali, tirò un sospiro di sollievo, perché proprio non li poteva sopportare e aveva consentito all'iniziativa di Anna solo per accontentarla. «Mi dispiace moltissimo», mentì, «ma sono davvero bloccato e capisco che è troppo tardi per rinviare. Giustificherai la mia assenza con un guasto alla macchina o con qualche altra ragione che mi ha impedito di ritornare. Credimi, mi dispiace davvero, non lo faccio per Martinelli, ma questo povero brigadiere, la ragazza...»

«Va bene, Petri, ci vediamo domani», lo interruppe Anna, riagganciando senza dargli la possibilità di proseguire.

L'aveva presa male e non le si poteva dar torto. Fu colto da una botta di malumore. Si affacciò alla porta. «Brigadiere Zanin, ho finito e sono a sua disposizione.»

Presero posto su due poltroncine d'angolo e Petri levò di tasca il pacchetto delle sigarette, bloccandosi subito.

«Fumi tranquillamente, giudice. Vengo subito al punto. Attraverso la levatrice abbiamo saputo che la ragazza aveva una stanza in affitto dalla vecchia maestra del paese, la signora Paolina Ghelfi che la sta sostituendo alla scuola materna. Quando le abbiamo comunicato l'accaduto le è venuto un collasso ed è stata accompagnata a casa. Si è ripresa, ma non ha saputo darci molte informazioni. La ragazza stava da lei da quasi due anni e ci era arrivata per caso, leggendo un cartello che la maestra aveva affisso fuori. Di solito affitta la stanza soltanto per l'estate, ma con questa Caterina aveva subito fraternizzato e l'aveva presa a pensione. Il fatto è che della ragazza conosce solo il cognome, Credi, ma non sa altro, se non che veniva dalla città e aveva trovato un posto d'insegnante alla scuola materna. Non sa se abbia famiglia, oppure no. Sarebbe propensa a escluderlo perché mai nessuno è venuto a trovarla e la ragazza non si è più mossa da qui, neppure nel periodo estivo o a Natale. La seconda cosa che ci ha detto è che Caterina era fidanzata con uno del posto. Si chiama Enrico Beni, ed è il figlio del padrone di una grossa segheria. Questo, anche se sto qui da soli otto mesi, ho avuto modo di conoscerlo e mi ha dato l'impressione di un buon figliolo, anche se un po' di sangue caldo, dal momento che è stato coinvolto in un paio di risse, o meglio, ha fatto a pugni con altri compaesani. Cose di ordinaria amministrazione però, e non ho faticato a sedare gli animi, senza alcuno strascico giudiziario, anche perché nessuno si era fatto male. Forse ho sbagliato...»

«No, non ha sbagliato, brigadiere. È perfettamente inutile che un ragazzo si ritrovi con la fedina penale sporca per delle sciocchezze.»

«Comunque, l'ho convocato per le quindici e le sarei davvero grato se lei potesse assistere.»

«D'accordo», disse Petri. «Anche se la mia, inutile dirlo, dovrà essere una presenza ufficiosa e del tutto silenziosa.»

«Certamente», assicurò Zanin.

Enrico Beni, il fidanzato della ragazza, qualche minuto prima delle quindici era già fuori, seduto su una panca. Alto, ossuto, con un viso gradevole, aperto e spigoloso. Solo gli occhi gonfi, come di chi avesse pianto a lungo. Si sedette compostamente sulla sedia e rispose senza tentennamenti a ogni domanda, guardando dritto in faccia il brigadiere.

Era fidanzato con Caterina da circa un anno e il matrimonio era imminente, la casa pronta: una villetta poco distante dalla segheria. Tre sere prima, l'ultima volta che aveva visto Caterina, a casa della maestra Ghelfi, come sempre, la ragazza gli era sembrata stranamente silenziosa, ma negli ultimi tempi le capitava spesso. Sì, i suoi genitori la conoscevano ed erano contenti che avessero deciso di sposarsi. Caterina gli aveva sempre detto di essere orfana e di non avere alcun parente. Arrossì impercettibilmente quando il brigadiere gli chiese quale fosse la natura del suo rapporto con Caterina. «Le ho già detto che eravamo fidanzati da quasi un anno e avremmo dovuto sposarci tra un paio di mesi», rispose con voce dura.

«Questo lo sappiamo già», disse Zanin, «ma cerchi di rispondermi a tono. Avevate rapporti... Lei mi capisce, vero?»

«No», rispose Enrico che adesso appariva teso. «No, glielo posso giurare. Non dico di non averci provato, all'inizio però, ma Caterina non voleva saperne. Mi aveva spiegato chiaro e tondo che voleva arrivare vergine al matrimonio e da allora l'ho sempre rispettata, anche perché le volevo un bene dell'anima e sono un galantuomo. Lei ha la mia parola, ma credo che potrete anche accertarlo.» Il viso gli si rigò di lacrime. «Qualcuno l'ha uccisa, non so chi e non so perché. Sta a voi scoprirlo e, se non ci riuscite voi, ci riuscirò io.»

«Calma, calma, giovanotto», fece Zanin. «Non sto mettendo in dubbio la sua parola e vedrà che tutto verrà chiarito.»

«E mi farete resuscitare Caterina?» gridò Enrico che stava perdendo il controllo.

«Questo purtroppo no», rispose piano Zanin, «e lei ha tutta la mia solidarietà.»

Gli fece firmare il verbale e gli tese la mano. Il ragazzo finse di non accorgersene e girò sui tacchi, con aria cupa.

«Cosa ne pensa?» chiese Zanin quando rimasero soli.

«Pulito. Quel ragazzo non c'entra per niente», rispose Petri.

«Ne sono convinto anch'io, ma...»

«Brigadiere, lei faccia il suo lavoro. Non devo insegnarle nulla. Al massimo, un suggerimento.»

«Quale?» chiese Zanin.

«Di partire senza pregiudizi. La mia convinzione è che la ragazza si sia suicidata, ma può anche essere un'opinione. Lei raccolga tutte le informazioni possibili e poi aspetti che prenda tutto in mano la Procura. Importanti saranno i risultati dell'autopsia, su questo non dovrebbero esserci dubbi, ma se la vedrà il Procuratore.»

«Sono d'accordo», convenne Zanin. «Ovviamente lei è nostro ospite nella foresteria della caserma...»

«Questo no, brigadiere. Abbia pazienza, ma qui io sono un semplice turista. Ci sarà pure in paese un albergo o una locanda...»

«Sì, ma...»

«Bene, e allora mi prenoti una stanza. Stanza e cena. Se vuole può raggiungermi per il caffè e ci scambieremo le nostre opinioni.»

Zanin assentì poco convinto e andò a telefonare nell'ufficio accanto.

«Tutto a posto, dottore. Può andarci anche subito, casomai desiderasse farsi un riposino. L'albergo, l'unico del paese, è proprio nella piazzetta principale. Adesso ce la faccio accompagnare.»

«Assolutamente no, mi indichi solo la strada e quattro passi me li faccio volentieri. La macchina la lascio qui, così ho modo di vedermi un po' il paese.»

Bagagli non ne aveva, eccettuata la sacca semivuota. Arrivò nella piazza in pochi minuti. Accanto all'albergo una farmacia. Vi entrò e acquistò un tubetto di dentifricio e uno spazzolino da denti. Comprese subito la ragione per cui il buon Zanin era andato in un'altra stanza per fargli la prenotazione: la padrona dell'albergo, una donna di mezza età con una vestaglia nera e i capelli ossigenati, lo stava evidentemente aspettando, perché non gli fece alcuna domanda e gli si rivolse in tono ossequioso, facendogli strada lungo la scala che conduceva al piano superiore. «È l'unica stanza con bagno che abbiamo e spero che sia di suo gradimento. Sa, dottore...»

«Va benissimo», la interruppe subito Petri.

«Per la cena va bene alle otto?»

«Senz'altro», rispose lui, che non vedeva l'ora di togliersela di torno.

Le quattro e mezzo. Sentì i rintocchi di un campanile poco lontano. Aveva tutto il tempo per fare quello che si era ripromesso. Uscendo, tese alla donna la sua carta d'identità.

«Non ce n'è bisogno, dottore», squittì la donna.

«Certo che ce n'è bisogno», ribatté Petri. «Quantomeno fino a quando non verranno cambiate le leggi di pubblica sicurezza.»

La donna arrossì prendendo il documento. Fece un'annotazione sul registro e glielo restituì.

«Non avrebbe una guida telefonica?» chiese Petri.

La scorse rapidamente: via Manzoni 25. Era lì che stava la maestra. «Saprebbe per cortesia indicarmi dove sta via Manzoni?» domandò.

«La prima a destra, uscendo dall'albergo, e poi dritto fino a un piccolo giardino pubblico. Lì inizia via Manzoni, sono tutte vecchie case. È la parte più antica del paese. Se vuole la faccio accompagnare.»

«Ci mancherebbe altro», borbottò Petri e uscì dall'albergo.

Imboccò la strada a destra e, dopo una cinquantina di metri, vide l'insegna di un bar. Si rese conto di avere un buco nello stomaco. Magari un panino con una birra...

A quell'ora si aspettava di non trovare nessuno, ma davanti al bancone c'era un capannello di persone che parlavano animatamente, in un dialetto duro del quale riusciva a cogliere solo qualche parola. Al suo ingresso si erano zittiti, ma poi avevano ripreso, rassicurati forse dal fatto che si era seduto a un tavolino un po' discosto, con il suo panino, la birra e il naso ficcato nel giornale.

Era della morte di Caterina che parlavano: una ragazza che sta per sposarsi non va a buttarsi nel fiume, qualcuno ce l'aveva spinta di sicuro. Parlavano tutti insieme ed ebbe l'impressione che parlassero anche di Enrico. Fu il padrone del bar, un tipo anziano con un paio di baffi grigi, a mettere tutti d'accordo: se qualcuno era stato non poteva trattarsi che di un estraneo, che magari aveva voluto approfittare della ragazza. Da quando si era aperta la stagione della pesca, qualche forestiero in giro s'era visto. «È così che è andata, ve lo dico io», concluse l'uomo dietro il bancone. «La ragazza è scesa al fiume, magari per lavarsi o farsi un bagno, e lì c'era un pescatore, e la ragazza era una gran bella ragazza. Quelli che l'hanno incontrata lo sanno bene.»

Non aveva parlato in dialetto e Petri era stato a sentirlo con un certo interesse. Poteva anche essere un'idea, valeva la pena di prenderla in considerazione. Ebbe la sensazione di un improvviso silenzio e, levati gli occhi dal giornale, si accorse che tre o quattro uomini si erano girati a guardarlo. Pagò e uscì in fretta, l'aria che improvvisamente si era fatta ostile.

Il venticinque era una casa di pietra a due piani, divisa dalla strada da una striscia di prato. Non c'era recinzione e si avviò verso la porta d'ingresso, premendo il campanello.

«Chi è?» domandò una voce femminile.

«Mi chiamo Petri e vorrei parlare un momento con la maestra Ghelfi.»

«Arrivo subito», e sulla soglia apparve un'anziana signora, con un viso rugoso e due occhi chiari che lo scrutarono a lungo, in silenzio. Poi gli tese la mano. «Si accomodi pure, so già chi è lei.»

«Qui le notizie corrono in fretta», disse Petri.

«Questo è vero. Ma nel mio caso è stato il brigadiere a informarmi, quando è venuto alla scuola materna. Le faccio strada.»

La seguì in un salottino. Lei gli indicò un divano con lo schienale bordato di pizzo. Petri si sedette e la vecchia maestra fece altrettanto, mettendosi su una poltroncina.

«Ritengo che vorrà sapere tutto su Caterina», sussurrò, mentre gli occhi le si inumidivano.

«In effetti, sì. Penso che lei potrà darmi qualche altra indicazione, rispetto a quanto ha già detto al brigadiere.»

«Non lo so. Mi chieda lei cosa vuole sapere.»

«So già che stava da lei da più di un anno...»

«Un anno e sei mesi. Ci è capitata per caso, leggendo il cartello con la scritta AFFITTASI attaccato all'albero che sta fuori. Qualche volta mi è capitato di ospitare qualcuno nella buona stagione, mi serve per arrotondare la pensione. La Caterina cercava invece una stanza per alcuni mesi perché aveva avuto una supplenza alla scuola materna del paese. Mi è piaciuta a prima vista e ci siamo accordate. Poi mi ha chiesto se poteva fermarsi qui anche per l'estate, e io ne sono stata contenta. Alla scuola materna le hanno rinnovato l'incarico per un altro anno e così...»

«Di lei cosa sa? Da dove veniva? Aveva qualcuno o era effettivamente orfana come mi ha detto la levatrice del paese?»

«Ha conosciuto la signorina Elsa?»

«Sì, è lei che ho fermato, mentre ritornava in macchina al paese. Io stavo sulla strada, aspettando qualcuno che mi aiutasse ad avvertire i carabinieri. Stavo giù nel torrente a pescare e ho trovato il corpo di quella povera ragazza. Una bravissima ragazza, mi ha detto la levatrice.»

«E ha perfettamente ragione. La signorina Elsa è un tipo un po' bizzarro, ma a giudicare le persone non sbaglia mai. Gran brava donna. In questo paese tutti quelli sotto i quaranta li ha fatti venire al mondo lei.»

«Me lo ha detto. Ma lei, quando dice che è un tipo un po' bizzarro, cosa intende esattamente?»

«Che è un cuor d'oro e ha fatto del bene a un sacco di gente. Nello stesso tempo, però, è la donna più curiosa che mi sia capitato di conoscere, ma non pettegola. Un'altra sua caratteristica è che continua a trattare gli adulti come dei bambini solo un po' cresciuti, e non soltanto quelli che ha messo al mondo lei. Per il resto una vera benedizione, anche se è una gran mangiapreti. Credo che non abbia mai messo piede in chiesa, neanche per il battesimo dei bimbi che aveva aiutato a nascere. Ma questi sono affari suoi, perché i principi del Vangelo li pratica meglio di molti bacchettoni. E si dice che sia anche comunista. Non lo so di preciso, ma in questo caso saremmo in due. Io, però, sono credente e in chiesa ci vado e continuo ad andarci anche se adesso abbiamo un prete che forse ha sbagliato carriera...»

Petri era stato ad ascoltarla senza interromperla, facendo un piccolo sobbalzo solo quando la vecchia signora, che sembrava uscita da una stampa dell'Ottocento, gli aveva manifestato, con grande tranquillità, le sue idee politiche.

«Abbia pazienza, dottore, mi rendo conto di avere divagato, mentre lei era di Caterina che voleva avere informazioni...»

«È stato un piacere ascoltarla, maestra Ghelfi», fece Petri. «Comunque, di Caterina cosa può dirmi?»

«Non molto, per la verità. Veniva dalla città, da Brescia intendo dire, questo me lo ha detto. Della sua famiglia non voleva però parlare. "Meglio cambiare argomento", mi disse una volta. Stava qui da circa un mese, quando le feci una domanda in proposito, e non tornai più sull'argomento, nonostante la confidenza che si era subito creata tra noi. Può quindi essere che abbia detto alla Elsa che era orfana, magari per tagliar corto. Quale sia la verità, però, non lo so e ho ritenuto di non dover indagare più di tanto, perché mi è sembrato chiaro che si portasse sulle spalle un dolore antico che apparteneva solo a lei.»

«Ma sul suo cognome, Credi, possiamo almeno essere certi?» chiese Petri.

«Su questo sicuramente, perché per ottenere l'incarico alla scuola materna avrà di certo dovuto presentare una documentazione ufficiale, e altrettanto ritengo debba aver fatto per le pubblicazioni matrimoniali.»

«Ecco, il matrimonio con questo Enrico Beni, il ragazzo

che ho conosciuto oggi in caserma e che non mi ha certo fatto una cattiva impressione...»

«Niente da dire a questo proposito. Un bravo ragazzo, sotto tutti i profili. L'ho avuto a scuola. Anche intelligente e avrebbe meritato di studiare, ma il padre non ci ha voluto sentire. Desiderava che si facesse subito le ossa nella sua azienda di legnami. Lo posso anche capire dal momento che l'Enrico è figlio unico e il padre è l'unico proprietario, ma è stato un vero peccato.»

«Questo Enrico ha quindi fatto solamente...»

«La scuola dell'obbligo e poi si è messo a lavorare. Caterina, invece, non solo aveva un diploma, ma si era iscritta anche a Pedagogia e...»

«Di Enrico era innamorata?»

«Questa è una domanda difficile. Lui era innamoratissimo e lei gli voleva bene. Non so se le basti come risposta. D'altro canto, almeno secondo me, il divario culturale era troppo profondo e un rapporto di un certo spessore, in una situazione del genere, credo che possa difficilmente nascere. Era Enrico che voleva sposarla e lei aveva finito per accettarlo. Era assetata d'affetto, questo lo posso dire per esperienza diretta e, forse, in Enrico vedeva la persona che avrebbe potuto soddisfare questo suo bisogno.»

Petri continuava ad assentire. «Oltre a Enrico frequentava altre persone del luogo?»

«No di certo. Era una ragazza molto riservata e credo che a casa di Enrico sia andata una sola volta, quando lui volle farla conoscere ai genitori. Per il resto era Enrico che a fine giornata passava di qui, a volte trattenendosi anche un'oretta. Ma fuori non si incontravano. Credo per espresso desiderio di Caterina.»

«Da quel che mi dice parrebbe la vita di una reclusa.»

«Questo no. Caterina usciva tutte le mattine per recarsi alla scuola materna e di solito ce la accompagnavo, solo per fare la mia passeggiata quotidiana. La scuola terminava nel pomeriggio alle quattro e lei un quarto d'ora dopo era qui. L'unico altro impegno era la chiesa. Ci andava tutti i pomeriggi dalle sei alle sette. Dirigeva il coro dei bambini della parrocchia. E qualche volta andava anche alle funzioni serali. Per lei la religione era una cosa seria.»

«Come si usava dire un tempo», fece Petri, «una ragazza tutta casa e chiesa, allora?»

«Si potrebbe anche dire», rispose la maestra Ghelfi. «Ma l'espressione potrebbe anche essere fuorviante. Caterina era tutt'altro che una bigotta. Anzi. Una ragazza che, salvo i problemi che quasi certamente si portava dietro, era in sostanza molto vitale, allegra, spiritosa, anche se negli ultimi mesi la mia impressione è che qualcosa fosse cambiato.»

«In che senso?» chiese Petri.

«Aveva dei lunghi momenti di malinconia, era diventata più silenziosa. Forse delle vecchie sofferenze che riaffioravano, tanto che avevo iniziato a preoccuparmi, anche perché la consideravo quasi una mia figliola. Ma non riuscivo a scuoterla, e tanto meno vi riusciva Enrico. L'impressione di una pena segreta, che però non mi ha mai confidato. Fino a che siamo arrivati al venerdì della settimana scorsa, quando è arrivato un pacco con la dicitura di una sartoria di Gardone, indirizzato a lei. Lo ha visto al suo ritorno da scuola ed è stato come se avesse ricevuto un pugno in faccia. Non lo ha neppure aperto. Si è rifugiata in camera sua e non ne è uscita per tutta la sera. L'ho sentita singhiozzare a lungo e, dopo averle bussato un paio di volte, ho deciso di non disturbarla più e ho licenziato Enrico, quando è arrivato alla solita ora, dicendogli che stava male, e l'avevo messa a letto. Il mattino dopo si è alzata presto e mi ha chiesto se potevo sostituirla alla scuola materna. Naturalmente ho acconsentito. È stata l'ultima volta che l'ho vista. Scomparsa. Ho pensato che fosse tornata in città e che mi avrebbe fatto sapere qualcosa. Ovviamente nulla. È stato lei a ritrovarla...»

«Quel pacco...» disse Petri dopo un momento di silenzio, «è ancora qui naturalmente.»

«Certo, è di là, in camera mia.»

«Senta, maestra Ghelfi, Caterina è morta e, per quanto ne sappiamo, di parenti, quantomeno per il momento, neppure l'ombra. Io sarei davvero incuriosito di conoscerne il contenuto, salvo poi richiuderlo e tenerlo qui insieme a tutte le altre cose personali di Caterina. Lei cosa ne dice? Non mi parrebbe una grossa scorrettezza e dal racconto che mi ha fatto, alludo alla reazione di Caterina, forse ci aiuterebbe a capire quel che poi è accaduto.»

La maestra si allontanò un momento e tornò reggendo sulle braccia un grosso involucro.

«Meglio che lo apra lei», fece Petri. «Io combinerei sicuramente dei pasticci.»

Il pacco era chiuso con un nastro e, all'interno, un secondo involucro di carta velina che la maestra disfece con delicatezza: un abito bianco, da sposa, non potevano esservi dubbi.

Capitolo 4

Quasi le sei del pomeriggio, ma il sole era ancora alto. Petri si diresse con passo sicuro verso la chiesa, che stava verso il centro del paese, col campanile che svettava sui tetti delle case.

Stava finendo il rosario e il gruppo di presenti era abbastanza sparuto: una ventina di donne anziane e qualche bambino. Le ragazze erano due o tre, sui quindici, sedici anni.

Petri era entrato con grande discrezione, accostandosi a una colonna, subito dietro i fedeli che non si erano accorti della sua presenza, ma in bella vista rispetto alla balaustra dell'altare, di fianco al quale stava un inginocchiatoio con un prete che dava il là, recitando la prima parte dell'Ave Maria. Il prete era giovane, neppure trent'anni, con un viso magro dai lineamenti regolari e due grandi occhi scuri. I capelli gli ricadevano sulla fronte, in una sorta di ciuffo. Se non fosse stato per la tonaca avrebbe potuto passare per uno studente fuori corso.

Petri lo osservava e rincorreva i suoi pensieri, quando il pretino si accorse di lui. La luce delle candele che era cambiata? Forse, ma Petri ebbe l'impressione che fosse impallidito. Continuando a recitare, la voce gli si incrinò e farfugliò un attacco in latino, riprendendosi subito, ingoiandosi il *gratia plena*. Questa, si disse Petri, non era stata una sua impressione e tenne di proposito gli occhi inchiodati sul prete, rimanendo immobile contro la colonna.

La funzione finì alla svelta e la gente cominciò a sfollare silenziosa. Una vecchia gli gettò un'occhiata incuriosita.

Il prete si era ritirato in sagrestia. Petri non si mosse, fin quando riapparve, dopo qualche secondo. Si era tolto la tonaca e indossava una giacchetta scura che lo faceva sembrare ancor più giovane. Guardò Petri che continuava a fissarlo e si ritirò nuovamente. Col prete avrebbe parlato più tardi. Erano quasi le sette e andava di fretta.

Tornò in albergo e chiese alla padrona se ci fosse un telefono, oltre a quello poggiato sul banco del locale d'ingresso.

«La cabina in quell'angolo. Può telefonare direttamente e si registrano gli scatti.»

Incrociando le dita, fece il numero della Squadra mobile. Miceli era ancora in ufficio e glielo passarono subito.

«Sono Petri. Buonasera, commissario, come sta?»

«Al solito. Lei, piuttosto?»

«Bene, ma sono bloccato a Tavernole, in Val Trompia, e avrei bisogno di un grosso favore.» Gli disse lo stretto necessario. Sapeva che Miceli era la discrezione fatta persona e capiva le cose a volo. «Gli accertamenti autoptici sul corpo della ragazza dovrebbero essere già stati fatti nel pomeriggio, ma non so chi abbia incaricato la Procura. Spero si tratti di Gentilini, perché avrei bisogno di chiedergli un paio di cose a tamburo battente. Se lei potesse darmi una mano...»

«Non si preoccupi, in cinque minuti le risolvo il problema. Dove posso richiamarla?»

Petri si sporse dalla cabina e chiese alla padrona il numero di telefono che dettò a Miceli. Uscì zuppo di sudore e si sedette a un tavolino. Chiese un Prosecco e si accese una sigaretta. «Signora, aspetto che mi richiamino», disse alla donna che gli posava davanti un vassoio carico di stuzzichini, con una bottiglia appena stappata.

«D'accordo, dottore, le passerò subito la chiamata in cabina.»

«Si tratta di una telefonata riservata», aggiunse un po' brusco. Temeva che la donna origliasse dall'apparecchio sul bancone.

«Lo immagino», rispose lei un po' piccata, «può stare tranquillo.»

Si augurò di non averla offesa e, scolato mezzo bicchiere, cominciò a camminare avanti e indietro, accendendo una seconda sigaretta. Ormai seguiva una sua ipotesi e fremeva come un segugio sulle tracce della lepre. Il suono del telefono lo colse di sorpresa.

«È per lei», disse la padrona e, quando Petri sollevò il ricevitore della cabina, posò ostentatamente la sua cornetta sulla forcella.

«Sono Miceli, dottor Petri. Tutto sistemato. Gli accertamenti li ha fatti Gentilini in persona. L'ho rintracciato a casa e gli ho preannunciato una sua chiamata. Non se se abbia con sé il suo numero di telefono...»

«Quello di casa no», Petri lo scrisse sul risvolto della guida telefonica. «Grazie, commissario, uno di questi giorni passo a trovarla e le racconto tutto per bene. Della cosa, se vi fosse seguito, dovrebbero interessarsi i carabinieri, ma intanto, in via del tutto ufficiosa, se poteste accertare se in città esistono dei Credi... dei nuclei famigliari, voglio dire, o anche una Caterina Credi, perché la ragazza avrebbe potuto essere anche orfana.»

«Capito, dottor Petri, ci vediamo», rispose Miceli, chiedendosi la ragione per cui la ricerca non la facesse addirittura Petri, servendosi dell'elenco telefonico. Ma potevano esservi anche dei Credi che non figuravano sull'elenco. Chiamò sul telefono interno Esposito e gli disse di fare un salto, il mattino dopo, all'anagrafe comunale.

«Che cosa mi sta combinando, dottor Petri?» esordì Gentilini col suo vocione rauco.

«Io? Nulla. Ho solo bisogno di qualche informazione sull'esame autoptico che ha fatto qualche ora fa sul corpo di quella ragazza affogata.»

«Mi chieda tutto quello che vuole, anche se il caso mi sembra chiarissimo. La poveretta è morta affogata, l'acqua nei polmoni non lascia dubbi.»

«E nessun segno di violenza? Qualcosa che indichi che qualcuno l'abbia buttata nel torrente?»

«Direi proprio di no. Una piccola escoriazione sul lato del collo che può benissimo essere stata provocata anche da un ramo trascinato dalla corrente. Per farla breve, nessuna lesione da difesa.»

«È quello che ho pensato subito anch'io, ma volevo avere la sua conferma. Piuttosto, nessuna traccia di abuso sessuale?»

«Non direi. Forse qualcosa c'è, ma è un'impressione molto vaga e devo approfondire la cosa. La relazione autoptica la farò avere al Procuratore non prima di domani pomeriggio...»

«Non mi può anticipare qualcosa?»

«Mi sembra di averlo già fatto. Suicidio, nessun elemento che faccia pensare all'intervento di un'altra persona...»

«Certo, ma, mi scusi ancora Gentilini, non ho ancora finito. La ragazza, comunque, era vergine o no?»

«E no che non lo era. Anche un esame superficiale dell'imene dimostra come fosse adusa al coito e...»

«L'avrei giurato», lo interruppe Petri. «Porti ancora un momento di pazienza, forse le sto chiedendo l'impossibile, ma alla sua opinione ci tengo. Adusa da quanto?»

«Qui, dottor Petri, siamo davvero nel campo delle opinioni e per darle un parere serio dovrei sentire un mio amico ginecologo. Secondo me, comunque, la ragazza aveva normali rapporti sessuali da parecchio tempo, diciamo diversi mesi.»

«Grazie, dottor Gentilini, e mi scuso di averla disturbata a casa. Ci sentiamo presto.»

«Forse le serve anche un'altra notizia», disse Gentilini.

«E cioè?»

«La ragazza era incinta, di circa tre mesi.»

«E tutto collimerebbe», mormorò Petri. «Un'ultima cosa, Gentilini: questa telefonata tra me e lei non è mai avvenuta. A parte Miceli, ovviamente.»

«Quale telefonata?» ridacchiò il medico legale. «Sono mesi che noi non ci sentiamo.»

«La cena è quasi pronta», gli annunciò la padrona. «Forse gradisce...»

«Quello che fa lei sarà di sicuro ben fatto», disse Petri che ora sentiva il bisogno di gratificarla. «Piuttosto, mi scuserà se tarderò un poco. Mi tenga tutto in caldo perché devo nuovamente uscire», e tornò a infilare la strada che portava alla chiesa.

Il portale era ormai chiuso. Accanto, un piccolo edificio. Senza dubbio la canonica, perché sotto il campanello vi era una targhetta con la scritta PARROCO. Petri si attaccò al campanello, tenendo il dito pressato a lungo.

«Chi è?» chiese una voce maschile.

«Mi chiamo Petri e desidero parlare col parroco.»

La serratura scattò subito. In cima alla rampa di scale c'era il giovane prete, questa volta in maniche di camicia. Petri salì le scale e venne fatto accomodare in un salottino. In casa pareva che non ci fosse nessun altro.

«Come le dicevo mi chiamo Petri e ho bisogno di parlarle. Lei è il parroco, vero?»

«So bene chi è lei, l'ho già vista in chiesa. Io, però, non sono il parroco titolare, lo sostituisco semplicemente da un paio d'anni. In che cosa posso esserle utile?»

«Dovrebbe averlo già intuito. Vorrei che mi parlasse di Caterina.»

Questa volta il prete era visibilmente impallidito, Petri non aveva le traveggole.

«Le spiace se mi accendo una sigaretta?»

«No, faccia pure, fumo anch'io», e Petri gli tese il pacchetto, porgendogli l'accendino. Le mani del prete tremavano appena.

«Mi scusi, non l'ho neppure invitata a sedere», e gli indicò una poltrona, accanto a un tavolino con un posacenere colmo di mozziconi.

Petri si accomodò tranquillamente, accendendo a sua volta una sigaretta. Sembrava non aver fretta e, a occhi socchiusi, guardava il pretino che era rimasto in piedi, tirando piccole boccate nervose ed emettendo il fumo come se non lo aspirasse.

Fu il prete, il ragazzo che faceva il prete, pensò Petri, a rompere il silenzio. «Che cosa posso dirle che lei già non sappia, dottor Petri. Caterina era una delle mie più care parrocchiane, intelligente, disponibile...»

«Forse anche troppo graziosa», fece Petri, facendo arrossire il prete che proseguì dopo una piccola pausa.

«... modesta, profondamente religiosa. Avrebbe dovuto sposarsi tra poco.»

«Ha ragione. Tutte queste cose le so già. Da lei vorrei qualche altra informazione, qualche informazione di prima mano, qualcosa che neppure la maestra Ghelfi o il fidanzato sanno, ma che magari il prete conosce...»

«Se lei mi chiede di rompere il segreto della confessione...»

«Ma per chi mi ha preso?» disse Petri con voce alterata. «Per un imbecille? Lasci in pace i suoi sacramenti e mi dica chi era Caterina realmente!»

Il volto del prete era diventato cadaverico e anche lui si era seduto, o piuttosto accasciato, sull'altra poltrona.

Nessuno dei due parlava.

«Io non ho fretta», mormorò Petri accendendosi un'altra sigaretta e restò in attesa, seguendo le volute di fumo. Poi schiacciò con cura il mozzicone. «Allora reverendo? Anche lei aveva notato che negli ultimi tempi Caterina era malinconica, oppure è solo un'impressione della maestra Ghelfi? Le pareva sempre la stessa? Era felice per il matrimonio imminente? Temeva qualcuno o qualcosa? Guardi che queste non sono cose da confessionale.»

Il prete continuava a tacere, guardandosi la punta delle scarpe: un paio di mocassini col fiocchetto, annotò Petri, incongrui quanto quel ciuffo che gli ricadeva sulla fronte.

«Quanti anni ha, reverendo?»

«Ventotto», rispose lui automaticamente. «Ma questo cosa c'entra?»

«Non lo so», continuò Petri. «So soltanto che se lei avesse una trentina di anni di più non sarei venuto a disturbare le sue meditazioni. Credo, però, che sia venuto il momento di parlarci chiaro. Lei è un prete, ma potrebbe essere definito anche un bel ragazzo, e Caterina era bellissima, anche se quando ne ho trovato il corpo stava in acqua almeno da un paio di giorni.»

«Poveretta...» mormorò il prete.

«Stia zitto e non mi interrompa», fece Petri con voce tagliente. «A quanto ho potuto capire l'unica persona che frequentava continuativamente, l'unico estraneo di sesso maschile voglio dire, era lei. Una ragazza tutta casa e chiesa, come si diceva ai miei tempi. Il fatto è che Caterina da parecchi mesi aveva rapporti con un uomo e non credo, non credo proprio, che si trattasse del fidanzato. Le sembro troppo audace se faccio due più due?» Lo guardò a muso duro, aspettando una reazione, o almeno una risposta che non veniva. Il pretino continuava a fissarsi la punta dei mocassini. «Le ripeto che non ho fretta», disse di nuovo Petri. «Sono disposto anche a rinviare la cena fino a quando lei si sarà stancato di ammirare il fiocco delle sue graziose calzature...»

Il prete alzò finalmente il capo. Aveva l'aria spaurita di un coniglio preso al laccio. Petri aspettava e continuò ad aspettare, con pazienza, per altri dieci minuti, lasciandolo sulla graticola, mentre dentro di sé sentiva montare un dolore profondo per Caterina, per Enrico e anche per quel ragazzo di ventotto anni che si era ritrovato con una tonaca addosso.

Non aveva più bisogno di risposte, ma la risposta arrivò, quasi sussurrata. «È vero, sono io il responsabile della morte di Caterina. Sono io l'uomo che cerca. Credo che sia stato quel pacco mandatole dalla sartoria a far precipitare le cose. La notte Caterina mi telefonò, era sconvolta, aveva perso la ragione e non sono riuscito a calmarla. Ho cercato in tutti i modi di rassicurarla, di spiegarle che Enrico forse non si sarebbe accorto di niente, che ci sono tanti modi per...»

«Per favore», disse Petri, «chiuda quella bocca e non dica più nulla. Per un momento ho provato pietà anche per lei, ma adesso mi ha tolto un peso dallo stomaco.»

«E adesso cosa mi accadrà?» chiese il prete.

«Probabilmente nulla», rispose Petri con voce stanca. «Lei ha ammazzato Caterina e anche il vostro bambino, ma il suo è un delitto che purtroppo non è previsto dal codice penale. Se la veda con la sua coscienza e magari coi suoi superiori, anche se su questi ultimi non ci conto molto. Io me ne lavo le mani e, per quanto mi riguarda, può anche andare a impiccarsi al platano di fronte. Ammetto che non mi dispiacerebbe e, se le consiglio di non farlo, non è certo per lei, ma per Caterina, che non ha bisogno di altro fango oltre a quello che le getteranno nella fossa. Addio, reverendo, mi auguro di non doverla più incontrare. E dorma bene, sempre che ci riesca.»

Infilò le scale con la fronte aggrottata, non tanto per l'ammissione del prete, dal momento che già aveva intuito come erano andate le cose, quanto per la sparata che gli aveva fatto.

Quando rientrò in albergo era ormai notte. Non c'erano altri ospiti e il tavolo era apparecchiato. La padrona non gli fece notare che erano quasi le nove e mezzo e gli chiese solo che vino gradisse.

«Che c'è da mangiare?» chiese Petri.

«Zuppa di fagioli alla veneta e poi pollo arrosto ripieno. Le ho tenuto tutto in caldo, ma, se lei volesse qualcos'altro, glielo posso cucinare al momento.»

«Va benissimo così», rispose Petri e, scorsa la lista dei vini, scelse una bottiglia di Refosco.

Toccò appena la zuppa e si baloccò a lungo col pollo. Gli spiaceva deludere la cuoca, ma aveva lo stomaco chiuso. Scolò, invece, tre quarti della bottiglia. Si sentiva la testa pesante quando entrò il brigadiere Zanin, un po' affannato.

«Mi scusi per il ritardo, dottore, ma è capitata una cosa straordinaria. Stavo per venire da lei, erano da poco passate le nove, quando è piombato in caserma don Carrino, il curato che regge la parrocchia. Bene, lei non ci crederà ma...» e il buon Zanin, con aria stravolta, gli ripeté il racconto del prete da capo a fondo, senza trascurare alcun particolare. «Dal mio ufficio», concluse, «ha voluto telefonare in Vescovado e ha preso appuntamento col Vescovo in persona, per domani mattina alle dieci.»

«Ecco la ragione per cui è venuto in caserma», borbottò Petri.

«Cosa vuol dire?» chiese Zanin.

«Per telefonare al Vescovo in sua presenza, mentre avrebbe potuto farlo benissimo dalla canonica.»

Zanin lo guardò con aria perplessa.

«Per lo meno non è andato a impiccarsi al platano», proseguì Petri con la lingua impastata, «ma grossi dubbi non ne avevo. Quello mi ha dato l'impressione di uno destinato a cascare sempre in piedi.»

«Mi scusi, come ha detto, dottor Petri?» fece il brigadiere.

«Niente di importante, riflettevo solo ad alta voce.»

«Dimenticavo di dirle che stasera, verso le otto, ha telefonato il Procuratore della Repubblica, il dottor Martinelli. Mi ha detto che verrà su lui personalmente domani mattina presto. Credo che voglia sentire qualcuno e mi ha pregato di avvertirla. Sono rimasto abbastanza sorpreso perché mi ha detto che dovrebbe trattarsi di suicidio, anche se la relazione del medico legale gli arriverà solo nel pomeriggio... Comunque, la chiamerò appena sarà arrivato.»

«Grazie, brigadiere, ma il caso mi pare risolto, salvo qualche dettaglio...»

«E cioè?»

«Credo che il dottor Martinelli la metterà al corrente dei risultati dell'autopsia che confermano che si è trattato di suicidio. Non so che istruzioni le darà, ma la pregherei, per quanto la riguarda, di non pubblicizzarli in alcun modo.»

«Su questo non abbia dubbi, anche se non capisco.»

«Forse lo capirà dopo aver parlato con Martinelli», concluse Petri.

«E per don Carrino? Non vorrei fare brutte figure col Procuratore, ma a questo punto a me sembra quasi un caso di istigazione al suicidio.»

«Qui ci andrei molto piano, brigadiere. Il suo prete non ha istigato nessuno, è stato solo a guardare. Queste sono comunque cose che riguardano Martinelli. E adesso, se lei mi scusa, me ne andrei a dormire. Crollo dal sonno. È stata una giornata lunga e non sono più un ragazzo.»

«Certo, certo, dottore. Tolgo subito il disturbo, ci vediamo domani.»

«Può darsi», rispose Petri.

Zanin lo guardò con aria interdetta, mentre si avviava verso le scale che conducevano alla sua camera.

Fatti tre gradini Petri si fermò e, chiamata la padrona, chiese se in albergo avessero della carta da lettera. La donna scomparve un momento e ritornò con una confezione di buste e fogli azzurri che, in alto, recavano la dicitura dell'albergo. La ringraziò, chiese un caffè e uscì sulla piazzetta per fumarsi una sigaretta e snebbiarsi la testa.

Salito in camera si mise a tavolino e scrisse una lettera a Martinelli. Poi andò a letto e spense subito la luce. L'orologio del campanile batteva le ore e arrivò a contare tre rintocchi.

Alle sette era in piedi e mezz'ora dopo, pagato il conto che gli parve vergognosamente basso, suonava alla porta della caserma. Aprì il solito appuntato che lo guardò con aria stranita. « È successo qualcosa? Chiamo subito il brigadiere. »

« Non è successo nulla », rispose Petri. « Volevo solo salutarlo. »

Zanin arrivò dopo un paio di minuti. Era sbarbato di fresco, anche se lo aveva fatto di gran furia, come rivelavano un vistoso cerotto applicato su una guancia e uno sbaffo di schiuma appena sopra il colletto. « Già in piedi, dottor Petri? Ha dormito bene? »

« Ottimamente », mentì Petri, ricordando che quando si era lavato, lo specchio del bagno gli aveva rimandato l'immagine di uno spaventapasseri.

« Le posso offrire un caffè? »

« Grazie, un altro caffè non mi farà male. A proposito, brigadiere, mi sono ricordato un impegno in città per le nove, un impegno che non mi è possibile rinviare e non posso aspettare il dottor Martinelli. Ho però preparato una lettera per lui che la prego di consegnargli. Forse le faciliterà le cose. »

« Va bene, dottore », disse Zanin chiaramente deluso. « Ho già fatto caricare in macchina tutte le sue cose, compresi gli indumenti riportati dalla signorina Elsa, ma le chiederei solo di attendere cinque minuti. » Si precipitò nella stanza attigua all'ufficio, e Petri, mentre beveva il caffè, fumandosi la quarta sigaretta della giornata, lo sentì telefonare.

Zanin tornò e si sedette. Stava sulle spine e si rischiarò solo quando sentì suonare il campanello della caserma. Si catapultò fuori dall'ufficio per rientrarvi subito con un sacchetto di plastica in mano: all'interno, su un letto di ghiaccio tritato e di foglie d'alloro, quattro splendide trote fario che dovevano superare i tre chili. Porse a Petri il sacchetto, con un sorriso un po' timido. «Pescate ieri sera. Almeno queste gliele dovevo e spero che le accetti.»

«Certo che le accetto e la ringrazio. Non poteva farmi regalo migliore», rispose Petri col volto che gli si era illuminato. «Le faccio tanti auguri per il suo lavoro. Magari ci si rivede in occasioni migliori.»

Il brigadiere lo accompagnò alla macchina e rimase a osservare Petri che rovesciava il contenuto del sacchetto nel suo cestino da pescatore. «Ben fatto, dottore. Le auguro buon viaggio.»

Scendendo in città Petri pensò che avrebbe potuto invitare a cena Miceli e Gentilini. Anna sarebbe stata sicuramente d'accordo. Anna! Ricordò all'improvviso di non essersi più fatto vivo dal pomeriggio precedente.

Salì le scale un po' mogio. Era un'altra bella giornata, ma sentiva odore di burrasca.

Capitolo 5

Incrociò Anna che stava uscendo. La porta che si apriva e lui con le chiavi in mano, dopo aver posato per terra zaino, stivaloni, canna da pesca e cestello.

«Ma che bella sorpresa!» esclamò lei. «Ormai non ci speravo più.»

«Scusami, Anna, e scusami anche per non averti più telefonato, ma sono accadute tante di quelle cose che...»

«Ne sono certa, ma me le racconterai questa sera. Adesso vado di fretta e sono già in ritardo, per aver atteso un tuo segno di vita. Ma vedo che sei sano e salvo e devi solo rimetterti in sesto, perché, detto tra noi, fai proprio schifo. Ti lascio con Assunta.»

«Ma come? C'è Assunta in casa?»

«Certamente. Sono sicura che ti accoglierà nel migliore dei modi.»

Restò lì a bocca aperta e per un attimo ebbe la tentazione di ridiscendere le scale.

Anna lo guardava con aria soddisfatta, mentre stava arrivando l'ascensore. Si girò mentre stava entrandovi. «Una ventina di minuti fa ti ha telefonato Miceli. Mi ha detto che ti aveva cercato inutilmente al numero di telefono che gli avevi dato ieri pomeriggio.»

«Era l'albergo in cui stavo a Tavernole, ma sono partito questa mattina presto.»

«A questo ci sono arrivata anch'io. Buona giornata.»

Petri cercò di farle una carezza.

«Non azzardarti a toccarmi. Puzzi come un pescivendolo», e la porta dell'ascensore si richiuse.

Si era rimesso le chiavi di casa in tasca, ma quale? Frugò nell'una e nell'altra, poi in quelle laterali, superiori e inferiori, maledicendo quei pantaloni sportivi che parevano un insieme di tasche in cui, gli avevano assicurato, ci sarebbe stato tutto, anche se per lui era un vero supplizio trovarci quello che stava cercando. Decise di suonare il campanello.

Un rumore di ciabatte e comparve Assunta che sgranò gli occhi. «Adesso andiamo a fare la pesca notturna? Ma si è visto almeno in faccia? Sembra...»

«Senta, Assunta», sbottò Petri, «adesso non ci si metta anche lei. Mi faccia il favore di togliere dallo zaino i panni sporchi e li metta in lavatrice.»

«In lavatrice dovrebbe andarci lei.»

«Forse ha ragione, ma preferisco mettermi sotto la doccia. Lascio fuori dal bagno anche tutto quello che ho addosso, mi cambio e tolgo il disturbo. Prima, però, devo fare una cosa urgente.» Si diresse verso la cucina e prese un sacchetto di plastica per alimenti in cui infilò le trote che mise in frigorifero. Assunta lo aveva seguito e lo stava osservando con aria critica.

«Belle, vero?» disse Petri.

«L'odore del pesce non sono mai riuscita a sopportarlo e...»

«Stivali, cestello e canna da pesca sul balcone. Ci penserò poi io.»

«E vorrei anche vedere», concluse Assunta. «Comunque, posso darle un consiglio?»

«Se si azzarda a farlo, giuro che le sparo», rispose Petri.

Appena in strada, telefonò a Miceli. Era in Procura e sarebbe rientrato per le undici. Se la prese comoda, arrivando fino in piazzale Arnaldo, soffermandosi a prendere i giornali a un'edicola all'angolo di piazza Tebaldo Brusato, per poi risalire in via Musei e arrivare in Questura alle dieci e tre quarti. Avrebbe potuto intanto salutare Grazia Bruni e saggiarne l'umore, dopo la rottura con Maccari che, a quanto ne sapeva, era stata abbastanza traumatica.

La porta dell'ispettrice era semichiusa. Bussò.

«Avanti», disse Grazia Bruni. Stava seduta alla scrivania, con Esposito accanto. Entrambi stavano scorrendo un elenco dattiloscritto. «Dottor Petri! Come sta? Miceli l'aveva chiamata un paio d'ore fa per quella ricerca che gli aveva chiesto di fare. Se occorresse, siamo pronti a scendere sul piede di guerra.»

«Non penso che vi sarà alcuna guerra e, in ogni caso, della cosa dovrebbero interessarsi i carabinieri. Il suicidio di una povera ragazza, avvenuto in alta Val Trompia...»

«E lei come c'entra?»

«Ne ho ritrovato il corpo, mentre stavo pescando, e la cosa dovrebbe finire qui.»

«E l'elenco che ci ha chiesto?»

«La ragazza avrebbe potuto anche essere stata orfana. Ma, in caso contrario, vorrei parlare coi famigliari, coi quali, a quanto pare, la ragazza aveva interrotto ogni rapporto. Ne vorrei capire le ragioni. D'altro canto una visita mi pare doverosa, se non altro perché sono stato proprio io a ritrovarla e...»

«Ce la sta raccontando tutta?» lo interruppe l'ispettrice.

«Quasi», ammise Petri.

«Ci avrei scommesso», commentò Grazia Bruni. «In ogni caso qui abbiamo l'elenco di tutti i Credi residenti in città, stato di famiglia compreso. Come si chiamava la ragazza?»

«Caterina.»

L'ispettrice diede un'occhiata all'elenco, quattro o cinque nomi in tutto. «Allora dovrebbe trattasi di Francesco Credi, abitante in Borgo Trento 56, è un dentista che non figura sull'elenco telefonico. Matilde, la moglie, e due figli: Caterina, appunto, che dovrebbe avere poco più di vent'anni e un maschio, Claudio, di diciotto. Ma, accidenti a me, qui c'è un altro Credi, Anselmo, viale Bornata 17. Anche lui con una figlia, figlia unica, di nome Caterina, di ventiquattro anni.»

«Impossibile», intervenne Esposito. «Due Caterine su quattro Credi. Statisticamente...»

«Non dire cazzate, Esposito», lo interruppe Grazia Bruni.

«Ha ragione», mormorò l'agente mortificato.

Il telefono. «È Miceli, vuole parlare con lei.»

«Dottor Petri, buongiorno e le chiedo scusa: non ce la faccio a tornare in ufficio a un'ora decente e nel pomeriggio ho un altro paio di impegni. Non potremmo vederci verso sera per un aperitivo?»

«D'accordo», rispose Petri, e si fece dare da Grazia Bruni il piccolo elenco dattiloscritto.

Le undici e mezzo. In viale Bornata una scappata poteva anche farcela. Ci arrivò che mancavano pochi minuti a mezzogiorno. Una villetta a due piani, divisa dalla strada solo dal marciapiede. Premette leggermente il pulsante superiore.

«Chi è?» una voce femminile risuonò nel citofono.

«Mi chiamo Petri e avrei bisogno di parlare con lei e suo marito.»

«Non la conosco e non vedo di cosa dobbiamo parlare.»

«Ha ragione, signora. Vorrei soltanto parlarvi un momento di vostra figlia Caterina. Comprendo la sua diffidenza, ma...»

«Di Caterina?» fece la voce femminile, con una nota ansiosa. «Salga pure, secondo piano.»

La porta si schiuse, trattenuta dalla catenella di sicurezza. Un breve esame rassicurò la donna che accostò la porta, sganciando la catenella che la tratteneva. «Entri pure, e mi spieghi cos'è questa storia di Caterina. Ma, anzitutto, lei chi è?»

«Sono un magistrato in pensione», rispose Petri. «E se serve a rassicurarla posso mostrarle un mio documento.»

La donna parve riflettere un momento. «Non credo che ce ne sia bisogno. Mi spieghi piuttosto...»

«Vengo subito al punto. Il fatto è che potrei anche essermi imbattuto in vostra figlia. È solo una possibilità, ma vorrei...» iniziò cautamente Petri, che venne però interrotto.

«Impossibile, e adesso gliene spiego le ragioni. Ma entri, che chiamo anche mio marito.» Lo fece accomodare in un piccolo salotto. «Attenda un momento, per favore», e andò in un'altra stanza.

Lui si guardò in giro. Una famiglia piccolo borghese. Un divano, due poltrone e un grande televisore, un po' vecchiotto. Qualche stampa dozzinale alle pareti e alcune fotografie nei portaritratti che occupavano un tavolo d'angolo. Vi si avvicinò: la donna che lo aveva appena ricevuto, di una ventina d'anni più giovane, accanto a un uomo decisamente più anziano, che le cingeva le spalle con un braccio, davanti al mare. Petri fece un rapido calcolo. Dal momento che adesso la donna doveva essere tra i cinquanta e i sessanta, il marito viaggiava sicuramente verso l'ottantina. Nelle altre fotografie una bimba, un'adolescente e una ragazza. La stessa persona, non potevano esservi dubbi, la somiglianza era evidente. E anche foto di gruppo, scattate a fine anno, fuori da un edificio scolastico. In una fotografia la ragazza, sedici-diciassette anni, era ritratta con una coetanea, entrambe sorridenti.

«Sta esaminando l'album di famiglia?»

Petri si girò. Sulla porta era riapparsa la donna che dava il braccio a un vecchio.

«Mio marito Anselmo, in pensione da anni. Era un dirigente delle ferrovie. Io mi chiamo Patrizia.»

Il vecchio fece un sorriso e si sedette in poltrona. Era scosso da un tremolio incontrollabile. Parkinson avanzato, pensò Petri.

«Ma non stia lì in piedi, si accomodi anche lei. Adesso le spiego perché ci pare impossibile che lei possa essersi imbattuto in nostra figlia. Molto semplice: Caterina è laureata in chimica e sta facendo una specializzazione in Inghilterra, dove si trova con un'amica da oltre un anno.»

«Quasi un anno e mezzo», borbottò Anselmo Credi, inceppandosi nelle parole.

«Quanti anni ha?» chiese Petri.

«Quasi venticinque», rispose Patrizia Credi.

«E, ovviamente, siete in contatto con lei», mormorò Petri.

La donna parve ammutolire e negli occhi del vecchio spuntarono due lacrime. «Purtroppo no», disse la donna dopo un momento di silenzio. «All'inizio ci ha telefonato alcune volte e poi non siamo più riusciti a sentirla. Solo alcune cartoline, di tanto in tanto, nei primi mesi. Per quanto la chiamiamo sul cellulare non ci è stato possibile comunicare. La risposta è sempre quella: numero inesistente, a quanto ho capito, perché il mio inglese è scarso.»

«E la cosa non vi ha preoccupati?»

«In un certo senso sì, ma sappiamo che sta bene. Ogni tanto ci telefona l'amica che si trova a Oxford con lei, anche se pare che si sia trasferita in un altro college. Si chiama Rossella Tardini, si conoscono da quando erano ragazzine e noi conosciamo anche i genitori, abitano in viale Venezia, a poche centinaia di metri da qui.»

«Abbia pazienza, signora, e perdoni la mia insistenza, ma Caterina, ammesso che abbia perduto il cellulare e dimenticato che esistono anche i telefoni pubblici, non potrebbe telefonarvi servendosi del telefono di questa Rossella? La cosa non vi ha preoccupati o non vi è sembrata per lo meno strana?»

«La colpa è mia», farfugliò Anselmo Credi. «Non poteva più sopportare questa situazione e temo che abbia voluto tagliare i ponti.»

«Ma no, Anselmo, smettila con questa storia.» E rivolta a Petri: «Mio marito si trova così come lo vede da alcuni anni. Io logicamente lo devo accudire e non posso negare che per una ragazza l'ambiente non sia dei migliori... Non so cosa dirle. In realtà questo silenzio è abbastanza strano e confesso che, se non fosse per le telefonate di Rossella, preoccupati lo saremmo davvero. Anzi, sa cosa le dico? Saranno almeno un paio di settimane che non sentiamo più neppure Rossella. Adesso la chiamo e le chiedo esplicitamente le ragioni del silenzio di Caterina. Magari posso dirle che il papà è peggiorato e che se non telefona subito...»

«Mi pare una buona idea», disse Petri, dando un'occhiata ad Anselmo Credi che, all'idea di un suo fatale peggioramento, era sbiancato in volto, col tremito che gli era visibilmente aumentato.

«Niente da fare, la risposta è che l'utente in questo momento non è raggiungibile. Potrebbe avere il cellulare spento o trovarsi in una zona in cui non c'è campo.»

«Può essere», fece Petri. «Ma, nei suoi panni, e se mi posso permettere un consiglio, io una telefonata la farei ai genitori, i signori...»

«Tardini», disse il vecchio Credi.

«Ecco, i signori Tardini. Se non sbaglio mi avete detto che li conoscete e...»

«Sì, li conosciamo, ma si tratta di una conoscenza superficiale, che risale a qualche anno fa, quando Caterina e Rossella frequentavano ancora l'università. Poi non ci siamo più sentiti, lui è un pezzo grosso e non vorrei...»

«Telefona, telefona per favore», intervenne il marito.

Patrizia Credi prese l'agenda e fece il numero. «Pronto? Sono Patrizia Credi, la madre di Caterina, spero si ricordi di me. Mi scusi se la disturbo, ma è parecchio tempo che non abbiamo notizie di Caterina, salvo alcune telefonate di sua figlia Rossella che ci assicura che sta bene. Il fatto è che da un po' di tempo non sentiamo più neanche Rossella, mio marito è molto agitato e io ignoro perfino il loro indirizzo a Oxford e... Come dice? Che Rossella è lì? E quando è arrivata? Perché l'ultima volta che ci ha telefonato da Oxford è stato una quindicina di giorni fa e... Da sei mesi? Ma sta scherzando? Ma allora Caterina...»

Patrizia Credi rimase in ascolto un altro paio di minuti. «Grazie, noi abitiamo al 17 di viale Bornata. La aspettiamo e non posso che ringraziarla della sua gentilezza.» Mise giù il ricevitore. Pallida e anche lei con un leggero tremito. Guardò suo marito, che piangeva silenziosamente, e poi Petri.

«Ha sentito, dottor Petri? A questo punto non so più cosa pensare e potrebbe aver ragione anche lei. Ma lei, Caterina la conosce?»

«No, ma mi è capitato di imbattermi in una ragazza che si chiamava Caterina Credi. A questo punto, però, penso che si tratti di un caso di omonimia.»

«Comunque i Tardini in venti minuti sono qui e forse la cosa si chiarirà, anche se...»

«Mi scusi, signora», disse Petri che aveva dato un'occhiata all'orologio, «si è fatta l'una passata e dovrei fare un colpo di telefono a mia moglie, ma come spesso mi accade ho scordato il cellulare.»

«Non si preoccupi. C'è un altro apparecchio in tinello. Aspetti che l'accompagno.»

Petri chiamò casa. Il telefono squillava a vuoto. Provò sul

cellulare e Anna rispose subito. «Ciao, Anna, scusami se arriverò in ritardo. Tu pranza pure, io non ho appetito. Poi ti racconto tutto e... Adesso dove sei?»

«Ancora in facoltà e ne avrò per un'oretta. A proposito, ho fatto una scappata a casa perché avevo dimenticato un registro e Assunta mi ha detto che in frigorifero c'erano delle bestiacce. Mi hai risolto il problema per questa sera, dal momento che l'architetto Canestrini preferisce il pesce alla carne. Guarda però che...»

«Ma a cena non c'era venuto ieri sera?»

«No, ha disdetto all'ultimo momento perché sua moglie non stava bene. Quindi la cena è questa sera. Ti stavo dicendo che però le trote le pulisci e le cucini tu. È il minimo che puoi fare e in questo sei molto più bravo di me. Ma, a proposito, levami una curiosità: ieri cosa hai fatto realmente? Ti sei occupato di quella povera ragazza o hai passato tutta la giornata a pescare?»

«Altro che pescare... Le trote me le ha regalate questa mattina il brigadiere di Tavernole. Ti ho detto che poi ti avrei spiegato tutto.»

«E dovrà essere una buona spiegazione, Petri. Di questo puoi star certo.»

Non fece in tempo a ribattere. Anna aveva già chiuso la comunicazione. Tornò in salotto. Il vecchio Credi continuava a piangere, come un bambino, e la moglie lo accarezzava piano, cercando di rassicurarlo.

Trascorse quasi mezz'ora prima che suonasse il campanello. Petri se ne stava buono buono in poltrona e avrebbe venduto l'anima per una sigaretta. Patrizia Credi si precipitò all'ingresso e dopo un paio di minuti ricomparve accompagnata da una coppia sulla cinquantina, seguita da una ragazza bruna.

«I signori Tardini», disse rivolta a suo marito e a Petri. «E questa è Rossella.»

«Già, questa è proprio Rossella», confermò l'uomo dopo essersi presentato a Petri. «E ci dobbiamo davvero scusare, anche se per la verità dovrebbe essere Rossella a farlo, dal momento che non è più una ragazzina e si è decisa solo ora a raccontarcela giusta. Ma preferisco che sia lei a dirvi come stanno realmente le cose.»

Erano tutti in piedi, tranne Anselmo Credi che continuava a restarsene tremante in poltrona.

«Coraggio, Rossella. Racconta la tua bella impresa», la invitò il padre. «O, forse, non sai da che parte incominciare?»

Rossella Tardini si guardò in giro con aria smarrita. «Devo farvi le mie scuse, signori Credi. Mi sono lasciata convincere da Caterina a mettere in piedi la commedia e non pensavo che...»

«Quale commedia?» la interruppe Patrizia Credi.

«Quella dell'Inghilterra. A Oxford, per il master, ci sono andata solo io e Caterina non è mai venuta con me.»

Patrizia Credi si portò una mano alla bocca.

«Caterina se n'è andata in Spagna col suo ragazzo, quello più giovane di lei che anche voi avete conosciuto e che non vedevate di buon occhio. La sua famiglia è di origine spagnola e, se tutto va bene, entro un anno prenderà la laurea in medicina.»

«Ma cosa è andata a fare in Spagna?»

«A viverci, con Carlos. Hanno messo su casa e...»

«Ma le telefonate? Le cartoline?» chiese Patrizia Credi.

«Faceva tutto parte dell'accordo. Poi però le cartoline le ho finite. Io avrei dovuto spiegarvi tutto, ma mi vergognavo un po' e non avevo ancora trovato il coraggio di farlo e non ce l'ha neanche lei. Se vuole ho il suo nuovo numero di cellulare e anche l'indirizzo. Stanno in una cittadina a pochi chilometri da Saragozza. Io l'ho sentita ieri e posso assicurarvi che sta bene, anche se a questo punto penso che sarebbe meglio se la chiamaste o le scriveste voi...»

«E cosa impedisce a lei di farlo?» chiese la signora Credi.

Rossella arrossì. «Il fatto è che non sono sposati, i genitori di lui non ne vogliono sapere, e lei... sta per avere un bambino. Sono sicura che se il primo passo lo fate voi, per Natale saranno qui tutti e tre.»

I coniugi Credi erano rimasti a bocca aperta e il vecchio adesso sorrideva.

«E con questo, scusandoci ancora perché ce ne sentiamo

indirettamente responsabili, penso che vi sarete tranquillizzati», concluse il signor Tardini. «Con te, Rossella, ci facciamo una bella chiacchierata dopo.»

«Grazie, dottor Petri», disse Patrizia Credi quando i Tardini se ne furono andati. «Se non fosse stato per il suo scrupolo... Ma una cosa non l'ho ancora capita. Com'è che pensando di essersi imbattuto in una ragazza che avrebbe potuto essere nostra figlia, ha ritenuto di dover venire a trovarci?»

Petri incominciò a bofonchiare qualcosa, non sapeva come cavarsela. «Ecco, signora, lei non ha tutti i torti. Della ragazza sapevo solo il nome, Caterina Credi, e in effetti in città, per strano che possa apparire, un'altra Caterina Credi esiste, e anche lei, a quanto ho saputo, pare avesse rotto con la famiglia.»

«E allora?»

«Be', allora... adesso che tutto si è chiarito glielo posso anche dire: la ragazza era morta. Ma no, no, non faccia quella faccia adesso. La Caterina Credi che ho trovato io era una ragazza di vent'anni, stava da sola, a pochi chilometri dalla città e», mentì, «non aspettava alcun bambino.»

Il vecchio Credi volle assolutamente alzarsi dalla poltrona e gli si avvicinò con passo incerto, tendendogli la mano. Quando Petri riuscì ad acchiapparla, il vecchio gli strinse la sua e continuò a tenerla stretta, come se non volesse più lasciarlo andare.

Si erano fatte le due e mezzo del pomeriggio e Petri raggiunse con passo stanco la fermata dell'autobus che lo avrebbe riportato in centro. Una mattinata inutile, si disse. Poi ci ripensò: tutto si poteva dire fuor che fosse stata inutile.

Giunse in via Cairoli alle tre passate. Anna aveva pranzato e stava sonnecchiando in poltrona. Si riscosse sentendolo entrare. «Ti ho lasciato qualcosa in caldo, ma se ormai...»

«No, mi è tornato l'appetito, e se non hai nulla di meglio da fare adesso ti racconto tutta la storia.»

Anna si sedette al tavolo, dopo aver preso dal frigo una bottiglia di Terlaner. Lo ascoltò senza interromperlo. «E oggi cos'hai intenzione di fare? Andare dagli altri Credi, quelli giusti voglio dire?»

«Assolutamente no. Ci andrò domattina. Le mie coronarie hanno bisogno di qualche ora di riposo. E poi, accidenti a loro, devo pensare alle trote.»

I suoi timori si rivelarono infondati. I commensali, meno insopportabili di quanto li ricordasse, gli fecero lodi sperticate per la sua abilità di pescatore e il modo, tutto suo, con cui aveva cucinato il pesce. Se ne andò a letto verso mezzanotte, soddisfatto, soprattutto perché con Anna la pace era fatta, o quantomeno si era concluso un armistizio.

Forse aveva un po' esagerato col bianco e dormì dieci ore filate, svegliandosi con un lieve mal di testa e una punta di apprensione. Riuscì a decifrarla mentre stava facendo colazione, un'occhiata al biglietto che Anna gli aveva lasciato prima di uscire: i Credi! Quelli giusti, come li aveva definiti Anna.

Rilesse il piccolo elenco che gli aveva dato Grazia Bruni. Il padre, Francesco, era un dentista. Avrebbe potuto andarci intorno all'ora di pranzo se voleva trovarlo in casa. Non si sentiva in grado di affrontare solo la moglie. Si mise a rimuginare. Bel tipo quella Rossella, niente da dire. Ma era apparsa sincera e non avrebbero dovuto esserci dubbi. Ma accidenti a me, pensò improvvisamente. La Caterina di viale Bornata va per i venticinque e quella che ho trovato io... Una telefonata a Gentilini era però meglio farla. Lo trovò in istituto.

«Dottor Gentilini, sono Petri.»

«Buongiorno a lei, se mi chiama per sapere...»

«Solo una conferma sull'età della ragazza. Non è che potesse avere sui ventiquattro, venticinque anni?»

«Ma sta scherzando? Le ho già detto che devo fare ancora qualche approfondimento, ma sull'età non ci sono dubbi. Le avevo detto una ventina d'anni e glielo confermo. A proposito, mi ha telefonato la Procura, Martinelli in persona. Intorno alle undici dovrebbero venire i genitori per il riconoscimento del corpo. Vedrò di squagliarmela in tempo. Direi che è l'unico aspetto della mia professione che non sopporto e non voglio farmi trovare in istituto nel caso volessero parlare con me.»

«La capisco», mormorò Petri. «Ci sentiamo.»

Finì di vestirsi e uscì per il caffè e i giornali. Stava leggendo i commenti al discorso che un leader di destra aveva fatto qualche giorno prima, quando ricordò che aveva promesso a Miceli di passare da lui, il pomeriggio precedente. Se n'era completamente scordato, preso com'era nella preparazione della cena. Cercò invano il cellulare. Poco male, lo avrebbe chiamato più tardi.

Capitolo 6

Alle dodici e trenta suonava al 56 di Borgo Trento, dopo essersi fatta una passeggiata in quella strada che conosceva poco. Una rivelazione: case piuttosto basse, vecchiotte, e un susseguirsi di negozi grandi e piccoli, con un'aria accogliente. Devo portarci Anna, decise. Un'isola felice che sembrava appartenere a una città diversa.

Stessa trafila del giorno precedente, ma tutto più liscio. Sulla porta dell'appartamento, al secondo piano di un piccolo edificio ristrutturato da poco, lo attendevano i Credi. Si era fatto precedere da una telefonata. Lui, Francesco, alto e snello, in giacca e cravatta scura. Un volto magro, ma non sgradevole, le labbra su cui spiccavano due baffetti ancora nerissimi. Solo un accenno di calvizie che forse lo faceva apparire più anziano di quanto fosse. Accanto, la moglie, una donna minuta, con un tailleur grigio e gli occhi arrossati. Sembravano pronti per uscire o, più probabilmente, erano appena rientrati dall'obitorio.

«Come ho detto al telefono, mi chiamo Petri, Carlo Petri. Desideravo farvi le mie condoglianze per la morte di vostra figlia Caterina.»

«Per caso ci conosciamo?» chiese Francesco Credi.

«No, in effetti non ci conosciamo.»

«E allora non capisco perché si è voluto prendere questo disturbo, tanto più che...»

«Perché sono stato io, un paio di giorni fa, mentre pescavo in un torrente dell'alta Val Trompia, a trovare il corpo di vostra figlia e ad avvertire i carabinieri di Tavernole. Sembrava dormisse, anche se era morta, ma mi ha dato l'impressione di una persona in pace. Volevo solo che lo sapeste.»

«In pace?» gridò la donna col tailleur grigio. «In pace, ha detto? Ma lei i giornali li legge?»

«Sì, certamente, ma non vedo cosa...»

«Entri pure», disse Francesco Credi, facendogli strada.

La moglie, che li aveva preceduti, uscì da una stanza con i due giornali locali e li sfogliò rapidamente, mettendoli sotto il naso di Petri. I titoli, nella cronaca locale, erano più o meno gli stessi: la ragazza trovata annegata nel Mella aspettava un bambino.

«Lei, questo, lo sapeva?» chiese la donna con voce tesa.

«E come avrei potuto saperlo, signora? Mi dispiace, mi dispiace veramente e mi rendo conto adesso che la mia iniziativa di venire da voi è forse stata inopportuna. Mi scuso e tolgo subito il disturbo», rispose Petri, avviandosi verso la porta d'ingresso.

«Ma no, no, si fermi un momento. Adesso ho capito. Lei dev'essere quel magistrato in pensione di cui ci ha parlato il brigadiere del paese, quando ci ha informati dell'accaduto», disse Francesco Credi trattenendolo. «Apprezziamo quello che ha fatto e abbiamo saputo che se non fosse stato per lei la nostra povera figliola forse si troverebbe ancora... Scusi, piuttosto, la reazione di mia moglie. Abbiamo acquistato i giornali poco fa, uscendo dall'obitorio, e capirà che di fronte a questa notizia il nostro dolore... Anche se di quella figliola non sapevamo più nulla e il timore che avesse fatto una brutta fine ci aveva spesso attraversato la mente.»

Sulla porta era apparso un ragazzo, col viso pallido e tirato.

«Mio figlio Claudio», lo presentò Credi.

«Se mi permette una domanda, dottor Credi», disse Petri, «avete idea delle ragioni per cui vostra figlia avesse deciso, per così dire, di tagliare i ponti con la sua famiglia? Con voi, intendo dire. A Tavernole non si sapeva nulla di lei, se non il suo nome, e pare che alle poche persone che frequentava avesse addirittura detto di essere orfana.»

«Orfana?» chiese Credi con aria incredula. «Orfana...» ripeté meditabondo. «E lei, dottor Petri, da chi lo ha saputo?»

«Qualcosa del genere me lo ha detto una vecchia signora, Paola Ghelfi, una maestra in pensione da cui vostra figlia alloggiava.»

«Paola Ghelfi...» disse la signora Credi, come volesse memorizzarne il nome.

«No, dottor Petri», rispose Francesco Credi, «non abbiamo la minima idea delle ragioni per cui Caterina se ne fosse andata e non si fosse più fatta viva. Un dolore dal quale cercavamo di uscire, e adesso...»

«Non avete mai neppure pensato di denunziarne la scomparsa?»

«E a che scopo? Ci sarebbe sembrato di metterci una pietra tombale anzitempo.»

«Vi posso anche capire», disse Petri, sentendo su di sé lo sguardo del ragazzo, che era rimasto sulla soglia della stanza, e se ne stava lì, rigido, senza togliergli gli occhi di dosso.

Le tredici e trenta, quando uscì dalla casa di Borgo Trento. Un vago senso di disagio. Francesco Credi era stato gentile, accogliente, e aveva anche cercato di rimediare alla reazione scomposta di sua moglie Matilde. Molto controllato, però, forse fin troppo. Non pareva uno che avesse saputo il giorno precedente della morte della figlia assente da oltre un anno, per rivederla solo un'ora prima, nel frigorifero di un obitorio. E perché né lui né la moglie avevano mai preso la minima iniziativa per rintracciarla? E poi, anche se lui, Petri, non aveva manifestato la sua sorpresa, fingendo anzi di comprenderne le ragioni, perché non denunziarne la scomparsa? Ed era possibile che non sapessero neppure immaginare la ragione che aveva indotto la ragazza a sparire? Petri si era abituato, in tanti anni di professione, a confrontarsi con le più imprevedibili condotte umane, ma ogni volta si era posto delle domande e ci si era arrovellato fino a giungere a una spiegazione che, quantomeno sul piano razionale, riuscisse ad acquietarlo. Ne avrebbe parlato con Miceli, voleva sentire anche la sua opinione.

Ma non era solo questo senso di disagio a turbare Petri. C'era dell'altro e questo non era disagio, ma una forte incazzatura. Capiva che i giornali facessero il loro lavoro, spesso un lavoro sporco, destinato soltanto ad aumentare la tiratura, ma chi poteva aver lasciato filtrare la notizia che la ragazza era incinta? Gentilini? Non era il tipo, dal momento che rifuggiva da qualsiasi contatto coi cronisti. Telefonargli per averne la conferma sarebbe stato quasi offensivo. Il brigadiere Zanin? A parte la raccomandazione che gli aveva fatto esplicitamente, gli sembrava poco probabile. Con Zanin, però, una telefonata poteva anche starci.

Chiamò la caserma di Tavernole e glielo passarono subito.

«Dottor Petri! Che piacere risentirla. In che cosa posso esserle utile?»

«Solo una conferma, ma volevo esserne certo. Da lei, per caso, è passato qualche cronista dei giornali locali per saperne di più sulla storia della ragazza annegata?»

«Assolutamente no... Ma perché mi fa questa domanda? No, aspetti, ci arrivo da solo: il fatto che Caterina fosse incinta. Anch'io ho letto i giornali di oggi e ho fatto un salto sulla sedia. Perché non lo sapevo neppure io, quando ieri ho informato i genitori dell'accaduto, dopo averne trovato l'indirizzo nella documentazione che conservavano alla scuola materna. Mi sbaglio, dottor Petri, o è questa la ragione della sua telefonata?»

«No, brigadiere, non si sbaglia e non posso che farle le mie scuse per aver dubitato di lei.»

«Nessuna preoccupazione, dottor Petri. Capisco benissimo che voleva essere ben certo del fatto suo prima di fare, magari, un'altra telefonata. Ci ho preso anche questa volta?»

«Ci ha preso, brigadiere, ci ha preso. Arrivederci», concluse Petri.

Un ragazzo davvero sveglio quel brigadiere. Lo aveva appena dimostrato.

Un'altra telefonata aveva davvero intenzione di farla. Ma con calma, da casa, seduto davanti al telefono.

Chiamò l'anticamera del Procuratore. «Maresciallo Perego, sono Petri. Per caso il dottor Martinelli è in ufficio?»

«Sta per andarsene, ma vedo se glielo posso passare... Ecco, è in linea.»

«Ciao, Martinelli, sono Petri.»

«Oh, ciao Petri, non ti ho ancora ringraziato per l'altro giorno, anche se magari avresti potuto aspettarmi. Sono arrivato a Tavernole alle dieci e...»

«Nessun ringraziamento, Martinelli, non ce n'è bisogno. Se mi sono fermato lì tutta la giornata è perché la cosa mi interessava, e volevo dare una mano a quel galantuomo di brigadiere. Non per fare un favore a te.»

«Ma possibile, Petri, che anche nei momenti più impensati, quando ti sto addirittura ringraziando, tu trovi il modo di essere sgradevole?»

«Evidentemente è una mia prerogativa.»

«E va bene, mettiamola pure così», sospirò Martinelli. «Forse ho qualcosa da farmi perdonare. Ma la ragione della tua telefonata?»

«Volevo soltanto congratularmi con te. Solo tu hai potuto rifischiare alla stampa che quella povera ragazza aspettava un bambino. Dando così un ulteriore motivo di dolore ai genitori e sicuramente anche a quel ragazzo che doveva sposarla.»

«Quanto al ragazzo è tutto da vedere, ma forse hai ragione tu, ho commesso una leggerezza. Anche se la stampa ha diritto di essere informata.»

«Ed è servito a qualcosa, Martinelli? Non direi. E, quanto al ragazzo, cerca di non aggiungere cazzata a cazzata.»

«Senti, Petri, a tutto c'è un limite...»

«E tu, questa volta, lo hai abbondantemente superato», disse Petri, troncando la comunicazione.

Nel tardo pomeriggio passò da Miceli. Il commissario era in ufficio, solo, e stava consultando un fascicolo. «Finalmente, dottor Petri. Grazia Bruni mi ha raccontato della sua visita di ieri. Dai Credi c'è poi andato?»

«Sì, ci sono andato. Ieri da quelli sbagliati e oggi da quelli giusti. Se ne ha voglia le racconto tutta la storia, anche perché vorrei la sua opinione.»

«Non chiedo di meglio. È parecchio tempo che non ci facciamo una chiacchierata. Ma le farei una proposta: cinque minuti, termino di mettere qualche firma e poi, se le va, andiamo a farci l'aperitivo in piazzale Arnaldo e, visto il tempo, saliamo fino al Castello. La mia passeggiata quotidiana oggi non l'ho ancora fatta.»

«Da quando questa abitudine?»

«Da quando me l'ha consigliata, anzi, ordinata il medico. Un certo tipo di dieta, che cerco di seguire rigorosamente; almeno un litro e mezzo di acqua al giorno e quattro chilometri di buon passo.»

«Diavolo! Cosa mi sta combinando, Miceli? Niente di grave spero...»

«No, no, nulla di grave. Vogliamo chiamarla una condotta di mantenimento? Più o meno il medico si è espresso così, forse si era messo d'accordo con Lucia. Ma a parte la passeggiata, che lei si fa da sempre, il resto mi sentirei di consigliarlo anche a lei.»

«Certo, certo, è un po' di tempo che cerco di limitare salumi e formaggi, aumentando frutta e verdura. È il litro e mezzo di acqua al giorno che mi mette un po' in apprensione.»

«Se lo imponga come una medicina. Vedrà che se lo distribuisce nell'arco di una giornata non è poi questa gran cosa.»

«Bene, cercherò di farlo. Piuttosto, chieda al suo medico se tre quarti di bianco in aggiunta possono essere tollerati. In fin dei conti sempre di liquidi si tratta.»

«Su questo qualche dubbio l'avrei», sorrise Miceli. «Comunque, glielo chiederò.»

Finì di mettere un paio di firme e si alzò dalla poltrona. «Possiamo andare.»

Uscirono dalla Questura e in pochi minuti raggiunsero piazzale Arnaldo. Il sole si era abbassato e raggiungeva la statua del frate bresciano che, con le braccia tese, pareva ricordare inutilmente qualcosa di cui tutti si erano dimenticati. Entrarono in un bar già pieno di giovani, che diedero un'occhiata infastidita a quei due anziani signori che sicuramente avevano sbagliato posto.

«Io prendo un analcolico, e lei?» chiese Miceli.

«Un bicchiere d'acqua minerale, non gasata.»

«Per caso non si sente bene?»

«Affatto. Ma sto iniziando... Come l'ha chiamata il suo medico?»

«Una condotta di mantenimento.»

«Appunto», disse Petri, scolandosi il bicchiere d'acqua con una smorfia di disgusto. Uscirono e si avviarono verso il Castello.

Petri gli fece un resoconto preciso, iniziando dal ritrovamento del corpo della ragazza, fino al suo colloquio con la famiglia Credi, di poche ore prima. Omise solo il contenuto della sua telefonata a Martinelli.

«Povera ragazza», fu il commento di Miceli, «e povero ragazzo anche quel giovanotto che stava per sposarla. Senza dimenticare il pretino. Anche per lui provo un po' di pena.»

«Certo, era stato anche il mio atteggiamento iniziale, ma poi la pena per il prete non è durata molto...»

«Se gli permettessero di sposarsi, certe cose non accadrebbero», disse Miceli.

«Questo lo so anch'io, ma il colloquio col prete non gliel'ho raccontato parola per parola. Quello è un mascalzone come pochi», fece Petri bruscamente. «Ma il punto non è questo.»

«E qual è, allora?» chiese Miceli.

«Il comportamento della famiglia Credi. Il padre, soprattutto. Ma le pare mai possibile che...»

«Ho già capito dove vuole arrivare. Può benissimo darsi che qualche scheletro nell'armadio quella famiglia ce l'abbia. Anzi, si potrebbe esserne quasi certi, visto il comportamento di Caterina. È questo che le è rimasto sul gozzo o no?»

«È questo», ammise Petri.

«Solo che ormai è troppo tardi per farci qualcosa. Non possiamo che restare col nostro interrogativo, sapendo bene che non riusciremo mai a dargli una risposta. Gli scheletri nell'armadio si conservano con la massima cura.»

«Ed è proprio questo che mi rode. Una certezza morale destinata a rimanere tale, senza poterci fare nulla.»

«Cerchi di mettersi il cuore in pace, Petri. Anche perché, dal suo racconto, il suicidio della ragazza appare chiaro nelle sue motivazioni. Si tratterebbe solo di capire le ragioni per cui aveva deciso di troncare con la famiglia, ma a cosa ci servirebbe? Una vicenda morta e sepolta, come ormai anche la povera Caterina e quella creatura che certo non avrebbe voluto.»

Scesero da via Piamarta. Petri accompagnò il commissario fino all'inizio di via Musei, dove abitava. Poi proseguì verso via Cairoli, borbottando tra sé. Miceli, col suo pragmatismo, l'aveva un po' deluso, ma, onestamente, non poteva dargli torto. In fin dei conti cosa si sarebbe dovuto aspettare dal suo amico commissario? Una conferma delle sue impressioni, nulla di più, e la conferma l'aveva avuta.

Capitolo 7

Anche don Ernesto Carrino quel giorno aveva letto i quotidiani locali e il suo malumore si era trasformato in una rabbia fredda. Almeno quella circostanza, anche se il suo nome nessuno lo aveva fatto, sperava che non venisse alla luce, ma qualcuno ne aveva informato i giornali. E a che scopo, si chiese. Per puro spirito vendicativo, per metterlo ancor di più nei pasticci, se fossero risaliti a lui. E chi poteva essere stato se non quel vecchio giudice in pensione al cui solo pensiero sentiva il suo livore aumentare? Perché quello non aveva in mano niente, soltanto un'intuizione che da sola non avrebbe mai retto. Ma lui, nell'emozione del momento, era caduto nella trappola come un allocco, anche se poi aveva cercato di rimediare andando direttamente da quel brigadiere col capo cosparso di cenere. Ma quel particolare l'aveva taciuto e per togliere di testa al suo interlocutore ogni idea che avrebbe potuto danneggiarlo aveva preso, in sua presenza, un appuntamento col Vescovo. Un piccolo colpo di genio, non si era sbagliato, perché negli occhi del brigadiere aveva scorto una scintilla di pietà e, sarebbe stato pronto a scommetterci, la cosa, per quanto lo riguardava, sarebbe finita lì.

Anche se poi, dal Vescovo, aveva naturalmente dovuto andarci, ma quello che aveva portato a termine era stato un piccolo capolavoro. Una ragazza che stava al paese, che avrebbe dovuto sposarsi e forse era già incinta, si era perdutamente invaghita di lui. Ma lui aveva resistito alla tentazione e, pur col pianto nel cuore, da quel paese aveva deciso di andarsene, perché, anche se la sua coscienza era limpida, della morte di quella poverina si sentiva indirettamente responsabile e adesso non sapeva più che fare, se non rimettere tutto nelle mani del suo pastore, perché gli indicasse lui il prosieguo della strada. Da solo non ce l'avrebbe fatta. Poteva soltanto chiedere perdono a Dio per ciò che aveva fatto e per ciò che non aveva fatto e aspirava solo alla solitudine, che forse gli avrebbe consentito di riprendere il cammino.

Aveva fatto centro. L'anziano Vescovo, un'anima candida e un grande cuore, lo aveva ascoltato in silenzio, gli occhi umidi che gli correvano alla tonaca lisa e a quelle scarpe nere che avrebbero avuto bisogno di una risuolatura e un sentimento di amore paterno per quel giovane ragazzo vestito di nero che, per la prima volta, aveva dovuto confrontarsi con una realtà che ancora gli era sconosciuta e che adesso, sconvolto, metteva la propria anima nelle sue mani. E aveva allora afferrato le mani di quel giovane prete che gli aveva confessato il suo dolore, inginocchiato come un peccatore, e lo aveva stretto in un abbraccio.

«Figliolo», gli aveva detto, «tu non hai nulla da rimproverarti, anche se comprendo la tua angoscia. Forse avresti fatto meglio a rivolgerti a me quando ti sei accorto dei sentimenti di quella ragazza, ma non è un rimprovero. Hai voluto portare la tua croce da solo e non ne avevi ancora la forza. Ma devi reagire e non venirmi a parlare di solitudine. La pace la ritroverai certamente, ma non rifugiandoti in un eremo, lontano dal mondo. La ritroverai operando nel mondo, sorretto dalla tua dirittura e dalla tua generosità. Certo, ti capisco, e non ti mando in un'altra parrocchia. Hai vissuto una vicenda dolorosa e ne uscirai pregando per te, per quella poverina, per il ragazzo che voleva portarla davanti a un altare, ma anche continuando a lavorare per gli altri. Io ti accolgo a braccia aperte, figlio mio, e so già dove mandarti nel tuo prossimo futuro. Tu saprai che nella nostra città esiste una comunità che si occupa dei più deboli: gli immigrati, gente che viene da lontano rincorrendo invano una speranza. È lì che dovrai operare, con umiltà e perseveranza. Lì troverai la pace che vai cercando. Sono sicuro che questa, per il momento, sia la strada migliore. E, quando avrai bisogno di me, io sarò qui, per consigliarti e confortarti come un padre. Poi Dio suggerirà a entrambi la strada migliore per te.»

Don Carrino aveva chinato il capo in silenzio, stringendo quelle vecchie mani amorevoli. Non che l'idea lo entusiasmasse. Avrebbe preferito una lunga aspettativa, ma, in fondo, se l'era cavata con poco e, soprattutto, si era messo al sicuro da scandali che avrebbero potuto rovinarlo. Uno scandalo, solo uno scandalo temeva, perché era troppo sveglio per temere qualcosa di peggio. Che Caterina si fosse suicidata era pacifico. I giornali l'avevano detto chiaramente, e anche quel tanghero di giudice gli aveva confermato che il suo delitto, così lo aveva chiamato, non era contemplato dal codice penale. E se aveva fatto quella soffiata ai giornali, quel giudice che non voleva infangare la memoria di Caterina, era solo per rivalersi su di lui, per rigirargli il coltello nella piaga.

E sicuro era anche su un altro fronte, perché il vecchio Vescovo, prima di congedarlo, gli aveva assicurato che avrebbe telefonato subito al Procuratore della Repubblica, pregandolo che della storia si parlasse il meno possibile, perché non era tempo che la Chiesa venisse raggiunta da uno scandalo fasullo, sul quale si sarebbe a lungo ricamato, in un momento in cui, purtroppo, di scandali veri ce n'erano fin troppi. E il Procuratore, che conosceva di persona come uomo sensibile e profondamente religioso, sarebbe stato ben lieto di accontentarlo. Così don Carrino, volente o nolente, si era ritrovato a lavorare in quella comunità, operando, per la verità, in modo onorevole.

Capitolo 8

Una giornata come tante altre, settembre inoltrato, ma ancora caldo, come non lo era stato neppure in agosto.

Anna quel mattino non aveva impegni e si erano trattenuti in cucina a chiacchierare riprendendo, più pacatamente, la discussione della sera prima, quando si erano come al solito scontrati su quello che avrebbe potuto essere uno scorcio di vacanza, prima che lei ricominciasse con le sue lezioni.

«Una settimana in Sardegna, che ne diresti? Tu non la conosci e...»

«Conosco la Corsica», aveva risposto Petri.

«Ma non sono la stessa cosa e, credimi, non conoscere la Sardegna è davvero imperdonabile.»

«Me ne farò una ragione. Ormai i sensi di colpa me li sono messi alle spalle.»

Anna aveva sospirato, ma non aveva mollato la presa. «Tu cosa proporresti?» gli aveva chiesto dopo un momento di silenzio.

«Lubecca, Lubecca e Amburgo.»

«Sai che non riesco a sopportare la Germania e i tedeschi. Te l'ho spiegato tante volte. Mi smuovono dentro qualcosa che...»

«E io ti ho sempre ricordato che non è solo la patria di Hitler, che tra l'altro era austriaco, o di Goebbels, ma anche di Goethe, di Beethoven, di Kant, e potrei seguitare fino a sera.»

«E il mio disagio non si smuoverebbe di un millimetro. Se la Sardegna non ti interessa, cosa ne diresti di un'isola greca? Ti ricordi Citera, dove siamo stati un paio di anni fa con i Lele? Mi pare che ti ci fossi divertito. L'anno scorso sono stati ad

Andros, nelle Cicladi. Ci si arriva in giornata. Volo diretto Malpensa-Atene e un paio d'ore di traghetto. Prima colazione a Brescia e cena di pesce a Batsi, a dieci minuti di macchina dall'albergo in cui sono stati loro: camere sul mare e spiaggia privata. Un incanto. Senza contare che la Grecia è la patria di Platone, di Socrate, di Eschilo, di... »

« Troppo tardi per il mare. Non che la cosa mi interessi più di tanto, non sono un animale marino, ma tu al bagno ci tieni e nella seconda metà di settembre... »

« Ho già visto su internet. Tempo buono e temperature sui venticinque gradi. »

« Quest'anno non mi attira neppure la Grecia. »

« E dove ti piacerebbe andare? »

« Dresda, Lipsia, Weimar, Erfurt: un giro bellissimo. Sai cos'è la pinacoteca di Dresda? Sai che c'è un trittico di Otto Dix grande quanto una pala d'altare? E sai che a Lipsia c'è ancora la chiesa dove Bach è stato maestro di cappella? »

« Va bene, Carlo. Ho capito e non voglio cadere nelle tue provocazioni. Ho il sospetto che tu non abbia nessuna voglia di andare in vacanza. Magari mi sbaglio, ma... »

« No, non ti sbagli, Anna. In questo momento non ho voglia di muovermi. Piuttosto, incomincia a pensare alla nostra vacanza invernale. Qui non ti pongo limiti. O montagna, dove potresti sciare o, se vuoi dimenticare il freddo per quindici o venti giorni, Africa. Ti lascio carta bianca. Dall'Egitto al Sud Africa, scegli tu, e ti giuro che accetterò le tue scelte senza discutere. »

Anna lo aveva fissato a lungo. « Una cosa che non hai ancora capito, Petri, è che questa sorta di delega in bianco non mi piace. Quando il tempo che si ha davanti non è molto, andare a vedere dei posti nuovi è una cosa importante, che si deve condividere. E vorrei tanto che le decisioni e la preparazione del viaggio appartenessero a tutti e due. L'ultima cosa che desidero è quella di farti subire le mie scelte e, se non l'hai ancora compreso... »

Aveva ragione, nel suo intimo lo sapeva bene, e non aveva trovato nulla da ribattere.

Avevano trascorso il pomeriggio precedente in silenzio. Lei che aveva messo mano alle sue lezioni e lui che a un certo punto era uscito, dirigendosi verso la loro agenzia di viaggi e tornandosene con tutta la documentazione occorrente per un viaggio in Namibia. Era bastato, o almeno lui si illudeva che lo fosse stato. In ogni caso Anna pareva averlo apprezzato e, all'apparenza, si era pacificata, senza fargli notare la plateali-tà della sua iniziativa.

Adesso, esaurito l'argomento Namibia, stavano chiacchierando seduti al tavolo della cucina, apprestandosi a uscire insieme per acquistare i giornali, le sigarette e per farsi un caffè e un cappuccino al bar di cui lui era cliente fisso. Le nove e trenta. E fu proprio in quel momento, mentre stavano avviandosi alla porta d'ingresso, che il telefono prese a squillare.

«È per te, Carlo», disse Anna. «Un certo brigadiere di cui non ho compreso bene il nome.»

«Pronto», disse lui, accostando il ricevitore all'orecchio buono. «Sono Petri, con chi parlo?»

«Zanin, dottore, il brigadiere Zanin di Tavernole. Spero non si sia dimenticato di me.»

«E come potrei essermi dimenticato del mio fornitore di trote? Ma non credo che la sua telefonata riguardi la pesca. È accaduto qualcosa di nuovo?»

«Sì, dottore, anche se forse si tratta di una sciocchezza, di una cosa comprensibile, voglio dire. Il fatto è che alcuni giorni fa sono arrivati a Tavernole una signora e un ragazzo, un giovanotto. Madre e figlio. Sono venuti da me, ma erano già stati anche dalla maestra Ghelfi, e hanno parlato anche con il nuovo parroco. Ora, lei avrà già capito...»

«... che si trattava di Matilde Credi e di suo figlio Claudio.»

«Esatto, dottore, ed è questo che mi preoccupa, perché non vorrei che si mettessero in testa delle idee sbagliate, prendendosela con quel povero Beni che non c'entra per nulla e fa compassione solo a vederlo. Io ho cercato di calmarli, certo non tirando in ballo don Carrino, cosa che non avevo fatto neppure col Procuratore, come mi aveva consigliato lei.

Mi sono limitato a dire che stiamo facendo indagini per capire chi potesse essere stato a mettere incinta Caterina, per spiegare che poi Caterina aveva fatto tutto da sola. Ma la cosa mi preoccupa, anche perché il Procuratore, quando era venuto su il giorno dopo, mi aveva raccomandato di tener d'occhio il giovane Beni, che aveva sentito e non gli era piaciuto per niente, anche se io avevo cercato di fargli capire che invece si tratta di un bravo ragazzo, di un galantuomo e che, in ogni caso, anche se fosse stato lui a ingravidare Caterina, non aveva commesso nessun crimine, e al massimo poteva avere una responsabilità morale e che...»

«E Martinelli cosa le aveva risposto?»

«Che il magistrato era lui e non aveva alcuna intenzione di prendere lezioni di diritto da un brigadiere.»

«Capisco», disse Petri. «Ma non credo che lei debba preoccuparsi. Vedrà che sia il Procuratore, sia i Credi finiranno con lo scordarsi tutta la faccenda.»

«Per quanto riguarda il Procuratore sono d'accordo con lei, ma per i Credi non ne sarei così sicuro...»

«E perché?»

«Perché sono andati anche in parrocchia a parlare con don Tarcisio Morandi, un anziano sacerdote che è stato mandato a sostituire don Carrino.»

«Mi sembra logico, brigadiere. Sicuramente la maestra Ghelfi avrà detto anche a loro che Caterina, a parte il fidanzato, non frequentava che la chiesa, ed è quindi naturale che una visita l'abbiano fatta anche al parroco.»

«Se si fosse trattato di una visita, come dice lei, non sarei preoccupato. Invece, si sono messi a torchiare il vecchio sacerdote, scoprendo che aveva sostituito don Carrino che il giorno dopo aveva lasciato il paese e volendo a tutti i costi conoscerne le ragioni. Ora, come le dicevo, se del Procuratore Martinelli non mi preoccupo, mi preoccupo dei Credi. Non vorrei che facessero due più due e...»

«Senta, brigadiere, oggi sono sugli affari inutili e anche mia moglie è ancora in vacanza. Che ne direbbe se facessimo un salto a Tavernole?»

«Non osavo chiederglielo, dottor Petri, ma gliene sarei molto grato.»

«Bene, brigadiere. Adesso sento mia moglie e, se anche lei è d'accordo, tra un'ora siamo da lei e poi, magari, sentiamo anche l'impressione della maestra Ghelfi, del prete e... Be', è inutile parlarne adesso per telefono. Se non la richiamo entro cinque minuti la consideri cosa fatta.»

Anna lo ascoltò con attenzione e fu pienamente d'accordo. Era una bella giornata e avrebbero potuto anche prenderla come una mezza vacanza.

Avevano appena imboccato la strada della Val Trompia, che si mise a squillare il cellulare di Anna. «Certo, commissario Miceli, è qui con me. Glielo passo subito. Aspetti che accostiamo perché siamo in macchina e qui c'è campo.»

«Pronto, sono Petri. No, oggi proprio non posso. Sto andando con mia moglie a Tavernole, in soccorso di quel povero brigadiere di cui le ho parlato. Come dice? Certo, ha ragione. Ci vado perché mi ha telefonato lui. È piuttosto turbato da una visita dei Credi, madre e figlio, che qualche giorno fa sono saliti a Tavernole e si sono messi a indagare a destra e a manca. Teme che arrivino a don Carrino, il prete di cui pure le ho parlato, ma di cui lui non aveva fatto alcun cenno a Martinelli, dietro mio consiglio. Forse sarebbe stato meglio che me ne fossi lavato le mani e al diavolo tutto...»

«No, dottor Petri, lei ha fatto bene. Se fosse uscita la storia del prete, quella povera ragazza e anche i genitori...»

«È quello che ho pensato anch'io. Ma scusi, commissario, ho continuato a parlare io e non le ho ancora chiesto il motivo della sua telefonata.»

«Volevo solo fare due chiacchiere con lei. Tre giorni fa un altro prete, certo don Pietro Colombi, ha ricevuto un biglietto anonimo di minacce e la cosa si è ripetuta anche ieri. Questo don Colombi è venuto in Questura molto preoccupato. Per la verità prima era andato addirittura da Martinelli, che conosce personalmente, e Martinelli l'ha presa molto sul serio e me lo ha mandato, telefonandomi poi per raccomandarmi di fare tutto il possibile e di tenerlo informato.»

«Che impressione ha avuto di questo prete?»

«In questi giorni sono stato spesso in giro e ha parlato con Grazia Bruni. L'unica cosa che abbiamo subito fatto è stata di mettere in pista Esposito e Palestrina, per prendere tutte le informazioni possibili sul sacerdote e sugli ambienti che frequenta. Di più non saprei che altro fare in questo momento. Vorrei, però, che anche lei desse un'occhiata a questi due anonimi, e magari parlasse direttamente con Grazia Bruni. Perché Martinelli ci sta col fiato sul collo. Mi ha già telefonato un altro paio di volte, non so se di sua iniziativa o per le pressioni del sacerdote, ma lei lo conosce meglio di me e sa che è un baciapile. Non è che domani...?»

«Ci conti, alle nove sarò da lei. Ma questo prete che cosa fa?»

«È vice parroco alla chiesa di san Genesio, proprio in centro.»

«So dov'è, da piccolo ci mandavano anche me. Lui si occupa di qualcosa di preciso?»

«Questo non lo so ancora. Forse potrà essere più precisa la Bruni.»

Restituì il telefono ad Anna. «Adesso pare proprio che ci dobbiamo preoccupare anche dei preti», disse con aria seccata.

Anna non rispose e, con la fronte corrugata, rimise in moto la macchina.

Alle undici suonavano al campanello della caserma. Era di nuovo una giornata estiva, il sole che picchiava sodo e neppure un alito di vento.

La porta della caserma si aprì subito e apparve Zanin. Evidentemente li stava aspettando. «Molto lieto di conoscerla, signora», disse ad Anna. «E grazie di essere venuto», aggiunse rivolto a Petri. «Volete accomodarvi nel mio ufficio?»

In un angolo della stanza un piccolo divano di vimini e due poltroncine. I coniugi Petri vi presero posto e Zanin, dopo aver ordinato a un appuntato di portare caffè e bibite fresche, si sedette a sua volta.

Petri, bevuto il caffè, accese una sigaretta nonostante l'occhiataccia di Anna. «Non preoccuparti, il brigadiere ormai mi conosce e sa che una sigaretta serve a chiarirmi le idee.»

Zanin assentì vigorosamente col capo.

«E allora, brigadiere, sempre turbato come quando mi ha telefonato stamani?»

«Se possibile, molto di più, perché si è inserita una variante che potrebbe rivelarsi davvero pericolosa.»

«E cioè?» chiese Petri.

«Se foste arrivati un quarto d'ora fa, avreste trovato qui il giovane Beni.»

«E allora?»

«Il fatto è che il Beni, che ci deve sicuramente aver pensato su, pare avere aperto gli occhi. E forse non ci voleva neppure tanto, ma prima era troppo addolorato per la morte di Caterina e...»

«Per favore, brigadiere, venga al punto», lo interruppe Petri, ricevendo un'altra occhiataccia da parte di Anna.

«Le dicevo che ha aperto gli occhi, forse involontariamente aiutato dalla maestra Ghelfi che era andato a trovare. Per farla breve, mentre quando lo abbiamo sentito noi sembrava convinto che qualcuno avesse ucciso Caterina, l'avesse buttata nel fiume voglio dire, adesso è invece altrettanto convinto che Caterina si sia suicidata. Ci è arrivato dopo aver saputo dai giornali che era incinta e, sapendo che il padre non poteva essere lui, ha iniziato a fare un cammino a ritroso, credo anche per le parole della maestra Ghelfi che gli ha assicurato che Caterina, eccetto lui, non aveva alcuna frequentazione all'infuori della chiesa. Il padre, mi ha detto, è quel farabutto di don Carrino, non può che essere stato lui, e la prova migliore è che se l'è squagliata immediatamente.»

«E allora?» non seppe trattenersi Anna.

«Allora», rispose il brigadiere, «si è convinto che Caterina si sia suicidata, ma che il suo vero assassino sia don Carrino. "È come se nel fiume ce l'avesse buttata lui e per questo deve pagare e sarò io a fargliela pagare." Sono state le sue testuali parole e, per quanto cercassi di rabbonirlo, non ha voluto starmi a sentire. Era in macchina e si è diretto a Brescia, aggiungendo che quel dannato prete, le riferisco sempre le sue parole, riuscirà a scovarlo.»

«Quello che non capisco», disse Petri, «è la ragione per cui è venuto a preannunciarle le sue intenzioni.»

«Ha ragione, dottor Petri», rispose il brigadiere. «Ma io lo conosco meglio di lei. Il ragazzo è fuori di testa, ma era e rimane un galantuomo, sia pure a modo suo. Prima di andarsene, mi ha detto che quando troveremo don Carrino con due proiettili nella schiena non avremo bisogno di fare alcuna indagine: sarà stato lui. Ma probabilmente non avremo neppur bisogno di metterci a cercarlo, perché il terzo proiettile lo ha messo da parte per sé e se lo sparerà in testa.»

«Questa sì che è una brutta storia, una storia pericolosa», convenne Petri. «Ma lei, brigadiere, non poteva trattenerlo qui?»

«Ci ho provato, giudice, certo che ci ho provato, ma in quel momento ero solo in caserma e, non appena ha capito le mie intenzioni, mi ha mandato a gambe all'aria e, quando ho cercato di inseguirlo, era già in macchina e ha imboccato la statale. E adesso cosa facciamo? Io, sinceramente, ho una grande confusione in testa e...» Il brigadiere Zanin era pallido e teso come una corda. Petri se ne accorse.

«Calma, brigadiere, calma. Adesso, per quanto possibile, cerchiamo di rimediare. Si tratta di rintracciare il ragazzo e di mettere subito in guardia don Carrino.»

«Ma io non ho neppure idea di dove...»

«Lei, Zanin, per il momento non faccia nulla. Ci penso io. Ho bisogno di fare subito una telefonata, ma potrebbe avere anche toni burrascosi e...»

«Può telefonare di là, dottor Petri. Aspetti che l'accompagno.» Gli fece strada verso l'ufficio dell'appuntato, in quel momento deserto.

«Una cosa, brigadiere. Mi ero dimenticato di chiedergliela. Che lei sappia il giovane Beni era armato o poteva comunque procurarsi un'arma?»

«Temo di sì», rispose Zanin. «Appena andatosene il ragazzo, ho consultato il registro. Il padre ha, o meglio aveva, una 45 regolarmente denunciata. Gli ho chiesto di portarla subito in caserma per un controllo del numero di matricola. Mi ha telefonato cinque minuti dopo: la 45 la teneva sempre in un cassetto del suo ufficio, ma è sparita. Mi ha detto che nel cassetto ha trovato solo alcuni proiettili e... »

« Quanti ne mancano? »

« Tre », rispose Zanin, sconsolato.

« Allora », concluse Petri, « se prima la telefonata era soltanto opportuna, adesso è urgente. Mi lasci solo, brigadiere. »

Capitolo 9

Fece il numero della Procura. Era nervosissimo e si malediceva per il tono che aveva avuto con Martinelli e per le cose che gli aveva detto nel corso dell'ultima telefonata. Pazienza, si disse, se proprio occorre mi scuserò, anche perché qui si tratta di salvare capra e cavoli.

Martinelli era in ufficio, ma stava parlando con un sostituto.

«Senta, maresciallo Perego, lo informi subito che sono al telefono. È un'interurbana, ma si tratta di cosa gravissima. Lo preghi di interrompere il colloquio col sostituto e me lo passi subito, immediatamente.» Forse fu il tono della voce, inusuale in Petri, ma il buon maresciallo, correndo il rischio di prendersi una lavata di capo, non se lo fece ripetere due volte.

Pochi secondi. «Pronto, sono Martinelli. Penso che tu abbia delle buone ragioni per telefonarmi da fuori e farmi addirittura interrompere una seduta con un mio sostituto, col quale stavo discutendo...»

«Non mi interessa cosa stavate discutendo, ma comunque mi scuso per l'interruzione. Non l'avrei fatto se non si trattasse di cosa gravissima. Sono stato a pescare a Tavernole e mi trovo ancora qui. Ti telefono da un ufficio della caserma dei carabinieri, dove ero andato per salutare Zanin...»

«E chi è Zanin?»

«Il brigadiere che comanda la stazione, accidenti a te! Quello che hai conosciuto quando sei venuto su personalmente per la ragazza morta annegata.»

«Ah, già, ne hai trovata un'altra?»

«Non è il momento di scherzare, Martinelli. Sono passato in caserma in un momento cruciale e non c'è un momento da perdere. Il giovane Beni, il fidanzato della ragazza, che credo tu abbia sentito quando sei venuto su...»

«Ecco che ti ho beccato: il giovane Beni, il ragazzo galantuomo, vedi che avevo ragione io?»

«In che cosa avresti avuto ragione?»

«Nel pensare che fosse stato lui a mettere incinta la ragazza.»

«E se anche fosse stato così? Che cosa cambierebbe visto che la ragazza ha deciso di buttarsi nel fiume e lo ha fatto da sola, senza l'incoraggiamento di nessuno?»

«Cambierebbe, e come se cambierebbe, perché il vostro ragazzo galantuomo sarebbe moralmente responsabile della morte della ragazza e...»

«E tu non ci potresti fare niente.»

«E chi lo ha detto? Si potrebbe anche ipotizzare un'indiretta, o meglio una tacita istigazione al suicidio e...»

«Indiretta, tacita, morale... Non dire cazzate, Martinelli, anzi no, scusami, non volevo dire questo. Volevo solo dire che se due stanno per sposarsi, hanno già la casa, e lei si trova a essere incinta di lui, lui cosa fa? O se la sposa o, al massimo, la molla. Non la istiga né tacitamente, né indirettamente al suicidio. Questo lo capisci o no?»

Un momento di silenzio. «Sì, in effetti forse hai ragione tu. Ma allora, la ragione di questa telefonata?»

«Ecco, la ragione della mia telefonata. Mi hai fatto perdere tempo con le tue cazz... con i tuoi discorsi. La novità è che mezz'ora fa il ragazzo, parlo del Beni, è passato dalla caserma per dire al brigadiere che ormai si era convinto che il responsabile della gravidanza della ragazza fosse il prete, un certo don Ernesto Carrino, l'unica persona del paese che la ragazza frequentasse e che, guarda caso, ha lasciato il paese subito dopo il fatto, dopo aver telefonato al Vescovo per chiedergli di essere ricevuto.»

«E tu queste cose come le hai sapute?»

«Le ho sapute oggi, dal brigadiere, che non è riuscito a trattenere il ragazzo quando è passato in caserma per dirgli che quel prete lo avrebbe trovato lui e gli avrebbe ficcato due pallottole nella schiena, riservando per sé la terza.»

«Ragazzate, come si fa a prendere sul serio uno che...»

«Neppure se ti dicessi che il brigadiere in cinque minuti ha accertato che è sparita la 45 del padre, del vecchio Beni, e con la 45 tre proiettili?»

«Madonna santa...» mormorò Martinelli, con voce soffocata. «E adesso cosa facciamo?»

«Cosa dovrai fare tu, intendi dire.»

«Va bene, cosa dovrei fare io?»

«Anzitutto non prendere la cosa sottogamba. Adesso dico al brigadiere di farti avere subito una fotografia del ragazzo e tu la fai distribuire a carabinieri e Polizia perché cerchino di rintracciarlo. In secondo luogo cerchi di scoprire dov'è andato a cacciarsi questo don Carrino. Sicuramente il Vescovo lo sa.»

«Il Vescovo lo conosco e posso telefonargli anche subito. No, ai Vescovi non si telefona. Prendo subito un appuntamento e ci vado direttamente, sperando che ne sappia qualcosa e consigli a questo povero prete di metterci di mezzo qualche centinaio di chilometri. Ma santo cielo! Acqua in bocca e acqua in bocca anche il brigadiere, diglielo tu a nome mio. La Chiesa non ha bisogno di scandali in questo momento difficile, in cui per darle addosso ne inventano di tutti i colori...»

«Su questo non sono d'accordo», fece Petri.

«Su cosa?»

«Che se le inventino.»

«Va bene, va bene, non voglio imbarcarmi in discussioni. Quello che devo fare lo faccio, anche se nel mio intimo resto convinto che il prete non c'entri per nulla e che il più probabile responsabile continui a restare il giovane Beni...»

«Ma Cristo, Martinelli! Ti pare che il Beni possa avere recitato una commedia? E a che scopo?»

«Questo non lo so. So solamente che, quando l'ho sentito io, era convinto che qualcuno avesse spinto la ragazza nel fiume e non che si fosse suicidata. Una possibilità che non voleva ammettere nel suo stupido orgoglio di futuro sposo. Non so proprio che cosa possa avergli fatto cambiare idea.»

«Gli articoli di giornale, Martinelli, gli articoli di giornale in cui si rivelava che la ragazza annegata aspettava un bambino. Un vero e proprio fulmine per il Beni che sapeva benissimo di non poter essere stato il padre... Martinelli, è caduta la linea o sei ancora lì?»

«Sono ancora qui e vorrei sbattere la testa contro il muro.»

«Non sarò certo io a impedirtelo, ma vacci piano.»

«No, no, me lo merito. Perché dovrei andarci piano?»

«Perché sei un cazzone, ma in qualche modo ti sono affezionato. Forse colpa della vecchiaia.»

«Grazie, Petri. Adesso mi do subito da fare. Un'ultima cosa: a parte il tentativo di rintracciare il Beni, la faccenda, se ci sono sviluppi, dovrebbe essere di competenza dei carabinieri, ma in questo momento mi sembra che giri meglio la Polizia. Tu cosa ne dici?»

«Polizia, sono perfettamente d'accordo con te», rispose Petri chiudendo la comunicazione.

Tornò di là. Anna aveva fraternizzato con Zanin, che pareva aver cambiato umore e sorrideva. Si interruppero sentendolo entrare e riuscì solo a cogliere le ultime parole di Anna che si era subito zittita. Capì che stava raccontando al brigadiere le sue imprese di pescatore. Non poté fare a meno di sorridere a sua volta.

«Allora, dottor Petri?» fece Zanin alzandosi.

«Per il momento tutto a posto. Si occupa della cosa il Procuratore Martinelli, sia sul fronte Beni, sia su quello Carrino.»

«E io?»

«Lei non deve fare nulla. Soltanto mandare subito in Procura una fotografia, la più recente che trova, del ragazzo. Per il resto tranquillo, se ne occuperà la Polizia.»

«Ma il Procuratore non se l'è presa con me?»

«E perché mai? Lei ha saputo tutto solo questa mattina, a parte l'avvicendamento dei vostri stramaledetti preti.»

«Carlo», intervenne Anna, «rispetto le tue opinioni, ma un minimo di...»

«Hai ragione, scusami, e mi scusi anche lei brigadiere.»

«Con me non deve affatto scusarsi. Sono io che devo ringraziarla e, se me lo permette, ho fatto una telefonata ed entro un'ora dovrebbero portarmi delle splendide trote.»

«A quelle non dico mai di no. Tra un'ora ripasserò. Adesso voglio solo andare a salutare la maestra Ghelfi e magari anche il parroco.»

«La visita al parroco la ritengo inutile», disse il brigadiere. «È un vecchio sacerdote che hanno mandato qui in prepensionamento. Non dovrebbe avere neppure settant'anni, ma ne dimostra ottanta e non sa nulla di nulla. Col dovuto rispetto credo sia un po' rimbambito. È venuto da me quando ha ricevuto la visita dei Credi, ma non ci aveva capito nulla e sapeva soltanto di essere succeduto a don Carrino.»

«Bene, almeno non ingraviderà nessun'altra ragazza. Allora solo dalla maestra, che voglio far conoscere anche a mia moglie. Poi ritorno per le trote.»

Sentirono le voci da fuori. Le finestre erano spalancate e la maestra Ghelfi aveva visite. Tutto, però, ci si poteva aspettare meno che di trovarci la signorina Elsa che, prendendo tutti alla sprovvista, gettò le braccia al collo a un imbarazzatissimo Petri.

«E questa bella signora chi è? Sua moglie, ci scommetto. Ma lo sa, dottor Petri, che dimostra vent'anni meno di lei? Non che io voglia...»

«Sette», disse Petri.

«Sette cosa?» chiese la levatrice.

«Sette anni. Abbiamo sette anni di differenza.»

«Be', non si direbbe. O sua moglie li porta benissimo, o lei porta malissimo i suoi.»

Petri allargò le braccia.

«C'è poco da allargare le braccia. Bisogna darsi da fare. Non avrei mai immaginato che sua moglie fosse una donna del genere. Qualche consiglio gliel'avevo già dato, ma adesso glielo ripeto. E lei, signora, lo tenga d'occhio: una dieta seria e ginnastica. Via la pancetta, un po' di pettorali e, soprattutto, un bel rassodamento delle natiche.»

«Grazie, signorina Elsa», disse Petri. «Vedrò di seguire i suoi consigli con la massima diligenza.»

«Adesso devo proprio andare, altrimenti arrivo a parto avvenuto. Felice di averla conosciuta, signora Petri.»

«Se non ci fosse, si dovrebbe inventarla», commentò la maestra Ghelfi. «Finalmente posso salutarla anch'io e salutare sua moglie. Sono contenta che siate venuti a trovarmi.»

«È che ci sono state complicazioni e...»

«Mi lasci indovinare, dottor Petri. Il povero ragazzo, dopo quegli sciagurati articoli di giornale, è uscito di testa. È passato da me. Io, naturalmente, ho cercato di calmarlo, di farlo ragionare, senza sbilanciarmi troppo, ma lui è un ragazzo intelligente. Le ho detto, vero, che l'ho avuto a scuola? Bene, non gli ci è voluto molto a capire come stavano le cose e mi auguro che don Carrino abbia trovato un buon luogo per acquattarsi, e magari per scontare i suoi peccati... Anche se su questo versante non è che ci conti molto.»

«Ma lei, maestra Ghelfi, lei, cosa ne pensa? Anche lei è convinta che sia stato don Carrino?»

«Certo. L'ho capito subito. Vecchia sì, ma non scimunita. Anche se non ci voleva molto ad arrivarci.»

«E ci è arrivato anche il Beni, a quanto pare.»

«Purtroppo sì, e mi auguro solo che non faccia qualche sciocchezza, perché, se devo essere sincera, in questo momento è lui che mi fa più pena.»

All'una del pomeriggio stavano già tornando verso Brescia. Anna era stranamente silenziosa. Si decise a parlare quando erano ormai a pochi chilometri dalla città. «Simpatica la maestra Ghelfi. Un po' meno la levatrice.»

«È vero, ma non devi farti ingannare dalle apparenze», disse Petri, un po' a disagio.

«Una cosa, però, me la devi spiegare: che cosa ne sa lei della tua pancetta, dei tuoi pettorali e soprattutto delle tue natiche?»

«Adesso te lo spiego», rispose Petri e le raccontò la storia della doccia.

«Questo nel tuo dettagliatissimo racconto l'avevi omesso», disse Anna.

«Non dirmi che sei gelosa. Sarà almeno sugli ottanta chili.»

«Anche ottanta chili possono avere il loro fascino», concluse Anna con aria seccata.

Un pasto leggero e Petri non rinunciò alla sua pennichella. Quando si alzò erano quasi le cinque. Anna era seduta davanti alla televisione.

«Che stai guardando?»

«Un film», rispose lei.

«Questo l'ho capito, ma di che si tratta?»

«L'ho registrato qualche mese fa. *Irina Palm*, è una storia toccante.»

«Se non sbaglio l'avevamo visto lo scorso anno a Parigi.»

«Certo. Poi è arrivato in Italia parecchi mesi dopo, con un sottotitolo inventato da qualche imbecille che voleva far cassetta e che involgarisce una storia che invece, nonostante l'argomento un po' scabroso, io ho trovato estremamente delicata.»

«Sono d'accordo», disse Petri. «Me lo ricordo benissimo, scena dopo scena. Se non ti dispiace chiamo Miceli e, se è in ufficio, ci faccio un salto. Così mi libero per domani in modo che, se è una giornata come quella di oggi, potremmo fare una scappata a Montisola e fermarci a pranzo.»

«Come vuoi», rispose Anna.

Era evidentemente ancora seccata e Petri, fiutato il vento, non aggiunse nulla, limitandosi a farle una carezza.

Miceli era in ufficio. Poteva passare intorno alle sei? Ci sarebbe stata anche Grazia Bruni, che aveva parlato con quel prete che aveva ricevuto le minacce anonime.

Capitolo 10

Li trovò insieme nell'ufficio del commissario. Miceli alla sua scrivania. L'ispettrice in poltrona, con la sigaretta accesa.

«Buonasera, dottor Petri», disse il commissario, facendo il cenno d'alzarsi. «Ci facciamo portare un caffè?»

«Grazie, ma a quest'ora non prendo caffè, avrei difficoltà ad addormentarmi.»

«Non è che per caso c'entrano le due ore di sonno pomeridiano?» chiese Grazia Bruni.

«No, perché se lo prendo dopo cena non mi fa nessun effetto», rispose Petri.

«E la sua gita a Tavernole?» riprese Miceli.

«Adesso le racconto, anzi, vi racconto. Ma non avete ricevuto dalla Procura la fotografia di un ragazzo da ricercare?»

«Certo, oggi alle due», rispose Grazia Bruni. «E adesso una copia è sul cruscotto di tutte le volanti. Abbiamo pensato di girarla anche ai vigili urbani. La direttiva è solo quella di fermarlo, se per caso venisse rintracciato, e di chiamare subito Martinelli. Lei c'entra per qualcosa?»

«In effetti, sì», e narrò gli sviluppi della vicenda.

«Speriamo di trovarlo prima che lui trovi questo don Carrino», disse Grazia Bruni. «In ogni caso la faccenda dovrebbe poi essere di competenza dei carabinieri.»

«Sbagliato. Se ci fossero sviluppi, Martinelli pensa di affidare la cosa a voi.»

«Non mi dica...»

«Ve lo sto dicendo, e badate bene che io mi sono limitato ad approvare la sua decisione.»

«Le nostre quotazioni sono allora decisamente in rialzo», fu il commento di Miceli.

«E, strano a dirsi, anche le mie», aggiunse Petri. «Ma per il momento la storia di Tavernole, e un suo prosieguo che nessuno si augura, sono solo un'eventualità. Cambiando argomento, ma poi neanche tanto perché sempre di preti si tratta, mi pare che voleste parlarmi degli anonimi ricevuti da quell'altra tonaca...»

«Don Pietro Colombi», disse Grazia Bruni.

«Eccoli qui», fece Miceli, togliendoli dal sottomano. «Queste sono fotocopie, ma sono chiarissime.»

Due foglietti, scritti a carattere maiuscolo, con un pennarello.

DON COLOMBI, FETENTONE, PRESTO LA PAGHERAI

Questo il testo del primo. La sostanza del secondo non era molto dissimile:

SOZZONE, LA TUA ORA È ARRIVATA

Petri li considerò a lungo, trastullandosi con una sigaretta che si decise ad accendere solo quando Grazia Bruni gli fece scattare l'accendino sotto il naso. «Potrebbero anche considerarsi uno scherzo di cattivo gusto», mormorò alla fine. «Mi sembra, però, che il destinatario l'abbia presa molto sul serio, tanto da rivolgersi direttamente al Procuratore della Repubblica.»

«Certo che l'ha presa sul serio», confermò Grazia Bruni. «Quando Martinelli l'ha indirizzato a noi, il dottor Miceli non c'era e c'è voluto del bello e del buono perché si decidesse a parlare con me. Voleva a tutti i costi il commissario, e ho faticato a convincerlo.»

«Ed era preoccupato?» chiese Petri.

«Preoccupatissimo», rispose l'ispettrice. «Nonostante sostenesse che non aveva la minima idea del perché qualcuno ce la potesse avere con lui. Ora, a me pare, e correggetemi se sbaglio, che delle due l'una: o questo don Colombi è persona particolarmente pavida, oppure non ce l'ha raccontata giusta, e nell'armadio ha il suo bello scheletro. E io, come ho detto al commissario, propenderei per la seconda ipotesi.»

Miceli assentiva silenziosamente.

«Senta, Bruni», disse Petri. «Io del suo istinto mi sono sempre fidato, come il commissario del resto, ma non credo che in questo caso possiamo cavarcela soltanto con una questione di pelle. Dev'esserci dell'altro e solo lei che gli ha parlato è in grado di spiegarcelo.»

«A parte la sua visibile preoccupazione, che mi pare difficilmente conciliabile con un cinquantenne alto uno e ottanta, che dà l'impressione di essere uno ben piantato coi piedi per terra, a parte questo, dicevo, è stata la bocca.»

«La bocca?» chiese Petri strabuzzando gli occhi. «Cosa significa la bocca?»

«È un po' difficile da spiegare. Una bocca carnosa, larga, che anche quando si apre in un sorriso non è accompagnata da un sorriso degli occhi. Una bocca ambigua, con un che di lascivo...»

Petri guardò Miceli con aria incerta. «A lei, commissario, una bocca come quella descritta dalla Bruni, dice qualcosa?»

«A me no, assolutamente, e mi auguro che né io né lei abbiamo una bocca del genere.»

«Su questo potete stare tranquilli», fece Grazia Bruni.

«Forse però una donna», proseguì Miceli, «ha un istinto particolare in questa direzione.»

«Può essere», disse Petri poco convinto. «Ma, scusi ancora Bruni, la deduzione che mi pare obbligata è che lei di bocche del genere ne abbia viste più d'una, riportando quell'impressione che poi è stata confermata dai fatti.»

«Naturalmente», rispose l'ispettrice, «anche se non sarei in grado di dire se è nato prima l'uovo o la gallina.»

«Cos'è che intendi dire?» chiese Miceli.

«Credo di aver capito», si intromise Petri. «Ci scommetterei che la nostra Bruni si è imbattuta in qualche tizio che aveva combinato qualcosa di particolare, e già ritengo di sapere di cosa si tratti, e a posteriori abbia notato che aveva quel tipo di bocca. Poi, in altri casi, in casi successivi intendo dire, abbia nel suo lavoro incontrato qualcun altro, sospettato di aver compiuto determinati reati e i suoi sospetti siano stati confortati dal fatto che il sospettato presentasse quella caratteristica facciale, scoprendo poi che ci aveva azzeccato in pieno. È così, Bruni?»

«Più o meno, direi di sì», rispose l'ispettrice.

«Allora è nata prima la gallina», concluse Petri.

«O l'uovo?» chiese Grazia Bruni, facendosi una risata.

«Adesso piantatela, tutti e due», disse Miceli con fare burbero. «Cerchiamo di tornare alle cose serie, lasciando perdere uova e galline. Però, Bruni, puoi farci un esempio concreto? Voglio dire: in questi anni che lavori con me, ti sei imbattuta in qualche altro caso del genere?»

«Certamente. E, tanto per ricordare una faccenda che conosce bene anche il dottor Petri, vi ricordate di Demetrio Lorenzi?»

«E chi sarebbe questo Lorenzi?» chiese Miceli.

«Come "chi sarebbe Lorenzi"? Quello che voleva farmi la pelle e che, nel frattempo, si era fatto la mano coi vari Labruna e Larossa.»

«Allora vuoi dire che uno che ha una bocca così è...»

«Un pedofilo, secondo la nostra Bruni», concluse Petri.

«Accidenti di un accidenti!» esclamò il commissario, mentre schiacciava un tasto del telefono interno. «Esposito? Bene, fammi un favore a tamburo battente. Vai in archivio e portami il fascicolo Lorenzi, si tratta di quel tale che...»

«Capito, commissario», rispose Esposito.

Meno di dieci minuti ed Esposito entrò in ufficio con un faldone sotto il braccio.

«Voglio proprio vedere la fotografia», disse Miceli mettendosi a sfogliarlo furiosamente.

«Verso la fine», gli suggerì Grazia Bruni.

«Questo lo so da me», borbottò Miceli che aveva iniziato a consultare il grosso fascicolo pagina dopo pagina. «Eccolo qui», disse mettendo la fotografia sotto gli occhi di Petri. «A me non pare che...»

«In una foto segnaletica uno non sorride», osservò Petri.

«Vero anche questo», convenne Miceli. «Già che ci sei,

Esposito, qual è il risultato dei vostri accertamenti su questo don Colombi?»

«Troppo presto per dirlo. Per il momento abbiamo avuto solo la conferma che è uno dei vice parroci di san Genesio e che vive in un trilocale in un edificio adiacente alla chiesa. Pare che sia una persona molto stimata. Ne parlano tutti bene. Ha una vecchia governante, e qualcuno ci ha detto che dovrebbe provenire da una famiglia abbiente.»

«Ha qualche incarico particolare?»

«Il principale è quello di occuparsi delle attività dell'oratorio, insieme a un altro paio di colleghi.»

«Ragazzini allora! Eccolo qua che l'abbiamo beccato», esclamò Grazia Bruni.

«Piano, piano, ragazza», disse Miceli. «Troppo facile e troppo di moda, purtroppo. Per adesso non abbiamo beccato niente e nessuno e... Ma, accidenti a te! È don Colombi che dobbiamo beccare o chi gli ha inviato le minacce anonime?»

«Le due cose potrebbero essere strettamente collegate», rispose imperturbabile Grazia Bruni. «In ogni caso non sarebbe poi male prendere due piccioni con una fava. Lei cosa ne dice, dottor Petri?»

«Che sono del suo parere. Anche se il secondo piccione farebbe venire un travaso di bile a Martinelli.»

Fu la volta di Miceli a sorridere. «Certo, ha ragione e, sinceramente, la cosa non mi affliggerebbe. Adesso però, direi che è venuto il momento di lasciar perdere galline, uova e piccioni, e di metterci a lavorare sul serio. E qui, Esposito, sei tu che devi darti da fare, tu e l'ispettore Palestrina. Mi hai detto che tutti di questo sacerdote parlano bene. Cosa vuoi dire?»

«Be', in un paio di giorni mica potevamo ribaltare... Ci siamo mossi nell'ambito della parrocchia, o meglio della chiesa: diverse persone che la frequentano, soprattutto anziani, un paio di sagrestani, cose del genere...»

«Se vuoi ti assegno un paio di colleghi, anche se prima ne dovrò parlare con Palestrina che oggi non è in ufficio. Vorrei un elenco, il più completo possibile, dei ragazzi che sono passati da quell'oratorio e poi...»

«Ma, commissario, saranno migliaia!»

«Questo lo so anch'io. Un passo alla volta. Ci si potrebbe limitare all'ultimo anno o agli ultimi due anni e poi, con molta discrezione, iniziare a fare qualche sondaggio presso i genitori.»

«E chi ci dice che i genitori ne sappiano qualcosa?» chiese Grazia Bruni.

«Perché? Pensi che a scrivere gli anonimi sia stato un ragazzino?» fece Miceli.

«Magari un ragazzino nel frattempo cresciuto», rispose l'ispettrice.

«Che si è tenuto dentro tutto per anni e poi un bel giorno si decide a... Porta pazienza, Bruni, ma questa mi sembra una sciocchezza.»

«Mica poi neanche tanto», intervenne Petri. «Di questo fenomeno adesso i giornali sono pieni e non si può escludere a priori che un ragazzino, diventato adulto, si sia deciso, sia pure in questa forma, a far prendere un bello spavento a un prete fetentone. Ma in questo caso gli anni da esaminare non potrebbero essere solo gli ultimi. Si dovrebbe andare più indietro nel tempo.»

«Sì, potrebbe anche essere, ma, come dicevo, un passo alla volta. Comunque, direi che adesso è arrivata l'ora di chiudere bottega. Mi è venuto un terribile mal di testa.»

Petri se ne tornò a casa che stava facendo buio. Era stata una giornata pesante e camminava con passo stanco. Passò da piazza Loggia e, come al solito, sostò un momento davanti al cippo sul quale, sotto la torre dell'orologio, erano incisi i nomi delle vittime: Giulietta Banzi Bazoli... Sentì un groppo allo stomaco, gli accadeva sempre. Cinque di quegli otto nomi gli erano familiari. Alcuni addirittura amici, con cui aveva condiviso alcuni momenti della sua vita.

Arrivò a casa alle otto. Anna stava terminando di preparare la cena. «Cos'è quell'aria abbattuta, Carlo?»

«Sono un po' stanco e devo perdere il vizio di passare da piazza Loggia. Meno male che domani ce ne andiamo a Montisola, lontano da tutte queste miserie.»

«Certo, Carlo», disse Anna, facendogli una carezza sulla barba.

«A proposito, prima che me ne dimentichi, secondo te un pedofilo ha qualche caratteristica fisica che ne denoti le tendenze?»

«Sicuramente», rispose Anna.

«E di cosa si tratterebbe?»

«Della bocca», disse Anna, e Petri la guardò allibito.

Capitolo 11

Don Colombi mise un punto sul programma della gita di quattro giorni a san Giovanni Rotondo prevista per fine ottobre. Considerò l'elenco dei ragazzi che avevano dato la loro adesione: sedici in tutto, tra i tredici e i quindici anni. Aveva sperato che la comitiva fosse più numerosa, ma il prezzo che era riuscito a spuntare non era tanto basso da invogliare un maggior numero di famiglie.

Si alzò dalla sedia, dopo avere spillato tutta la documentazione, e si diede una stiracchiata. Poi si avviò verso l'uscita. A quell'ora erano terminate tutte le funzioni serali e la chiesa aveva ormai chiuso i battenti.

Uscì da una porta laterale e, fatti pochi metri, salì in casa. Accese la luce. Forse la Betta era scesa per comprare qualcosa per cena. Quando si avvicinò al lavello vide i piatti del pranzo accatastati, ancora sporchi, e capì che la sua governante l'aveva lasciato. Sospirò, un po' inquieto e si tolse la tonaca che gettò sul divano, mettendosi a rovistare nella credenza alla ricerca di una scatoletta di carne. Sapeva che doveva esserci e finì col trovarla, insieme a una confezione di tonno, nel ripiano più basso, dietro i pacchetti della pasta.

Affettò su un tagliere una cipolla e la mise in una ciotola. Cercò inutilmente di strappare la linguetta di metallo che sporgeva dal coperchio della scatola cilindrica. La linguetta si strappò e ci rimise l'unghia del pollice. Bestemmiò tra i denti: quando era solo, e le cose non giravano per il verso giusto, gli accadeva spesso. L'apriscatole, ovviamente, ma frugò senza risultato in tutti i cassetti. Introvabile. Chissà dove l'aveva cacciato quella vecchia rincoglionita. Un coltello appuntito e un martello, quello ci voleva. Ma cercò invano anche il martello, finendo con l'accontentarsi di un batticarne, che però era tondo e colpiva il manico del coltello una volta su tre. Quando riuscì a praticare una decina di fori, uno vicino all'altro, insinuò la punta della lama nel primo, spingendo sul lamierino, per forzare i lembi che erano rimasti tra i diversi fori. Ci riuscì, sudando e sbuffando. Ormai il coperchio aveva ceduto per oltre la metà e si trattava solo di sollevarlo col coltello. Ma aveva preso male le misure. Il coltello affondò nella carne gelatinosa e la mano gli slittò sulla lama, procurandogli un taglio sull'indice, dal quale iniziò subito a sgorgare un sangue scuro.

Tornò a bestemmiare, questa volta a voce alta, e, spruzzando sangue sul piano del lavandino, sul pavimento e sulla camicia che indossava, si mise a saltellare per il dolore, alla ricerca di alcol e cotone. Stavano in bagno, e intanto levò di tasca il fazzoletto, lercio, come al solito, per uno che come lui era abituato a fiutare tabacco. Cercò di rimediare con un pezzo di scottex, che subito si arrossò. Lo sostituì un paio di volte, gettando i pezzi di carta insanguinata sul pavimento. Poi si diresse in bagno e aprì l'armadietto dei medicinali. Tenne il dito sul lavabo, facendogli scorrere sopra l'acqua del rubinetto, il sangue che seguitava a gocciolare, e vi versò direttamente l'alcol, premendo sul contenitore di plastica. Strinse i denti per il bruciore, ma questa volta riuscì a non bestemmiare, chiedendo in silenzio perdono al Signore per le imprecazioni che gli erano sfuggite prima. Tamponò la ferita col cotone e si avvolse l'indice con tre giri di cerotto.

Ritornò in soggiorno, avvicinandosi all'angolo di cottura. Ci mise più attenzione e con un altro coltello, a lama più spessa, riuscì infine a sollevare il coperchio della scatoletta e a versare il contenuto, sminuzzandolo, nella ciotola in cui aveva messo la cipolla affettata. Con una forchetta rimestò il tutto, per amalgamare carne e cipolla. Una spruzzata di pepe e olio, abbondante, che versò direttamente dalla bottiglia, continuando a rimestare.

Mise la ciotola sul tavolo, sul quale era rimasta la bottiglia di rosso. Riempì il bicchiere, si assestò sulla sedia e tirò una scoreggia liberatoria. Mangiò avidamente, l'olio che gli colava sul mento, e si fece tre bicchieri di rosso. Poi si alzò, mise ciotola, bicchiere e forchetta nel lavello. Chiuse il tappo di scarico e vi versò del detersivo, facendo scorrere l'acqua calda fino a ricoprire le stoviglie. Il dito gli pulsava. Forse ci sarebbe stato bisogno di un paio di punti, ma aveva la carne buona, come gli diceva sempre sua madre, e in pochi giorni il taglio si sarebbe rimarginato. Di andare al pronto soccorso non aveva comunque alcuna voglia.

Si mise sul divano, accese la televisione e si grattò il cavallo dei pantaloni. Il telegiornale e un servizio dalla Germania in cui un prelato, di cui non comprese il nome, stava dicendo che si sarebbe fatto piazza pulita di tutti quei sacerdoti che si fossero macchiati di molestie ai bambini. Non ebbe neppure la forza di inveire, perché sentì il fiato che gli veniva meno e la paura che lo riassaliva. Si tirò in piedi, con la testa che gli girava. Pensò che il mattino dopo sarebbe passato in farmacia per farsi controllare la pressione. L'aveva avuta sempre alta e da quando aveva ricevuto quei maledetti anonimi era sicuramente salita. Un omaccione come lui, sovrappeso e sanguigno, non se lo poteva certo permettere.

Si guardò in giro, pensieroso. Magari si era sbagliato e la vecchia imbecille era solo andata dalla sorella più anziana di lei e di salute malferma. Era accaduto anche altre volte. In questi casi, però, gli lasciava un biglietto. Si mise a cercarlo. Sulla credenza, sui due ripiani in cui teneva i pochi libri, sul frigorifero, nella propria camera. Tutto inutile, non c'era alcun biglietto.

Ricominciò a inveire, silenziosamente. Poi andò nella stanza in cui dormiva la vecchia. L'aria era satura di un profumo dozzinale. Strano, si disse, perfino il profumo si è messa la bagascia. Tutti i cassetti erano aperti, vuoti. Il letto sfatto, su cui spiccavano un paio di calze scure. Le prese. Erano piene di rattoppi e su un tallone c'era un grosso buco. Le annusò disgustato e le scagliò per terra. Poi aprì l'armadio: solo grucce a cui non era appeso nulla. Sollevò gli occhi: era sparita anche la valigia di cartone pressato.

Un dubbio atroce lo colpì improvvisamente, come una pugnalata. Si precipitò nella propria camera, aprendo, con le mani che gli tremavano, il cassetto e l'anta del comodino: vuoti e l'anta, che lui chiudeva sempre a chiave, forzata. Sparito il suo diario, pericoloso anche se scritto in un linguaggio cifrato, ma sparite anche le cassette, con bambini e bambine del Sud Est asiatico, che era riuscito a procurarsi con grande fatica e rischiando non poco. Se le guardava di quando in quando, a notte inoltrata, quando la vecchia dormiva e lui, chiusa la porta con due mandate, si sdraiava sul divano a masturbarsi.

Adesso si sentiva bagnato di un sudore gelido e gli pareva di essere scosso da un attacco di terzana. Tornò in camera sua e si sdraiò sul letto, senza togliersi neppure le scarpe, tirandosi una coperta addosso e cercando di tenere gli occhi chiusi. Nel cervello gli turbinavano mille pensieri. Che la vecchia volesse ricattarlo? O che addirittura fosse stata lei a mandargli gli anonimi? Concluse che era impossibile. Era sempre stato molto attento e, in casa sua, un ragazzino non aveva mai messo piede. E poi, la sparizione del diario e delle cassette era cosa di oggi. Più probabile che la vecchia strega volesse ricattarlo. E se invece avesse voluto denunciarlo? Avrebbe dovuto essere più gentile con lei, ma ormai era troppo tardi. I brividi gli ripresero, più forti. Adesso, concluse, doveva guardarsi su due fronti e iniziò a singhiozzare.

Martinelli non aveva perso tempo. Appena terminata la telefonata con Petri, aveva chiamato il Vescovado. Gli avevano passato il segretario particolare del Vescovo, monsignor Taddei. Conosceva anche Taddei. «Buongiorno, monsignore. Sono Martinelli, il Procuratore della Repubblica, e avrei la necessità di conferire con il Vescovo. Immagino che sia molto impegnato, ma purtroppo è cosa molto grave e urgente.»

«Rimanga al telefono, signor Procuratore. Vedo cosa si può fare.» Ci vollero cinque minuti, con Martinelli che fremeva.

«Mi scusi dell'attesa, ma sua Eccellenza era occupato in un'altra conversazione telefonica e ho dovuto attendere che terminasse. Gli ho riferito la sua richiesta. È disponibile a riceverla anche oggi pomeriggio, alle diciassette. Per lei va bene?»

«Benissimo, e lo ringrazi per la sua cortese sollecitudine», rispose Martinelli.

Quel pomeriggio si cambiò d'abito: un completo scuro, come se dovesse recarsi a un matrimonio o a un funerale. Si fece accompagnare fino alla piccola piazza a metà di via Mazzini. Tavoli all'aperto, pieni di ragazzi e ragazze che mangiavano gelati, ridendo e parlando tutti insieme, mentre dai due locali che si intravedevano tra i platani usciva una musica in sordina.

«Lasciami qui e non aspettarmi. Non so se tornerò in ufficio oppure no. Mi farò comunque una passeggiata a piedi», disse Martinelli all'autista, e si avviò verso la cancellata del cortile del vecchio edificio settecentesco, dando un'occhiata critica a tutti quei ragazzi che sembravano ignorare di trovarsi a pochi metri da un luogo che, a suo parere, avrebbe meritato maggior rispetto.

Un giovane prete lo attendeva all'ingresso e gli fece strada lungo lo scalone che conduceva al piano superiore, facendolo entrare nello studio di monsignor Taddei.

«Sua Eccellenza la sta aspettando», disse questi a Martinelli e lo accompagnò fino alla porta dello studio personale del Vescovo, che lo attendeva in piedi, fermo, accanto alla scrivania su cui teneva poggiata una mano.

«Grazie di avermi ricevuto, Eminenza», disse Martinelli, accennando un goffo baciamano all'anello pastorale che il Vescovo aveva infilato al dito.

«Niente cerimonie, Procuratore. E la prego di non promuovermi: non sono ancora Cardinale.»

Martinelli ci mise un momento a capire.

«Vederla», proseguì il Vescovo, «è sempre un piacere e, conoscendola, una consolazione. Si accomodi e mi dica pure in cosa posso esserle utile.»

«Non ho niente da chiedere per me, se non le sue preghiere che mi aiutino nell'impervio lavoro che sono costretto a fare, consapevole degli errori che la giustizia umana può compiere. Vengo da lei per una questione che mi preoccupa non poco e che affronto augurandomi di non turbarla.»

«Non abbia timori, Procuratore. Queste vecchie orecchie hanno udito le cose più sconcertanti e il turbamento, semmai, mi deriva per i tempi calamitosi che la Chiesa è costretta, a torto o a ragione, a dover attraversare.»

«Ecco, Eccellenza, le sue parole, per un certo verso, mi spianano la strada. Vorrei parlarle di un giovane pastore del suo gregge, che, sicuramente senza aver commesso nulla di riprovevole, si è trovato ad affrontare una situazione difficile. Si tratta di un certo don Ernesto Carrino...»

«Sono già al corrente della cosa, me ne ha parlato lui stesso, e ritengo di avergli indicato la strada giusta per dimenticare ciò che è accaduto e di cui il giovane sacerdote si ritiene indirettamente responsabile. Adesso don Carrino credo che ritroverà la sua pace in una comunità che...»

«A Brescia?» lo interruppe Martinelli.

«Certamente, a Brescia. La cosa la meraviglia?»

«No, no, assolutamente. Ma la faccenda ha avuto degli sviluppi imprevedibili. Il fidanzato della ragazza che si era invaghita di don Carrino pare lo stia cercando con propositi che definire bellicosi è forse eufemistico. Noi stiamo facendo il possibile per rintracciare questo sciagurato, ma nel frattempo, se don Carrino potesse allontanarsi dalla città e riparare in luogo sicuro, mi sentirei più tranquillo.»

«Capisco», mormorò il Vescovo. «Che Dio aiuti don Carrino e quel povero giovane. Entro domani...»

«Magari entro oggi stesso...» non seppe trattenersi Martinelli.

«D'accordo. Entro oggi don Carrino sarà al sicuro. E, per quanto mi riguarda, non posso che ringraziarla per il suo tempestivo avvertimento.»

Martinelli, dopo aver salutato monsignor Taddei, lasciò il Vescovado rasserenato. Si sentiva in pace con Dio e con gli uomini e guardò con maggior benevolenza tutti quei ragazzi che, all'ombra dei platani, sulla piazzetta, seguitavano a ridere e scherzare. Scese da via Mazzini, girò a sinistra in corso Magenta e quindi a destra, in corso Cavour. Un salto in ufficio poteva anche farcelo. Vi salì ed entrò, sotto gli occhi meravigliati del maresciallo Perego che, da tempo, non lo vedeva così elegante.

La sera stessa, accompagnato da un'automobile della Curia, don Carrino, ottenuta una particolare dispensa, partiva per la Val di Ledro, dove abitava una sorella nubile. Era stata avvertita che il povero giovane, per ragioni di salute, aveva urgente bisogno di un cambiamento d'aria e, piena di amor fraterno, lo attendeva a braccia aperte.

Capitolo 12

Erano tutti riuniti nell'ufficio di Miceli: Grazia Bruni, Palestrina, Grasso e Tondelli e gli agenti Esposito e Vizzini. Si trattava di fare il punto della situazione, perché anche quel mattino il Procuratore aveva telefonato, meravigliandosi del fatto che non fossero ancora riusciti a rintracciare il giovane Beni, che a Brescia doveva necessariamente trovarsi, dal momento che a Tavernole, lo aveva appena appreso dal brigadiere Zanin, nessuno lo aveva più rivisto.

«Possibile che in questo tizio non si riesca a imbattersi?» disse Miceli. «E, per quanto ne so, anche i carabinieri non riescono a cavare un ragno dal buco. Martinelli, in caso contrario, me lo avrebbe detto.»

«Io già lo sapevo», intervenne Vizzini che spesso, la sera, andava a farsi un boccone in trattoria con un compaesano che invece si era arruolato nella Benemerita.

«Dimenticavo che anche tu hai rapporti con la concorrenza», borbottò il commissario.

Vizzini, come sempre gli accadeva, arrossì. «Si tratta di un amico del paese. Ci conosciamo da bambini e...»

«Lo so, lo so, me lo hai già detto, non volevo certo rimproverarti», disse Miceli. «E magari può anche trattarsi di un'amicizia che potrebbe in qualche caso rivelarsi utile. Ma qui, mi sembra chiaro, non possiamo solo affidarci al caso. Secondo voi, e sulla base di ciò che sappiamo, uno che parte da Tavernole armato di pistola con l'intenzione di far fuori un prete, se ne va in giro a casaccio per la strada, dalla mattina alla sera, sperando di incontrarlo?»

«Non direi», rispose Tondelli. «Solo uno sciocco potrebbe

comportarsi così e quel giovanotto, a quanto mi sembra vi abbia detto il giudice Petri, è tutt'altro che sciocco. Magari in questo momento un po' fuori di zucca, ma sciocco no.»

«Per una volta hai perfettamente ragione, Tondelli», disse Miceli. «Ma, fatta questa osservazione, sulla quale credo che siamo tutti d'accordo, la conseguenza obbligata qual è?»

«Che da sciocchi ci stiamo comportando noi», fece Tondelli.

Miceli ebbe un piccolo sussulto e lo guardò fisso. «Forse hai ragione anche questa volta, anzi, ce l'hai sicuramente, anche se io volevo arrivare a un'altra conclusione...»

Un momento di silenzio, prima che gli occhi di Grazia Bruni si illuminassero. «Tondelli ha fatto un'osservazione puntualissima.»

«Questo l'ho già riconosciuto anch'io», disse Miceli. «È a un'altra conclusione che volevo arrivare.»

«Quella di cambiare prospettiva?» chiese l'ispettrice.

«Esatto. Partire da don Carrino e non da Beni. Voglio dire dal luogo in cui si trova don Carrino.»

«E lo conosciamo?»

«No», rispose Miceli. «Ma si tratta di accertarlo, facendo capo all'Arcivescovado, così come, secondo quanto mi ha detto Petri, ha fatto Martinelli, che col Vescovo ha un rapporto particolare.»

«Cosa che non si può dire di noi», osservò Grazia Bruni.

«Ma che ci vuole? Ci andiamo noi», disse Grasso.

«No, no, per carità. Qui ci vuole tatto, e con questo non voglio dire che non l'abbiate, tatto e fantasia. Con noi potrebbero chiudersi come un'ostrica. Si tratta di escogitare le giuste modalità per ottenere un'informazione che dovrebbe essere riservatissima. Nessuno di noi ha un amico o un parente che sia prete?»

Solo Vizzini alzò un dito.

«Bene, di chi si tratta?»

«Un fratello di mia madre, che dovrebbe essere addirittura monsignore.»

«Ottimo, e dove sta?»

«Credo a Sessa Aurunca, ma potrebbe essere anche stato trasferito.»

«Fottiti, Vizzini», sbottò Miceli. «Occorre un prelato che appartenga alla diocesi bresciana e sappia come muoversi. Senti, Esposito, vedi l'elenco di tutti i colleghi in servizio e accertati se per caso...»

«Capito», disse Esposito alzandosi. «Datemi solo mezz'ora di tempo.»

Tornò dopo una ventina di minuti, con la coda tra le gambe. «Niente da fare. Qualcuno un prete in famiglia ce l'ha, ma tutti al centro-sud, ed è anche abbastanza naturale. Potrebbe andar bene anche una suora?»

Miceli lo fulminò con un'occhiataccia, senza rispondergli, e iniziò a fare dei ghirigori sul foglio bianco che, come sempre, teneva davanti sulla scrivania. «Il fatto è che qui, in Questura voglio dire, trovare un bresciano è come...»

«Trovare un ago in un pagliaio», disse Grazia Bruni.

«Uscita davvero originale», borbottò Miceli, continuando nei suoi ghirigori. Improvvisamente, però, parve riscuotersi e alzò gli occhiali sulla fronte. «Ma siamo tutti rincoglioniti. Un bresciano doc ce l'abbiamo sotto mano.»

«E di chi si tratterebbe?» chiese Grasso.

«Petri, che diamine!» rispose Miceli.

«Non mi pare proprio una grande trovata», fece Grazia Bruni. «Quello i preti se li mangerebbe a colazione.»

«È più che altro un vezzo», disse Miceli sorridendo. «Pensatevela come volete, ma io ci provo, anzi, lo faccio subito», e prese in mano il telefono.

Quasi le dieci del mattino e Petri, reduce dalla sua uscita quotidiana, se ne stava in poltrona a leggersi i giornali. La gita a Montisola si era rivelata una buona idea che aveva rasserenato Anna, e lui non chiedeva che di starsene in pace con sua moglie che, da qualche tempo, era diventata decisamente umorale. E senza alcuna apparente ragione, pensava lui, che faticava a mettersi in discussione e, quando si sforzava di farlo, finiva con l'uscirne più confuso di prima. Si era messo il telefono vicino e rispose al secondo squillo.

«Sono Miceli...»

«Buongiorno, commissario. Come vi sta andando?»

«Non bene, direi. Mi riferisco a quel don Carrino che non sappiamo dove sia finito, e al ragazzo di Tavernole che ugualmente non riusciamo a pescare.»

«Per quest'ultimo ci vorrebbe una gran botta di... un vero colpo di fortuna. Perché pensare che in una città di duecentomila abitanti una Volante ci si possa imbattere è possibile, ma secondo me molto difficile. Anche perché se il Beni ha davvero intenzione di far fuori don Carrino, non me lo vedo proprio a passeggiare a testa alta in corso Zanardelli e dintorni.»

«Come al solito ha messo il dito sulla piaga. È la conclusione a cui siamo arrivati anche noi.»

«Bene, e allora?»

«Allora abbiamo pensato che sarebbe opportuno spostare il tiro. Cercar di sapere dove è finito don Carrino e tener d'occhio lui, nell'eventualità che il Beni abbia fatto altrettanto.»

«Questo mi sembra già meglio», disse Petri. «E mi pare la strada più praticabile. Magari Martinelli lo sa. Mi aveva detto che aveva intenzione di avvertire subito il Vescovo e...»

«Dottor Petri, non potrebbe fargli una telefonata lei?»

«A chi?»

«A Martinelli, di chi stiamo parlando?»

«Se lo scordi. Adesso i nostri rapporti non sono più difficili come un tempo, ma se subodorasse che mi sono messo nuovamente a fare il vostro collaboratore esterno, sono pronto a scommettere che si irrigidirebbe subito. Non che la cosa mi importi molto, ma potrebbe esserci una ricaduta negativa su di voi. Meglio che la telefonata la faccia lei.»

«Sarebbe più o meno la stessa cosa», rispose Miceli.

«Cosa vuol dire che sarebbe la stessa cosa?» chiese Petri.

«Solo a lei aveva detto che si sarebbe rivolto al Vescovo e, se noi lo diamo per scontato, capisce subito da che parte ci è venuta la notizia.»

«A questo, sinceramente, non avevo pensato, ma non posso darle torto. Allora, se scartiamo l'idea di rivolgerci a Martinelli, l'unica cosa che mi viene in mente è che vi rivolgiate voi a qualcuno in Vescovado.»

«E le sembra una via praticabile?»

«Certo non ci manderei Grasso, e se è per questo neppure la Bruni. Ci deve andare lei.»

«Veramente io, o meglio noi, perché qui con me c'è mezza Squadra mobile e il telefono è sul viva voce (e Petri, che lo ignorava, si maledisse per quell'uscita su Grasso), avremmo pensato che la cosa migliore, per aggirare la riservatezza che di sicuro circonda l'informazione, sarebbe quella di mandarci un prete, che magari si spacciasse per parente di don Carrino e...»

«Buona idea. Un parente di don Carrino che ne ha perso momentaneamente le tracce e ha la necessità di fargli una comunicazione urgente sul padre, la madre, che so io... questo dovete studiarvelo voi. Vi trovate il prete e gli assegnate la parte. Non credo sia così difficile.»

«Il fatto è che abbiamo setacciato tutta la Squadra mobile. Qualcuno un prete in famiglia ce l'ha, ma tutti al sud e... Insomma, un prete che vada bene non riusciamo proprio a trovarlo.»

«E allora?»

«Allora abbiamo, anzi, per essere precisi, ho pensato a lei che è bresciano e...»

«Cosa ha detto Miceli? Vuole ripetere?» gridò Petri nella cornetta, rischiando di strozzarsi. «Secondo lei dovrei mettermi una tonaca e... Ma, Miceli, è per caso impazzito?»

«Lo sarei se pensassi di farle indossare una tonaca», rispose tranquillo il commissario, «e mi meraviglio che lei abbia potuto pensarlo anche per un momento. Volevo solo sapere se nel giro delle sue parentele o delle sue amicizie, o di quelle di sua moglie...»

«Mia moglie è romana», lo interruppe Petri.

«Già, ha ragione. Comunque, dicevo, se nell'ambito delle vostre parentele o amicizie, ci sia per caso un prete sul quale poter fidare.»

«Non ho mai incontrato un prete di cui ci si potesse fidare», rispose Petri. «Anzi, no, uno l'ho incontrato a Montisola, ma quello aveva addosso la tonaca per sbaglio e non mi sognerei mai di tirarlo in ballo.»

«E allora niente preti...» sospirò Miceli con voce sconsolata. Era il tono giusto e ci aveva preso senza rendersene conto.

Petri si schiarì la voce un paio di volte. «In realtà, uno ci sarebbe... Dev'essere un secondo cugino di mia madre. Ma io con lui non ho naturalmente alcun rapporto, anche se ho sempre sospettato che ce l'abbia Anna. Credo che stia a Castrezzone o Muscoline, nella Valtenesi comunque...»

«E non potrebbe parlarne con sua moglie? Ci farebbe un grosso favore.»

«E va bene. Le parlerò, ma non le assicuro niente. Questo deve essere chiaro.»

«Grazie, giudice. Sapevo di poter contare su di lei.»

Petri rispose con qualcosa che ricordava un grugnito.

Il secondo cugino di Petri, non della madre, che aveva scelto di indossare l'abito talare, stava effettivamente a Castrezzone, in una piccola parrocchia.

Anna era stata a sentirlo e, dopo averci pensato un po' su, decise che sì, quella poteva essere la strada giusta e ci poteva anche provare. Levò dalla borsa la sua agenda e cercò il numero di telefono.

«Non dirmi che di quel tizio hai anche il numero di telefono...» fece Petri stupefatto.

«E allora, Carlo? Non sono libera di scegliermi le mie amicizie? In ogni caso guarda che quel tizio, come l'hai chiamato tu, viaggia verso la settantina ed è un fior di galantuomo. Quando anni fa l'ho conosciuto a quel famoso matrimonio, che, detto per inciso, riguardava la tua famiglia d'origine e non la mia, abbiamo subito simpatizzato. È una persona intelligente, colta, con un gran cuore e lo spirito di un trentenne. Ed è anche dotato di un fine senso dell'umorismo, il che non guasta sicuramente. So benissimo come la pensi sui preti, anche se il tuo atteggiamento mi è sempre parso un po' démodé, giusto per non usare un altro termine. Ma se tu ti degnassi di conoscerlo un po' meglio, abbandonando i tuoi sciocchi pregiudizi, sono certissima che piacerebbe anche a te. Del resto, non ti piaceva il prete di Montisola che avevi insistito per farmi conoscere e che hai voluto andare a salutare anche l'altro giorno?»

«Quello non è un prete», disse Petri.

«E che cos'è?»

«È un uomo eccezionale, che qualche volta si ricorda di essere obbligato a indossare la tonaca. Ma beve, fuma il toscano, quando occorre è capace di prendere a calci il prossimo e legge il Manifesto.»

«E per essere un uomo eccezionale un prete deve bere, fumare, essere di estrema sinistra e magari andare a donne?» sbottò Anna.

«Comunque, il prete di Montisola non è un mio parente, neppure alla lontana», borbottò Petri.

«Questo mi pare davvero un argomento decisivo», fece Anna. «Comunque, che ti piaccia o no, a don Sironi telefono spesso, e lui fa altrettanto con me.»

«E cos'hai da dirgli?»

«Fatti miei, cose che non ti riguardano. Anzi, no, una invece ti riguarda.»

«E sarebbe?»

«Quella di ricordarti nelle sue preghiere. Anch'io ci credo poco, ma male sono convinta che non te ne faccia.»

«Senti, Anna...» iniziò lui.

«Non voglio sentir altro. Questa telefonata vuoi che la faccia o no?»

«Certo che voglio che tu la faccia, ma guarda che non fai un favore a me. Lo fai a Miceli.»

«Quando avrai finito di dire sciocchezze, gli telefono. Ma ti sarei grata se nel frattempo te ne andassi a far due passi. Se devo esser sincera, la tua presenza mi infastidisce.»

«È un po' che lo sospetto», bofonchiò Petri.

«Che cosa?»

«Che la mia presenza ti infastidisca. E già che siamo in argomento...»

«Per favore, Carlo, adesso non apriamo un altro fronte.»

«Va bene, va bene, esco a comprarmi le sigarette», e Petri uscì di casa, scuro in volto.

Don Bortolo Sironi, così si chiamava il secondo cugino di Petri, stette ad ascoltare Anna con attenzione e accettò la proposta senza alcuna difficoltà. «Sa, Anna, la Curia la frequento poco, ma sono stato in seminario con monsignor Taddei e qualche volta ci sentiamo. Visto il nostro rapporto, penso di potergli parlar chiaro e sapere dove han cacciato questo vostro don Carrino, senza ricorrere a nessuna commedia. Piuttosto, come sta quel miscredente di Carlo?»

«Bene, direi. È che stiamo attraversando un periodo un po' difficile e...»

«E perché, uno di questi giorni, non viene a trovarmi? Se la cosa le fa piacere, ne potremmo parlare.»

«Grazie, don Bortolo, credo che ci verrò davvero, ovviamente senza che Carlo lo sappia.»

«D'accordo, e ne sono felice. Comunque, appena so qualcosa le telefono.»

«Magari sul mio cellulare.»

«Naturalmente», rispose don Bortolo Sironi.

Capitolo 13

Fu giovedì, quattordici ottobre, che le cose, improvvisamente, iniziarono a quagliare, su entrambi i versanti.

Verso mezzogiorno don Sironi chiamò Anna, scusandosi per il ritardo, dovuto al fatto che monsignor Taddei si era preso una breve vacanza. Missione compiuta: don Carrino si trovava presso una sorella in Val di Ledro, a Tiarno di Sotto. Questa la buona notizia. Ma vi era dell'altro e la cosa inquietò non poco Petri. Anche qualcun altro si era rivolto al Vescovado: due nipoti di don Carrino che, così avevano detto rivolgendosi al sostituto di monsignor Taddei, si trovavano in un grosso pasticcio e non riuscivano a mettersi in contatto con lo zio. Il sostituto, ovviamente, non ne sapeva nulla e li aveva indirizzati a un suo assistente che, per uno scherzo del caso, era proprio il sacerdote che aveva accompagnato don Carrino in Val di Ledro, senza essere informato che quella sorta di fuga avrebbe dovuto essere cosa riservatissima.

Petri prima si inquietò, poi all'inquietudine tenne dietro un senso di sconcerto. Poteva essere che quelli fossero veramente due nipoti e che cercassero don Carrino per la più innocente delle ragioni. Una coincidenza, ma una coincidenza strana e Petri alle coincidenze aveva sempre creduto poco. Ma poi, due nipoti? Perché, se uno poteva anche essere il giovane Beni, l'altro chi era? Ci si arrovellò per una buona mezz'ora e poi decise che era il caso di informare Miceli. Il commissario stava uscendo e sarebbe tornato verso le diciassette. Petri, per quell'ora, poteva passare da lui? Anche perché, per quell'ora, anche il commissario avrebbe forse avuto delle novità, non su don Carrino, ma questa volta su don Colombi.

«Perfetto», concluse Petri al telefono. «Nel frattempo, però, dovreste accertare se uno dei due nipoti o degli pseudonipoti, poteva essere il giovane Beni. Almeno di quello abbiamo una fotografia.»

«E a chi dobbiamo mostrarla?» chiese Miceli.

«A un sacerdote che sta in Vescovado, quello che ha informato i ragazzi.»

«E come si chiama?»

Petri ci mise un momento a riordinare le idee. «Aspetti, commissario, che le passo Anna. È qui con me ed è lei che ha tenuto i contatti con quel mio lontano parente. Lei potrebbe telefonargli e pregarlo di mettersi in contatto con monsignor Taddei, il segretario del Vescovo, e questo potrebbe indicare il nome del sacerdote in questione. A questo punto, senza esporsi troppo perché questo monsignor Taddei credo che sia persona riservata e abbia compreso tutto il pasticcio, andate da quel sacerdote e gli mostrate la fotografia, inventandovi una storia che stia in piedi. Mi pare che non ci sia altro da fare...»

«Va bene, dottor Petri, ma sarà meglio che mi passi sua moglie», disse Miceli.

Miceli e Anna Petri si intendevano a meraviglia. Nel giro di mezz'ora Anna aveva il nome che cercavano e Petri, come d'accordo, lo passò a Grazia Bruni, secondo le istruzioni ricevute dal commissario.

«Credo che ci siamo, dottor Petri. Ho già parlato con il collega Palestrina, mi pare il più adatto. Adesso va in Vescovado con la fotografia e, se siamo appena fortunati, sapremo subito se il nipote era veramente un nipote, oppure se si trattava di Beni. Quello che però mi lascia dubbiosa è il fatto che fossero in due. Magari il Beni si è fatto accompagnare da un amico per rendere più credibile la sua storia e stornare possibili sospetti.»

«Potrebbe anche essere», convenne Petri, «ma la cosa mi convince poco. Dove se lo sarebbe trovato questo amico a Brescia?»

«Vero anche questo, ma per adesso è inutile discuterne.

Piuttosto, le ha detto Miceli che un passettino piccolo piccolo forse lo abbiamo fatto anche per quanto riguarda don Colombi?»

«Mi ha accennato a qualcosa del genere. Di che si tratta?»

«Già sapevamo che aveva una specie di governante, o di perpetua. Qualcosa di più l'ho scoperto io stamattina, andando a messa nella chiesa di san Genesio e attaccando bottone con una vecchietta che è una fan di don Colombi e non della governante, che secondo lei è una vecchia pettegola. Ma da qualche giorno sembra sia sparita dalla circolazione.»

«Mi scusi, Bruni, lei a messa c'è andata per servizio o qualche volta ci va sul serio?»

«La cosa la interessa?»

«Eccome se mi interessa!»

«Ci sono andata per servizio, tranquillo. Ma se ci andassi qualche volta anche per altre ragioni, la sua opinione su di me cambierebbe?»

«No, assolutamente. Ne sarei soltanto un po' turbato.»

«Un giorno o l'altro una chiacchierata su questo argomento mi piacerebbe farla», mormorò Grazia Bruni.

«Solo se lo ritiene davvero necessario», disse Petri. «Comunque ci vediamo alle diciassette.»

Tutti puntuali. Una conferma e, dall'altra parte, quantomeno per il momento, un buco nell'acqua.

Miceli era tornato in ufficio prima del previsto. «Ben arrivato, dottor Petri, e non si dimentichi di ringraziare ancora sua moglie e quel suo cugino di secondo grado. Uno dei due nipoti, dei sedicenti nipoti potremmo ormai dire, era proprio il Beni. Il sacerdote, vista la fotografia, mi pare non abbia avuto dubbi.»

«Ne è assolutamente certo. Si trattava del Beni», confermò Palestrina.

«E dell'altro? Ne ha dato almeno una descrizione?» chiese Petri.

«Una descrizione che potrebbe adattarsi a chiunque. Forse più giovane del Beni, ma forse no. Un ragazzo con l'aria per bene, ma nessun segno particolare. Il prete non ricorda neppure se fosse biondo o moro. Anzi, non è neppur sicuro che fossero insieme. Quello più giovane, non il Beni voglio dire, aveva l'aspetto di uno di città e l'altro, quello che ha chiesto di don Carrino, a suo parere no. Ma non solo. Quello con l'aria cittadina si è informato se si poteva visitare il palazzo vescovile, mentre l'altro se ne stava già andando. Sempre impressioni, però: in una parola, non è sicuro di nulla e a questo punto si potrebbe anche dubitare della bontà del suo riconoscimento fotografico.»

«Diamolo per buono», disse Petri, «altrimenti non andiamo da nessuna parte. Comunque adesso ci troviamo di fronte a un bell'interrogativo, ma, in ogni caso, per quanto riguarda don Carrino, spetta a voi organizzare le cose.»

«Già organizzato e già in fase di esecuzione», fece Grazia Bruni. «Nell'eventualità che si trattasse del Beni, seguendo le direttive del commissario, ho subito spedito in Val di Ledro, naturalmente in incognito, l'ispettore Garramone e l'agente Nicotra.»

«Forse sarebbe stato il caso di allertare anche i carabinieri del luogo», disse Petri. «Ma no, non credo sia il caso. Troppe complicazioni e il pericolo di... Spero però che Garramone e Nicotra non siano stati incaricati di avvertire don Carrino di cambiar aria. Perché altrimenti ci troveremmo punto e daccapo», disse Petri.

«Questo lo so benissimo anch'io. Solo per sorvegliarne le mosse notte e giorno: da un lato per proteggerlo e dall'altro per mettere le mani sul Beni, prima che commetta qualche sciocchezza», rispose Grazia Bruni, un po' piccata.

«Ben fatto», approvò Petri. «E sul fronte di quell'altro accidenti di...»

«Don Colombi?» chiese Miceli, che fino a quel punto era stato ad ascoltarli in silenzio.

«Sì, di don Colombi. Beccata la perpetua?»

Fu ancora la volta dell'ispettrice. «Niente da fare. Già stamattina, quando don Colombi era in chiesa, ci ho provato due volte. Al campanello non rispondeva nessuno. Nel pomeriggio abbiamo aspettato che il prete andasse, come al solito, all'oratorio, e ci ho provato dalle tre fino a mezz'ora fa. Il caso ha voluto che mi imbattessi di nuovo nella vecchietta di stamattina. Se la perpetua è una pettegola, questa la sopravanza di una spanna. Non ho neppure avuto bisogno di prenderla alla larga. Mi ha confermato che da alcuni giorni non l'ha più vista, mentre prima si incontravano quasi tutte le mattine a far la spesa. Secondo lei se n'è andata.»

«E questo è un peccato, perché, se la sua vecchietta la racconta giusta, da una perpetua pettegola si potrebbe anche cavar qualcosa. Comunque, anche in questo caso, si tratta solo di rintracciarla.»

«E come?»

«Ma diavolo, Bruni, andando a chiederlo direttamente a questo don Colombi. Se non ricordo male, lei già lo conosce. È con lui che ha parlato, mi pare. Bene, domani, intorno all'ora di pranzo, se lo va a trovare, per informarlo che state facendo il possibile per scovare l'autore delle minacce anonime, per chiedergli se per caso gliene siano arrivate altre e, del tutto en passant, per capire dove è finita la perpetua. Mi sembra abbastanza semplice.»

«Lei, commissario, che ne dice?» chiese Grazia Bruni a Miceli.

«Che sono perfettamente d'accordo.»

«Solo una cosa, se mi è consentito un suggerimento. Io, Bruni, mi porterei dietro anche l'ispettore Grasso», aggiunse Petri.

«Buona idea», disse Grazia Bruni e Grasso allargò il suo faccione in un sorriso.

All'ispettore Garramone e a Nicotra non ci volle molto per capire dove si era cacciato don Carrino. Bastò entrare in una rivendita di giornali che dava in una piazzetta, a Tiarno di Sotto. La casa della sorella, la signorina Carrino, stava quasi di fronte. Un piccolo edificio a due piani e, al piano superiore, un balcone di legno pieno di gerani. Su una sdraio un uomo sulla trentina, col ciuffo che gli ricadeva sulla fronte, stava leggendo un libro.

«Non può essere che lui», disse Garramone. «Adesso non ci resta che organizzarci.»

«Io penso che dovremmo trovarci un alberghetto in un paese vicino. Potrebbe pensarci lei, ispettore. Ho visto sulla carta: ci sono diversi paesi lungo la valle. Per il resto, dal momento che non sono sceso neppure dalla macchina, mi metterei a leggere il giornale in quel caffè. Da là lo posso vedere benissimo. Lei, ispettore, potrebbe subentrarmi verso l'ora di cena. Meglio che non ci vedano insieme, potremmo dar nell'occhio. Ci manteniamo in contatto col cellulare.»

«Giusto», disse Garramone. «Me ne vado un paio d'ore a Pieve di Ledro e vedo di trovare un posto per dormire che faccia al caso nostro. Ritorno verso le diciannove. Certo che il vero problema sarà la notte e non so neppure se sia il caso di fissare un albergo... Ma intanto mi guardo in giro e poi decidiamo quando ci diamo il cambio.»

«Per la notte non penso che ci siano grandi problemi», fece Nicotra, che aveva già fatto le due nottate precedenti stando dietro a uno spacciatore e non vedeva l'ora di stendersi in un letto.

«Secondo me, invece, la notte può essere anche più pericolosa», ribattè Garramone.

«Io non credo», insistette cocciutamente Nicotra. «Prima di tutto perché, se anche il Beni è riuscito ad arrivare fin qui, di sicuro non cerca di entrare in casa a spararegli...»

«Su questo sono d'accordo», ammise Garramone. «Ma mi pare che volessi aggiungere anche un'altra osservazione.»

«Certo», rispose Nicotra, «ed è che, nella situazione in cui si trova il nostro don Carrino, non credo che abbia intenzione di fare molta vita notturna.»

«Tutto sommato, lo penso anch'io. Comunque, occhio al Beni, di quello abbiamo la fotografia e, se per caso lo vedessi in giro...»

«Non credo che se ne vada in giro tranquillamente di giorno», disse Nicotra.

«E perché?»

«Perché don Carrino lo conosce.»

Si ritrovarono alle diciannove. Il centro era piccolo, ma riuscirono a passare inosservati. In giro c'era ancora qualche turista e, verso sera, la pizzeria che stava a una ventina di metri era affollata di gente che ancora soggiornava nella valle o era salita da Riva del Garda, confondendosi con qualche persona del luogo che a un certo via vai era abituata anche in quella stagione.

Quella sera don Carrino non uscì di casa, come Nicotra aveva previsto. Del giovane Beni neppure l'ombra.

Suonava la mezza quando Grazia Bruni suonò al campanello della casa in cui abitava don Colombi.

«Chi è?» gracchiò una voce al citofono.

«Mi scusi se la disturbo a quest'ora, reverendo, sono Grazia Bruni.»

«Non conosco nessuna Grazia Bruni.»

«Ha ragione, non può ricordare il mio nome. Sono l'ispettrice della Squadra mobile che l'ha sentita per quella faccenda degli anonimi.»

«C'è qualcosa di nuovo?» La solita voce gracchiante con una punta di maleducazione, parve all'ispettrice che già incominciava a stizzirsi.

«Se mi fa salire ne possiamo parlare.»

Scattò l'apriporta e la Bruni, seguita da Grasso, salì le scale.

Don Colombi l'attendeva sulla soglia di casa, in maniche di camicia e la camicia era schizzata d'olio. «E quello chi è?» domandò il prete, guardando Grasso.

«L'ispettore Grasso, un mio collega.»

«Cosa è successo?» chiese don Colombi. Sugli uno e ottanta, corpulento e col viso congestionato di chi non disdegna un bicchiere in più e corre il rischio di schiattare da un momento all'altro. Sembrava però essersi ammorbidito. Grazia Bruni lo notò subito. Questo, nonostante l'aspetto, se la fa sotto dalla paura, pensò subito dopo.

«Entrate, entrate e scusate il disordine ma... Come va l'indagine sugli anonimi che ho ricevuto?»

«Purtroppo niente di nuovo, ma qualche idea incominciamo ad avercela», rispose l'ispettrice.

«Ah sì? E quale idea vi state facendo?»

«Ancora abbastanza vaga, direi, e quindi non è neppure il

caso di parlarne. Lei, di minacce anonime non ne ha più ricevute?»

«Se mi fossero arrivate mi sarei fatto vivo», rispose il prete.

«E nel frattempo, magari ripensandoci, qualche idea è invece venuta a lei?» intervenne Grasso che fino a quel momento se n'era rimasto zitto, limitandosi a guardarsi intorno.

«Perché vede, don Colombi, in casi del genere, parlo di molestie o di vere e proprie minacce, è proprio la vittima, il destinatario intendo, che può darci una mano, indirizzandoci in una direzione piuttosto che in un'altra», aggiunse Grazia Bruni.

«Non ne ho la più pallida idea e vi assicuro che ci ho pensato, eccome se ci ho pensato. Non riesco proprio a immaginare chi possa avercela con me e quasi mi sono convinto che si sia trattato di uno scherzo e che forse sia meglio lasciar perdere...»

«Questo no», disse Grazia Bruni. «L'ipotesi dello scherzo, in teoria, potrebbe anche reggere, ma siamo portati a scartarla. Può darsi che l'idea le sia venuta per il fatto che gli anonimi si sono fermati lì. Ma il tenore di quei biglietti ci preoccupa, e ha preoccupato molto anche il Procuratore Martinelli.»

«Ah già, il Procuratore. Lui come la pensa?» chiese il prete.

A Grazia Bruni parve che si fosse morso un labbro. «Questo non lo so con esattezza. Posso solo ripeterle che ci è sembrato molto preoccupato e si è preso la faccenda a cuore, anche sollecitandoci poi telefonicamente. No, non possiamo lasciar perdere. Non possiamo deluderlo.»

«Capisco», borbottò don Colombi. «Ma scusatemi, stavo mangiando un boccone e non vi ho neppure fatti sedere.» Indicò un divano, affrettandosi a togliervi un paio di calzini che si ficcò in tasca. «Vi chiedo ancora scusa, ma sono un prete e quindi un vecchio scapolo, e tra i miei pregi non c'è mai stato quello dell'ordine.»

Gli occhi di Grazia Bruni erano già corsi al tavolo, sul quale stavano due scatolette di tonno e una di fagioli, una forchetta sporca in un piatto colmo a metà, un bicchiere di rosso e una bottiglia che ne conteneva ancora due dita. Nessuna tovaglia. La stanza puzzava di rancido e il pavimento, polveroso, era disseminato di cartacce appallottolate.

«Nessuno che le dia una mano, don Colombi?» domandò Grazia Bruni. «Di solito i sacerdoti che vivono da soli hanno, o avevano, una perpetua, ma forse sono rimasta legata a stereotipi che...»

«Per la verità ce l'avevo anch'io, anche se adesso le perpetue sono in disuso. Era una sorta di governante che mi tenevo più per pietà che per altro, anche se devo riconoscere che almeno mi teneva la casa pulita e mi preparava un piatto di minestra o di pasta. Ma era una vecchia brontolona e non è che la rimpianga più di tanto...»

«È per caso morta?» chiese con finta apprensione Grazia Bruni.

«Ma che morta e morta. Mi ha mollato sui due piedi perché aveva una sorella più vecchia di lei che si è ammalata e l'ha raggiunta al suo paese d'origine.»

«Be', allora è solo una difficoltà passeggera, perché, guarita o morta la sorella, dovrebbe ritornare.»

«E che ne so...» rispose don Colombi.

«Non è in contatto con lei?» domandò Grazia Bruni con aria sorpresa.

Don Colombi parve essere stato preso in contropiede, ma fu questione di un attimo. «No, che io sappia questa sorella il telefono non ce l'ha e, anche se la cosa potrebbe meravigliare, io ne ignoro anche l'indirizzo. Dirò di più: non ne ho mai saputo neppure il cognome.»

«Della sorella?» chiese Grasso.

«Della sorella e, ovviamente, della mia perpetua, se così vi piace chiamarla. Solo il nome: Elisabetta, anche se io la chiamavo Betta.»

«Ma scusi, reverendo, ne ignora il cognome? Se ho ben capito, e chiamiamola pure come vogliamo, era pur sempre la sua donna di servizio. E a una donna di servizio si pagano i contributi. Lei i contributi non li pagava?»

«No che non li pagavo. Non vorrete per caso mettermi sotto processo? Forse non mi sono spiegato bene. Questa Betta era una poveraccia che non ce la faceva a tirare la fine del mese e frequentava la chiesa. E un giorno sì e un giorno no mi chiedeva qualcosa, e io per parecchio tempo l'ho aiutata come potevo. Poi ho pensato di prendermela in casa e, quando era di luna buona, come le dicevo, mi preparava qualcosa da mangiare e mi lavava i panni sporchi. Io le assicuravo vitto e alloggio. Ma me la tenevo per generosità, un semplice atto di carità cristiana. Non potevo certo anche pagarle uno stipendio. E allora perché avrei dovuto pagarle i contributi? Dico bene, o no?»

«Di queste cose ci capisco poco», disse Grazia Bruni. «Ma credo che lei abbia ragione. In effetti la sua era un'opera di carità... Ed era di Brescia quella poveraccia?»

«No, assolutamente, a Brescia non so neppure come ci fosse finita, ma da un discorso che mi fece una volta, parlando della sorella, credo che venisse da Asola. O forse mi sbaglio, da Asolo. Insomma, Asola o Asolo, adesso non lo ricordo proprio.»

«Ma aveva un accento che tirava all'emiliano oppure al veneto?» chiese Grasso.

«Direi più sull'emiliano, certo non veneto.»

«Allora è Asola», concluse soddisfatto Grasso.

«Abbiamo fatto tardi», disse all'improvviso Grazia Bruni alzandosi. «Ci scusiamo del disturbo e le lasciamo proseguire il suo pranzo.»

«Un paio di scatolette di tonno, con un po' di fagioli...» disse mestamente don Colombi. «Sono sempre stato un tipo frugale.»

Li accompagnò alla porta.

«Arrivederci, reverendo, e mi raccomando: se dovesse arrivarle un altro anonimo, ce lo faccia sapere subito.»

«Non credo proprio. Sono sempre più convinto che si trattasse di un pessimo scherzo. Ma davvero non si può lasciar perdere? Con tutte le cose importanti che avrete da fare...»

«No, don Colombi, le ho già detto e le ripeto che non possiamo lasciar perdere», ribadì Grazia Bruni.

Scesero le scale e fecero alcuni passi lungo la strada.

«Che impressione ti ha fatto?» chiese Grazia Bruni a Grasso.

«Pessima. In primo luogo perché sono convinto che ci abbia raccontato un sacco di balle su questa Elisabetta...»

«E in secondo luogo?» domandò l'ispettrice.

«Perché credo che si sia amaramente pentito di aver messo in piazza quegli anonimi. Ha troppo insistito sul fatto che, magari, potevamo lasciar perdere.»

«Ne sono convinta anch'io», convenne Grazia Bruni. «Quello, secondo me, ha una paura fottuta di chi gli ha mandato le minacce anonime, ma, a questo punto, ha ancora più paura di noi.»

«Ben detto», fece Grasso. «È quello che penso anch'io.»

Don Colombi, rimasto solo, gettò nella pattumiera quello che gli restava nel piatto e fece altrettanto con le scatolette. Si limitò a due bicchieri di vino e a una presa di tabacco. Aveva lo stomaco in subbuglio, perché troppo tardi si era reso conto che quei due più che agli anonimi parevano interessati a quella stronza di Elisabetta.

Incontrarono Miceli nel primo pomeriggio e Grazia Bruni, con Grasso che la guardava ammirato, fece al commissario un resoconto preciso e dettagliato del loro colloquio con don Colombi.

«Bene, bene», fece Miceli. «Questa Betta potrebbe rivelarsi anche più interessante di quel che pensiamo. Asola, dunque. Questo è lavoro per Grasso e Tondelli. Scegliete voi quando andarci, ma io lo farei al più presto.»

«Domani Tondelli ha degli impegni, ma domani l'altro ci mettiamo in viaggio presto. Avremo tutta la giornata davanti e, anche se si tratta di Asola, che non dev'essere un centro di piccole dimensioni, le assicuro che questa Elisabetta la troviamo e una volta che l'abbiamo trovata...»

«Mi fido di voi», disse Miceli. «In questo, so bene che ci sapete fare.»

Capitolo 14

Era la seconda sera che stavano a Tiarno. Nella solita pizzeria Garramone e Nicotra, scartata la pizza, avevano appena finito un risotto ai funghi porcini. Una vera delizia, che avevano accompagnato con una bottiglia di Cabernet. Stavano attaccando una porzione di strudel quando Nicotra, che si era sistemato in modo da poter sorvegliare la casa, fece un salto sulla sedia.

«Ispettore, non si giri, ma quello che si sta avvicinando a quella Panda è don Carrino, o perlomeno è il giovanotto che legge sul balcone della signorina Carrino e...»

«Io pago il conto e tu mettiti in macchina, lo dobbiamo seguire immediatamente.»

Raggiunsero la Panda dopo un paio di chilometri. Non potevano sbagliarsi: era azzurra e procedeva a quaranta all'ora.

«Il nostro don Carrino ha deciso per un colpo di vita. Speriamo che si fermi sul lago e non scenda a Riva di Trento», disse Garramone. «Stagli dietro, ma mettici una macchina in mezzo.»

Non si erano accorti che subito dietro a loro si era mossa una Hyundai di piccola cilindrata, che adesso li stava tallonando, procedendo alla stessa velocità. Non ci fecero caso. Verso Pieve di Ledro c'era una fila quasi ininterrotta di macchine.

La Panda, arrivata a Pieve di Ledro, rallentò alla ricerca di un parcheggio, trovandolo quasi subito. A loro non andò altrettanto bene.

«Fermati e fammi scendere», disse Garramone a Nicotra

che stava alla guida. «Tu trovati un posto e poi cerca di rintracciarmi. Io gli sto dietro a piedi.»

Fu più difficile del previsto. Nicotra girò in due o tre strade interne e si ritrovò all'inizio del paese. Scese e si incamminò a passo svelto nella direzione presa da Garramone. Gente in giro ce n'era. Ragazzi, ragazze, genitori coi bimbi che correvano avanti e indietro leccando dei grandi gelati. Pareva una serata estiva. Profumo di pesce fritto, di lago e di bosco. Non quell'orrendo puzzo di scappamenti di auto e motociclette che in città entrava nelle narici e non voleva più andarsene.

L'agente Nicotra pensò che, prima o poi, doveva decidersi a chiedere un trasferimento, anche se a Brescia si era ormai affezionato, e non solo alla città, ma anche alla sua gente alla quale, per qualche verso, gli sembrava ormai di appartenere.

Ritrovare Garramone non fu semplice, ma a un certo punto Nicotra lo vide, fermo davanti a un'edicola che non aveva ancora chiuso i battenti. «Temevo di non trovarla più, ispettore.»

«Zitto, e fingi di non conoscermi. Il nostro uomo sta bevendo qualcosa al bar che c'è venti metri più avanti, sulla sinistra. Ti ho detto sulla sinistra, è quello con la maglietta verde e la sigaretta in mano.»

«Cosa devo fare?» chiese Nicotra.

«Io tengo di vista lui e tu guardati in giro. È al Beni che facciamo la posta, non a don Carrino. Lui è solo l'esca.»

«Giusto», convenne Nicotra e si mise a scrutare la folla, alla ricerca di un viso conosciuto.

«Non vedo nessuno che neppur lontanamente gli somigli», mormorò dopo un momento l'agente.

«Continua a guardarti in giro. Anche se non è detto che il Beni sia qui, o che ci sia questa sera.»

Don Carrino riprese a camminare, accendendosi un'altra sigaretta. Loro dietro, nonostante i passanti si infittissero. Si stavano avvicinando a un locale dal quale proveniva una musica ad alto volume, con ragazze e giovanotti che fuori facevano capannello.

«Mica andrà in discoteca?» fece Nicotra.

«Potrebbe anche darsi», rispose Garramone. «Per la malora, sta tornando indietro», aggiunse dopo un attimo. «Lasciamolo sfilare e vediamo dove va.»

Don Carrino, passeggiando lentamente, stava ripercorrendo la strada a ritroso. Accese un'altra sigaretta e diede un'occhiata all'orologio da polso.

«Se non sbaglio, quello sta tornando verso la macchina», disse Garramone. «Tu dove hai parcheggiato?»

«Quasi all'inizio del paese. A due o trecento metri.»

«Vacci subito allora. Magari quello ritorna a Tiarno. Io lo seguo a piedi e tu aspettami.»

Garramone non si era sbagliato. Don Carrino risalì senza fretta sulla sua Panda e riprese la strada per Tiarno, con Garramone che adesso correva per raggiungere Nicotra.

«Temo che ce lo siamo perso», disse l'agente. «Ormai ha un vantaggio di un paio di minuti.»

Garramone saltò in macchina. «Vai, Nicotra, vai e premi sull'acceleratore.»

Un chilometro e videro la Panda che procedeva a velocità ridotta.

«Se ne torna a casa», disse Nicotra. Garramone non rispose.

«No, accidenti, che non se ne ritorna a casa. Quello prosegue per Ponte Caffaro. Dove cazzo avrà intenzione d'andare?» continuò Nicotra dopo un momento.

La Panda scese dall'altro versante della valle, affrontando lentamente i numerosi tornanti e, arrivata in fondo, girò a sinistra.

«Continuiamo a seguirlo», sussurrò Garramone, a voce bassa, come se qualcuno potesse sentirli.

Lodrone, Anfo, Lavenone.

«Ci scommetto che va a Idro», borbottò Garramone. «Più vivace di Ledro. Il nostro don Carrino ha intenzione di farsi una bella serata.»

Continuarono a non accorgersi della Hyundai che a un centinaio di metri li seguiva.

Don Carrino, arrivato a Idro, parcheggiò e si avviò a piedi.

Questa volta Nicotra non ebbe alcuna difficoltà a trovare un posto libero poco più dietro.

Effettivamente qui c'era più gente. Lo stesso profumo di pesce e di lago. Loro sempre dietro, a una trentina di passi.

«Che mi venga un colpo!» sibilò Garramone. «Quello aveva appuntamento con una ragazza e ci ha portati in giro per mezza sera per far venir l'ora.» Riuscivano a vederlo con chiarezza. Si era fermato a parlare con una biondina che lo stava chiaramente aspettando. Lui la prese sottobraccio e tornarono ad avviarsi, parlando in modo animato. La gente era aumentata, ma Garramone, parecchio più alto di Nicotra, riusciva a non perdere di vista la coppia.

Un piccolo schiocco, forse un tubo di scappamento, ma la folla ebbe un ondeggiamento e sembrò chiudersi in cerchio attorno a qualcosa.

«Corri, Nicotra, corri, perdio!» fece Garramone.

Si fecero strada spintonando. Un ragazzo con una polo blu si girò protestando.

«Polizia», gli urlò Nicotra, dandogli una manata sul petto.

A terra, in mezzo al cerchio di persone, il corpo del giovane con la maglietta verde. Era caduto faccia in avanti e nella mano sinistra teneva ancora la sigaretta da cui si levava una voluta di fumo. Credettero di riconoscere la biondina, una ragazza scialba, col viso terrorizzato. Garramone si chinò e tastò il polso dell'uomo a terra. Un battito leggero, irregolare. Dalla nuca gli usciva un rivolo di sangue, che si allungava pigramente, perdendosi nel collo rialzato della maglietta.

«Indietro, state indietro!» gridò Garramone. «Indietro vi dico, Polizia...» Fu preso da un accesso di tosse che lo lasciò senza fiato.

Un rigonfio nella tasca posteriore dei pantaloni. Garramone vi infilò la mano traendone un portafoglio. All'interno, in una copertina di plastica, la carta d'identità: Carrino Ernesto.

«Cristo!» disse Garramone. «Non ci eravamo sbagliati, è proprio lui. Che qualcuno chiami subito i carabinieri, che chiami un'ambulanza. È ancora vivo, ma state indietro, che gli togliete l'aria.»

Nicotra era ancora fermo, quasi paralizzato, ma continuava a guardarsi in giro.

«Potrei sbagliarmi», disse Garramone, «ma questo non è il colpo di una 45.»

Neppure dieci minuti e arrivò un'ambulanza, seguita da una Gazzella. Ne scese un maresciallo in divisa, accompagnato da un paio di carabinieri. Aveva una pistola in mano e la puntò su Garramone, che era ancora chinato sul ferito.

«Metti le mani in alto e non muoverti.»

Garramone posò a terra il portafoglio che aveva ancora in mano e sollevò le braccia. «Maresciallo, l'ho fatta chiamare io. Sono l'ispettore Garramone, della Mobile di Brescia.»

«Cosa mi stai raccontando?»

«Se ha la bontà di vedere i miei documenti...» e fece l'atto di infilare una mano nella tasca interna della giacca.

«Non muoverti, ti ho detto», ripeté il maresciallo con voce dura.

«Allora lo faccia lei. Io tengo le mani alzate. Guardi che nella cintola ho la pistola d'ordinanza. Nella tasca c'è però il portafoglio con i miei documenti.»

Il maresciallo si avvicinò con aria poco convinta e per prima cosa gli sfilò la pistola. Poi, senza abbassare la sua, lo frugò velocemente, facendogli passare una mano su tutto il corpo, gambe comprese. Infine prese il portafoglio, trovò la tessera di riconoscimento e la considerò con attenzione. «Ti chiedo scusa, siamo quasi colleghi. Ma qui cosa ci fai?»

«Stavo dietro al tizio a cui hanno sparato. Insieme all'agente Nicotra.»

Il maresciallo diede un'occhiata in giro, posando gli occhi su Nicotra che aveva già il proprio tesserino in mano. «È un latitante?» chiese il maresciallo a Garramone.

«No», rispose Garramone, a voce bassa, «è un prete. Poi le spiego tutto. Noi avremmo dovuto proteggerlo e...»

«Complimenti», disse il maresciallo e si rivolse al personale dell'ambulanza che stava esaminando il ferito. «In che stato è?»

«Ancora vivo, ma non sappiamo per quanto. Sembra che lo abbiano colpito alla nuca.»

«Subito all'ospedale di Vestone.»

«Abbiamo già telefonato», rispose il conducente, mentre due paramedici adagiavano il corpo su una barella facendola scorrere all'interno del veicolo. L'ambulanza si allontanò a sirene spiegate.

«Voi, però, adesso venite con me in caserma e mi spiegate le cose per bene. Siete qui a piedi o in macchina?»

«In macchina», rispose Nicotra. «L'ho lasciata poco lontano, vicino alla Panda azzurra con cui il prete era arrivato qui dalla Val di Ledro.»

«Ma siete sicuri che quel tizio con la maglietta verde fosse un prete?»

«Certo», rispose Garramone. «Le ho detto che poi le spieghiamo tutto.»

Il maresciallo scosse il capo, perplesso.

«Ma c'era anche una ragazza col prete, una biondina con cui lui doveva avere appuntamento, perché camminavano in mezzo alla gente, davanti a noi, tenendosi sottobraccio.»

«Una biondina sottobraccio al prete?» chiese il maresciallo. «Tu fermati qui e cerca di trovarla», disse a uno dei due carabinieri. «Poi penseremo alla Panda. Intanto voi salite con me. La vostra macchina la prendiamo strada facendo.»

La Gazzella ripartì nella direzione opposta. Il maresciallo seduto davanti, accanto al secondo carabiniere alla guida. Garramone e Nicotra sul sedile posteriore.

Neppure duecento metri. «Fermi, maresciallo, fermi!» urlò Nicotra.

«Che c'è ancora?»

«Le ho detto di fermarsi. Là, a un tavolino di quel caffè col tendone a strisce, è seduto quello che ha sparato al prete.»

Enrico Beni, perché proprio di Beni si trattava, si trovò circondato da due uomini in divisa e da altri due in borghese, che puzzavano di poliziotto lontano un miglio. Se ne rimase tranquillamente seduto, senza accennare alla minima reazione. Garramone si era tolto di tasca la sua fotografia. Non ci si poteva sbagliare. «Tu sei Beni, Enrico Beni di Tavernole», lo apostrofò Garramone.

«Sì, sono Enrico Beni. E allora?» rispose il giovanotto.

«Maresciallo», disse Garramone, «le dispiacerebbe perquisirlo?»

Infilata nella cintura, sotto la giacchetta leggera, spuntava il calcio di una pistola. «E questa cosa sarebbe?» chiese il maresciallo.

«A me sembra una rivoltella, lei cosa ne dice?» rispose Enrico Beni.

«Hai il porto d'armi?»

«No. La rivoltella è di mio padre. È lui che ha il porto d'armi.»

«E allora è sufficiente per dichiararti in arresto», concluse il maresciallo. «Sali in macchina con noi e vieni in caserma.»

«Come volete. Solo il tempo di pagare il conto.» Fece un cenno a un cameriere che si avvicinò. Tutti stavano osservando la scena con curiosità. Enrico Beni prese lo scontrino che stava sotto un bicchiere di aranciata e mise una banconota da cinque euro sul tavolino.

«Adesso vogliamo andare?» chiese il maresciallo spazientito.

«Un attimo ancora e sono a vostra disposizione», rispose Beni. «Mi permetta di ritirare il resto e chieda al cameriere da quanto tempo sto qui.»

Il maresciallo guardò verso il cameriere che stava contando alcune monete, posandole con lo scontrino sul tavolo. «Tu come ti chiami?»

«Luigi Tenca», rispose il cameriere.

«Hai servito tu questo giovanotto?»

«Certo, l'aranciata gliel'ho portata io.»

«E da quanto tempo è seduto al tavolino di questo caffè?»

Il cameriere diede un'occhiata all'orologio. «Da almeno un quarto d'ora, forse anche venti minuti.»

«Sei sicuro di quello che dici?»

«Sicurissimo, maresciallo. Perché dovrei dire una cosa per un'altra? Questo giovanotto non so chi sia, non l'avevo mai visto prima.»

«In caserma anche tu. Dovrai fare una deposizione. Hai la macchina?»

«No, ho un motorino.»

«E allora seguici, anzi precedici. Sai dov'è la caserma?»

«Certo, lasciatemi solo avvertire il padrone.»

Sul sedile posteriore, Nicotra, addossato alla portiera perché adesso tra lui e Garramone stava seduto Enrico Beni, si chiedeva perché l'unica cosa che il ragazzo aveva chiesto subito fosse stata di accertare da quanto tempo si trovava seduto al caffè. Ma non formulò la domanda ad alta voce, sia per la presenza del Beni, sia perché quel maresciallo che non ci pensava due volte a sfoderare la pistola lo intimidiva un po'.

Quando arrivarono in caserma erano le ventidue e quaranta. Beni venne rinchiuso in una cella. Il Tenca venne avviato in un'altra stanza, dove un appuntato, servendosi solo dell'indice, batteva qualcosa su una macchina per scrivere.

«Adesso», disse il maresciallo, «fatemi capire un po' meglio cos'è tutta questa faccenda.»

L'ispettore Garramone glielo spiegò in cinque minuti, dicendogli quanto era strettamente necessario.

«Capito», affermò il maresciallo. «Potremmo vedere se intende fare delle dichiarazioni spontanee, e magari telefono a un avvocato che conosco per farlo assistere. Ma non è, per caso, che anche lei, ispettore, ha bisogno di fare una telefonata?»

Garramone ci mise un momento a capire. Maledizione! Avrebbe dovuto farla anche prima, a Miceli, ma sarebbe stata una telefonata difficile e l'aveva rimossa. Levò di tasca il cellulare, dandosi un'occhiata attorno, come per prendere tempo.

«Guardi che qui il campo va e viene», disse il maresciallo. «Meglio che telefoni dal fisso che sta nella stanza di fronte a quella in cui abbiamo mandato il cameriere.»

L'ispettore diede un'occhiata all'orologio a muro: quasi le ventitré. Sperava solo che il commissario non fosse già a letto. Lasciò squillare il telefono più volte e stava per rinunciare, quando sentì la voce di Miceli, impastata di sonno.

«Sono Garramone. Mi scusi, commissario, se la disturbo a quest'ora, ma volevo che lo sapesse subito: purtroppo, meno di un'ora fa, a Pieve di Ledro, no, a Idro, in mezzo a un sacco di gente, qualcuno ha sparato a don Carrino...»

«Complimenti, Garramone», disse Miceli che adesso era sveglissimo.

«Veramente, me li hanno già fatti», rispose l'ispettore.

«E chi te li ha fatti?»

«Il maresciallo che comanda la stazione dei carabinieri. Adesso sono qui in caserma e c'è anche il Beni, in cui ci siamo imbattuti subito dopo, ma credo che non sia stato lui a sparare.»

«E chi sarebbe stato?»

«Questo non lo sappiamo. È una storia molto complicata e... Guardi, però, che don Carrino non è morto.»

«Hanno sbagliato il colpo?» chiese Miceli sollevato.

«No, un colpo in testa se l'è preso e adesso si trova all'ospedale di Vestone.»

«Ma il Beni?»

«Adesso vediamo se vuole fare qualche dichiarazione, perché stava in un caffè a un paio di centinaia di metri di distanza, ma aveva una 45 infilata nella cinta dei pantaloni.»

«Ma la 45 ha sparato?»

«Ancora non lo sappiamo.»

«Senti, Garramone, quando saprai qualcosa di preciso fammelo sapere, a qualsiasi ora. Ma non tirarmi giù dal letto per dirmi tutto quello che non sai. In ogni caso, 'sto posto dov'è?»

«Quale posto?»

«Quello in cui hanno sparato al prete, per la Madonna!» gridò Miceli.

«A Idro.»

«Questo me l'hai già detto. Ma siamo ancora in provincia di Brescia o di Trento?»

«Brescia. Senta, commissario... Commissario, è sempre lì?» Miceli aveva riattaccato. Garramone tornò mogio nell'ufficio del maresciallo. Davanti a lui Enrico Beni, al quale erano state tolte le manette. Su una sedia, una ragazza sui trentacinque anni, con una massa di capelli crespi e gli occhiali da miope.

«Ispettore, le presento l'avvocato Lisa Bontempi. Assiste d'ufficio il Beni e lo ha già informato dei suoi diritti.» Quindi, rivolto a Beni. «Intende effettuare qualche dichiarazione? Rispondere alle mie domande, oppure avvalersi della facoltà di...»

«Intendo rispondere», lo interruppe Enrico Beni.

Un carabiniere aveva infilato due fogli con una carta carbone nel mezzo nel rullo di una macchina per scrivere e aveva iniziato a verbalizzare.

«Benissimo, lei si trova in stato d'arresto per porto illegale di armi e munizioni. Può spiegarmi cosa ci faceva qui, armato di pistola?»

«C'ero venuto per ammazzare don Carrino e poi ficcarmi una pallottola in testa.»

«E perché voleva uccidere questo don Carrino?»

«Perché lui ha ucciso la ragazza che dovevo sposare.»

Il maresciallo guardò stupito Garramone. «Poi le spiego meglio», disse l'ispettore.

«Ma a don Carrino ha sparato o no?»

«No, non gli ho sparato. Lo sorvegliavo e quando me lo sono visto passare davanti ho capito che non ce l'avrei mai fatta. Uno non diventa un assassino dall'oggi al domani.»

«Ma qualcuno a don Carrino ha sparato.»

«Si vede che ne aveva un'altra sulla coscienza», rispose Enrico Beni.

«Non mi sembra il caso di fare dello spirito», disse brusco il maresciallo. «Non è, per caso, che lei si sia messo d'accordo col cameriere che sentiremo di qui a un momento?»

«Per carità, quello lasciatelo fuori. Non l'avevo mai visto prima e le uniche parole che ho scambiato con lui sono state per ordinargli un'aranciata. In ogni caso credo che non sia molto difficile capire se una rivoltella ha sparato o no. Guardi, maresciallo, che i telefilm americani li vedo anch'io.»

Garramone sussurrò qualcosa all'orecchio del maresciallo.

«A Idro come c'è arrivato?»

«Con la corriera, stamattina.»

«E si è fermato a Idro? L'ispettore mi diceva che don Carrino stava in Val di Ledro e quindi lei è andato in Val di Ledro, e non poteva sapere che questa sera il prete sarebbe sceso a Idro. Ergo, a Idro c'è venuto con un altro mezzo. Cosa mi dice?»

«Che a questa domanda non intendo rispondere.»

«Ne prendiamo atto. Con la corriera c'è arrivato da solo o con qualcun altro?»

«Da solo. Quando uno va in un posto con l'intenzione di far la pelle a qualcuno, difficile che si faccia accompagnare da un testimonio. O mi sbaglio?»

«No, non credo che si sbagli, ma intanto una cosa l'ha ammessa.»

«Cosa?»

«Che con la corriera è andato in Val di Ledro», disse il maresciallo.

«Questo l'ha detto lei, non io.»

«Guardi che abbiamo verbalizzato tutto.»

«E allora si rilegga il verbale, maresciallo. Comunque non intendo rispondere ad altre domande.» Enrico Beni si alzò e tese i polsi perché gli rimettessero le manette.

«Prima firmi, anzi, rilegga e poi firmi», puntualizzò il maresciallo.

Beni lo fece e «per presa visione» appose la sua firma anche l'avvocatessa, che aveva assistito all'interrogatorio senza dire una parola e senza capirci nulla.

«Adesso sentiamo il cameriere», disse il maresciallo quando furono soli.

«D'accordo», rispose Garramone, pensando che fosse solo una perdita di tempo.

Don Carrino, pochi minuti prima, viste le sue condizioni gravissime, era stato trasportato in elicottero all'ospedale civile di Brescia, dove, senza aver ripreso conoscenza, spirò alle sei e dieci del mattino seguente.

Capitolo 15

Più o meno alla stessa ora gli ispettori Grasso e Tondelli partivano per Asola. Ancora una bella giornata di sole, anche se il velo di foschia che si levava leggero dalla campagna, quasi un respiro del terreno, aveva già un sapore autunnale. I campi si susseguivano ininterrotti, inframmezzati solo da grandi cascine e da filari di pioppi. Dal finestrino abbassato giungeva, di tanto in tanto, il trillo di un'allodola che si librava alta, fino a scomparire nell'azzurro.

Tondelli guidava veloce e attento alla strada. Grasso era pensieroso.

«A che pensi?» gli chiese a un certo punto Tondelli.

Grasso sospirò. «Al fatto che una passeggiata del genere proprio ci voleva.»

«Sono dello stesso parere», confermò Tondelli. «Anche perché forse una giornata fuori città ti farà cambiare umore.»

«Perché, ti sembro di cattivo umore in questo periodo?»

«Non lo so bene neanch'io, ma certo dell'umore solito non lo sei. Ogni tanto mi dai l'impressione di pensare a qualcosa che ti intristisce e sembri sul punto di parlarmene. Poi però non lo fai e torni a richiuderti.»

«Forse è vero», ammise Grasso. «Sono un po' preoccupato e spesso mi trovo a pensare alla Bruni.»

«A Grazia Bruni?» chiese Tondelli stupefatto, girandosi a guardarlo.

«Attento a non distrarti, quasi andavi fuori strada», borbottò Grasso.

«Sì, sì, sto attento, ma sinceramente questa non me la sarei mai immaginata. Va bene che siamo due scapoli, ma ormai...

Guarda che la Bruni non ti fila neppure, anche se devo ammettere che...»

«Ma che cazzo hai capito, coglione che non sei altro? Che mi sono preso una cotta per la Bruni? Alla mia età? Certo che non mi fila neanche. Come minimo dovrei portarmi dietro venti chili di meno.»

«Anche trenta», disse Tondelli.

«Sì, anche trenta. Ma anche in questo caso la Bruni non mi filerebbe e, anche se continua a essere una grandissima figa...»

«Per favore!» lo interruppe Tondelli.

«Per favore cosa?»

«Non usare quel termine quando parli della collega Bruni.»

Grasso arrossì. «Hai ragione, mi è scappata, volevo dire che, anche se continua a essere una bellissima figliola, non ci ho fatto mai neanche un pensiero. Le voglio bene come a una sorella minore. E poi so benissimo quali sono i miei limiti e so anche di non essere un tipo che ci prende con le donne.»

«Scusami, Grasso, già che siamo in argomento... Abbiamo più o meno la stessa età, sulla cinquantina, e a cinquant'anni...»

«Ho già capito dove vuoi arrivare. Certo che le donne continuano a piacermi e quell'affare che abbiamo in mezzo alle gambe non vuole ancora saperne di andare in pensione...»

«E allora?»

«Una ce l'ho. Ci vediamo una volta alla settimana.»

«E non mi dicevi niente... Hai una fidanzata e a me non hai mai detto niente.»

«Ma che fidanzata e fidanzata. È una che fa il mestiere, non proprio la puttana veramente, ma si guadagna la vita dandola via. Ma non al primo che passa, solo a chi piace a lei.»

«E tu le piaci?»

«Credo di sì, comunque le sono simpatico. Io a lei mi ci sono affezionato e una volta alla settimana la vado a trovare. È come se facessi il commesso viaggiatore e tornassi a casa a fine settimana dalla moglie.»

«Però lei si fa pagare», obiettò Tondelli.

«Solo all'inizio. Adesso sono io che ogni tanto le faccio dei regali.»

«Che è più o meno come pagarla.»

«E le mogli non le paghi?» disse Grasso stizzito. «Le paghi tutti i giorni, sia che le scopi, sia che non le scopi. E continui a farlo anche quando sono diventate vecchie e non le scopi più da vent'anni.»

«Anche questo è vero», ammise Tondelli. «Non ci avevo mai pensato, ma è la pura verità. E dove sta questa tua... Come devo chiamarla?»

«Puoi anche chiamarla la mia donna, ormai, ed è una moracciona sulla quarantina con un paio di tette che... Ma è di animo gentile e mi fa star bene, mi consola. Non la cambierei con nessun'altra al mondo. Neanche con la Bruni, parlando in astratto naturalmente.»

«E dove sta?»

«Ha una casa in una traversa di via san Faustino, vicino al Commissariato centro.»

«E non potresti farmela conoscere?» chiese Tondelli. «Io alle donne ormai non ci penso quasi più, ma...»

«Spero che tu stia scherzando.»

«No, sul serio, alle donne io...»

«Dicevo che speravo che tu scherzassi quando mi hai chiesto di fartela conoscere.»

«Ma perché? Siamo o non siamo amici?»

«Certo che lo siamo, ed è proprio per questo.»

«Scusa, Grasso, ma proprio non riesco a capirti. Mi hai appena detto che va anche con altri e, a quanto pare, la cosa non ti fa né caldo né freddo. E allora perché non io, che sono anche un tuo amico?»

«Ma sei davvero duro di comprendonio. È proprio perché sei mio amico e ti conosco da una vita. Gli altri non li conosco. So che ci sono, ma è come se non lo sapessi. O meglio, non ci penso, tanto non li conosco.»

Tondelli restò alcuni minuti in silenzio. «Allora è più o meno come quella del commesso viaggiatore che torna a casa una volta alla settimana, ha una moglie bella e più giovane di lui, e sospetta che qualche volta lo cornifichi, ma preferisce non pensarci, perché in ogni caso non li conosce.»

«Sì, più o meno è proprio così», concluse Grasso, e Tondelli assentì gravemente.

Erano ormai a pochi chilometri da Asola.

«Scusa, Grasso», fece Tondelli.

«Che c'è ancora? Guarda che è inutile insistere, tanto non te la faccio conoscere.»

«Non è questo, ho compreso perfettamente le tue ragioni. Era che ci siamo persi dietro a un altro discorso, perché tu avevi cominciato col dire che il pensiero ogni tanto ti andava a cadere sulla Bruni ed eri un po' preoccupato, ma poi siamo finiti sulla tua moracciona e...»

«Hai ragione. Vuoi sapere perché sono preoccupato? Allora, come ti dicevo prima, la Bruni è sempre una grandissima... una bellissima figliola, ma il tempo passa anche per lei. Qualche piccolissima ruga incomincia ad averla intorno a quei suoi occhi verdi, ed è uno spreco, è un vero spreco, perché corre il rischio di ritrovarsi a essere una donna di mezza età e di restare sola. Perché un altro, sarei pronto a giocarci lo stipendio, non se lo va a cercare. Secondo me continua a pensare a quel cazzone di Maccari che si è fatto trasferire, non so neanche bene perché, e si è lasciato alle spalle la cosa più bella che aveva. E guarda che secondo me continuava a essere innamorato cotto anche lui. Proprio una cosa incomprensibile, una cosa che può succedere solo a due persone con un orgoglio smisurato e che...»

«Credo che tu abbia ragione. Non possiamo assistere a questo disastro senza far niente», disse Tondelli.

«Ed è proprio questo il punto. Che cosa possiamo farci noi?»

«Parlare con lei o telefonare a Maccari.»

«Bella idea!» sbottò Grasso. «Quella ci manda sul fico, e Maccari fa altrettanto.»

«Allora parlarne col commissario Miceli. Lui lo potrebbe fare.»

«E pensi che non l'abbia fatto? Sicuro come l'oro che lo ha fatto. Per lui sono come una figlia e un figlio. L'ha fatto sicuramente e non ci ha cavato niente neanche lui. Sarei pronto a scommetterci un altro stipendio.» Un momento di silenzio e Grasso fece un balzo sul sedile. «Ma lo sai che siamo un bel paio di teste di cazzo? L'uomo che potrebbe far qualcosa c'è, ce lo abbiamo sott'occhio settimana sì e settimana no, e non ci avevamo pensato...»

«Lasciami indovinare», fece Tondelli, «pensi al giudice Petri?»

«Precisamente, penso proprio a Petri.»

«E gli parli tu?»

«Neanche per idea. Non sono così in confidenza.»

«E allora?»

«Ne parlo col commissario e sarà lui a parlarne con Petri.»

«Mi pare la strada giusta», approvò Tondelli.

A cento metri di distanza era apparso il cartello stradale che avvertiva che stavano entrando nel comune di Asola, e che la velocità non poteva superare i cinquanta chilometri orari.

Mezz'ora prima Miceli, che era stato informato da Garramone nei più minuti particolari, aveva telefonato a Martinelli. Ormai si sapeva anche che don Carrino non ce l'aveva fatta.

«Complimenti a tutta la Squadra mobile», aveva fatto Martinelli al telefono, con una punta di sarcasmo. «Alle undici e trenta vi aspetto nel mio ufficio e forse, per quell'ora, sarà già pronto l'ordine di custodia cautelare per il vostro Beni.»

«Per il porto abusivo della pistola?» aveva chiesto Miceli.

«No, per l'omicidio di don Carrino», aveva risposto Martinelli.

«Guardi, Procuratore, che la cosa non è così semplice...»

«Avete tutto il tempo per prepararmi tutte le spiegazioni», aveva concluso Martinelli, interrompendo la comunicazione.

Alla Squadra mobile le tre ore successive videro un'attività frenetica. Ci si misero tutti, Miceli in testa. Alle undici e un quarto erano pronti: il commissario, Grazia Bruni, Garramone e Nicotra. Miceli non aveva voluto sentir ragioni: tutti insieme, per affrontare la prevedibile buriana.

Grasso e Tondelli si avviarono verso il centro. Avevano messo la macchina in un parcheggio coperto e stavano bighellonando alla ricerca di un bar per fare colazione. Tondelli si sarebbe accontentato anche di un caffè, al più accompagnato da un succo di frutta o da una spremuta, ma conosceva abbastanza Grasso per prevedere che per una ventina di minuti si sarebbe ingozzato di croissant, con almeno due cappuccini. Lo lasciò mangiare in pace, prima di affrontare l'argomento.

«Sai che ti dico, Grasso? Che forse l'abbiamo fatta troppo facile. Questo non è un paese in cui un prete conosce a menadito le sue pecorelle. Questa è una cittadina e noi abbiamo solo un nome: Elisabetta, o magari Betta, e non un cognome. Sappiamo solo che dovrebbe trattarsi di una settantenne con una sorella, forse ammalata. Da dove pensi di incominciare? Qui, non voglio essere pessimista, ma corriamo il rischio di far la figura di Totò e Peppino quando arrivano a Milano e si rivolgono a un vigile urbano in piazza del Duomo e... Ti ricordi la scena?»

«E come no? È una delle mie preferite: *Totò, Peppino e la malafemmina*», rispose Grasso. «Ma adesso non rovinarmi la colazione. Ormai stanno aprendo i negozi. Hai visto le macellerie e le salumerie che ci sono? E gli altri negozi di alimentari? E hai sentito la gente parlare? Ma me lo dici tu che cosa aspettiamo a trasferirci?»

«Non ci penso neanche», rispose Tondelli. «Io ho il colesterolo alto e tu...»

«Io sarà almeno un anno che non mi faccio fare le analisi.»

«E così corri il rischio di schiattare senza neanche sapere il perché.»

«Ma schiatterò tranquillo», disse Grasso. «Senza aver passato anni a farmi cattivo sangue.»

«E va bene, come preferisci. Ma intanto non abbiamo fatto un passo avanti per risolvere il nostro problema e non sappiamo da che parte iniziare.»

«Me lo hai già detto. Da un po' di tempo hai il vizio di ripeterti. Un sintomo di vecchiaia. Su con la vita, Tondelli! Adesso scendiamo in pista, basandoci su quello che abbiamo in mano.»

«E sarebbe?»

«Chiese. Se quel don Colombi l'ha raccontata solo un po' giusta, questa Elisabetta dovrebbe essere una che la chiesa la frequenta. Oppure, ospedali. La sorella potrebbe esserci ricoverata, anche se alla sua malattia ci credo poco.»

«L'ospedale lo scarterei subito. Ti immagini andarci e chiedere se per caso hanno lì ricoverata una donna ultrasettantenne che dovrebbe essere sorella di una certa Elisabetta?»

«Questa volta hai ragione. Chiese, e poi vedremo se ci viene qualche altra idea.»

«Allora gambe in spalla», disse Tondelli.

«Con calma, però, con calma, la cosa potrebbe andare per le lunghe.»

Acquistarono da un giornalaio una pianta della cittadina, dove, con una crocetta, erano indicati i luoghi di culto.

Era quasi mezzogiorno, accaldati e coi piedi indolenziti, quando finalmente fecero centro. Avevano visitato invano diverse chiese. Alcune chiuse, altre rette da un parroco che non aveva mai sentito parlare di una tizia che si chiamasse Elisabetta. Qualcuno li aveva considerati con benevolenza, dispiacendosi di non poterli aiutare. I più li avevano guardati come fossero due mentecatti. Ne restava una e vi entrarono incrociando le dita, in preda a uno scoramento che era andato via via aumentando.

«Certo che la conosco», disse un vecchio prete, basso, con una pancetta prominente e due ciuffi di capelli bianchi che gli sparavano fuori sopra le orecchie, dandogli l'aspetto di uno gnomo. «Per lo meno conosco una settantenne che si chiama Elisabetta. Una di qui, che se n'era andata in servizio in qualche posto, lasciando ad Asola una sorella. Non so, però, se si tratti della stessa persona che cercate voi...»

«La sorella è ammalata?» chiese Grasso.

«Neanche per sogno. Per quanto ne so ha quasi ottant'anni, ma è più vispa di voi e di me... di me certamente.»

«E per caso sa dove abita?»

«Questo è più difficile, ma forse lo sa quella tizia anziana che vedete quasi in fondo, inginocchiata alla prima cappella di destra. Qualche volta le ho viste parlare tra loro.» Si allontanò un momento, tornando con una vecchia signora. «Sempre che si tratti della stessa persona, lei sa dove abita. È poco lontano di qui, due strade più in là.»

«Se volete vi accompagno, sono di strada», disse la signora.

La seguirono speranzosi, ringraziandola mentalmente perché non fece alcuna domanda.

«È qui», continuò fermandosi davanti a un edificio di tre piani, giallastro, con i muri in parte scrostati. «Però non so a che piano abiti. I cognomi sono scritti sui campanelli e non dovreste avere nessuna difficoltà.»

Attesero che si allontanasse.

«Il fatto è», disse Tondelli, «che il cognome non lo conosciamo.»

«Poco male, suoniamo un campanello qualsiasi e chiediamo di una certa Elisabetta», rispose Grasso e premette il pulsante di sinistra che stava nel mezzo. «Cerchiamo la signora Elisabetta», disse al citofono.

«Sta al terzo piano, porta di destra», rispose una voce femminile.

«Se fosse così gentile da aprirci la porta...» chiese Tondelli.

«Non apro la porta agli sconosciuti, né ai venditori ambulanti», rispose la voce di prima.

«Ma che cazzo!» fece Grasso. «Questa non deve essere di Asola. Comunque, poco male. Dovrebbe essere il campanello in alto a destra.»

«Chi è?» Un'altra voce femminile.

«Ispettore Grasso e ispettore Tondelli, della Questura di Brescia. Vorremmo parlare con una certa signora Elisabetta.»

«E cosa c'entro io con la Questura di Brescia? Di che cosa volete parlarmi?»

«Se ci fa salire, glielo spieghiamo. Non ci sembra il caso di farlo qui in mezzo alla strada.»

«Va bene, vi apro.»

Tre piani di scale, ovviamente senza ascensore.

«Ci avrei scommesso», disse Grasso, salendo i gradini col fiato che gli si ingrossava, fermandosi qualche secondo a ogni pianerottolo. La scala era in penombra e prendeva luce solo da alcune finestrelle che davano su un cavedio interno.

Una settantenne arzilla, vestita dignitosamente, li aspettava sulla porta di casa. Dietro a lei quella che doveva essere la sorella, un po' più anziana, ma con la stessa aria sveglia. «Io sono Elisabetta, la signorina Elisabetta per la precisione. Adesso mi vorrete spiegare...»

«Dovremmo parlarle a quattr'occhi», disse Grasso. La sorella si ritirò all'interno dell'appartamento, scomparendo in una stanza che si trovava in fondo al corridoio.

«Cosa aspettate a entrare?» chiese Elisabetta, facendoli accomodare in un minuscolo tinello.

«Adesso le spieghiamo tutto», fece Grasso, sedendosi su una sedia, senza esserne stato invitato. Non aveva ancora ripreso fiato. «Inizia tu», disse a Tondelli.

«Allora, signorina, come le abbiamo già detto siamo della Questura di Brescia, della Squadra mobile, ma devo farle una premessa. Lei potrebbe essere la persona che cerchiamo per delle informazioni, ma potrebbe anche non esserlo. Lo chiariamo subito. Le dice qualcosa il nome di don Colombi, di don Pietro Colombi?»

La signorina Elisabetta si portò una mano alla bocca. «Certo che mi dice qualcosa, anche se quel nome avrei preferito dimenticarlo. Ma non sarete per caso venuti ad arrestarmi per quel furtarello? Il prete mi ha denunciata?»

«Non c'è nessuna denuncia nei suoi confronti e non sappiamo niente di quel furtarello, come lo ha chiamato lei», disse Grasso che si era ripreso. «Sappiamo solo, da don Colombi, che lui l'aveva accolta in casa sua per benevolenza, un'opera di carità ci ha detto, offrendole vitto e alloggio in cambio di una rassettata alla casa e un piatto di minestra, quando le girava bene. Questo ci ha detto don Colombi, e ha anche aggiunto che lei lo ha piantato sui due piedi, forse per venire a trovare una sorella ammalata.»

«Ma guarda che faccia di bronzo... Ipocrita, oltre che mascalzone. L'avrei piantato per venire da una sorella ammalata. Ma mia sorella sta benissimo, anche se è vero che l'ho piantato sui due piedi, senza neanche lasciargli un biglietto di spiegazione. E cosa dovevo scrivergli nel biglietto? Che me ne andavo perché avevo scoperto che era un mascalzone? No, me ne sono andata per ragioni completamente diverse da quelle che vi ha detto lui. E ci tengo a dire che io stavo in servizio da un'altra parte, ma si trattava di un servizio a ore e dovevo pagarmi una stanza, e don Colombi mi ha convinta ad andare da lui, a un terzo di stipendio naturalmente, perché mi offriva da dormire, e io ho finito con l'accettare. Ma da lui facevo la domestica: pulizie, lavare, stirare, tutto quello che occorre, insomma, e ho continuato a fare la domestica per arrivare al minimo della pensione, anche se poi ho scoperto che non mi aveva mai pagato i contributi. E non è che gli dessi una rassettata alla casa e gli preparassi un piatto di minestra quando mi girava. Gli tenevo la casa come uno specchio, gli preparavo colazione, pranzo e cena, gli lavavo e gli stiravo tonaca, camicie, pantaloni e biancheria. Gli...»

«Ferma, ferma, signorina Elisabetta, questo ce lo ha già detto. Abbiamo perfettamente capito che don Colombi non ce l'aveva raccontata giusta. Lei ha fatto la sua sparata, e la capisco, ma non ci ha ancora spiegato bene quali sono state le ragioni della sua partenza improvvisa», la interruppe Grasso.

«Perché non ne potevo più di stare nella casa di quello sporcaccione.»

«Vuole dire che si trattava di uno che non badava certo alla pulizia? Effettivamente ho avuto anch'io questa impressione», disse Grasso.

«Della pulizia, anche sua personale, è meglio non parlarne, ma quando ho detto sporcaccione volevo riferirmi a un'altra cosa. Il bravo don Colombi, stimato da tutti, è uno sporcaccione come non immaginavo neanche che ce ne potevano essere. E si occupava dei bambini dell'oratorio... Ho sempre pregato Dio che non gli mettesse le mani addosso. Lo sapete che adesso ci sono anche molti preti che lo fanno? Soprattutto all'estero, l'ho sentito alla televisione, e il Papa, poverino, ha dovuto anche chiedere scusa.»

«Lo sappiamo, purtroppo lo sappiamo», disse Grasso, interrompendola di nuovo. «Quello che vorremmo però sapere è perché lei può dire con sicurezza, e badi bene che noi le crediamo, che questo don Colombi è uno sporcaccione. Non l'avrà per caso molestata?»

«A me? Una vecchia? Erano i bambini che gli piacevano a quello là.»

«Ma lei come fa a dirlo?» insistette Grasso.

«Perché l'ho visto con i miei occhi. E a un certo punto non ne ho potuto più. Vi ho detto o no che lui si occupava dei ragazzi dell'oratorio?»

«Ce lo ha detto, Elisabetta, ce lo ha detto», fece Grasso che cominciava a essere stanco e sentiva un languore allo stomaco.

«Bene. Allora, o facevo scoppiare un putiferio, oppure me ne andavo, cercando di dimenticare quello che avevo visto...»

«Per caso si è portato qualche bambino in casa e...»

«No, assolutamente. Troppo furbo. Se lo faceva, e sono quasi sicura che lo faceva, non lo faceva certo in casa, quando c'ero io.»

«E cosa ha visto, allora?» chiese Tondelli.

«Ve lo dico subito. Lui, la sera, dopo aver mangiato e bevuto, perché beve molto, lo sapete? Anche due o tre bottiglie al giorno e... Cosa stavo dicendo?»

«Che lui, la sera, dopo aver mangiato e bevuto...»

«Ecco, dopo che avevo rigovernato i piatti, diceva che per una vecchia come me era ora di andare a dormire e per me era quasi una benedizione. Ma andare a letto prima delle dieci, specialmente d'estate che c'è ancora quasi chiaro, era un po' presto e qualche volta non riuscivo a prendere sonno, anche perché lo sentivo andare avanti e indietro, come un'anima del purgatorio. Ma la cosa che a un certo punto mi aveva messo in sospetto era che lui a letto non ci andava e appena ero uscita dalla stanza si metteva a guardare la televisione, ma prima chiudeva a chiave la porta del tinello, quello dove c'è la televisione e il divano.»

«E poi?» chiese Grasso.

«Era anche il rumore della televisione che mi teneva sveglia. Ma poi, a un certo punto la televisione la spegneva, ma a letto non ci andava.»

«E come fa a saperlo?»

«Perché avrei dovuto sentire che apriva la porta e poi andava nella sua camera.»

«Va bene, e allora?»

«Allora, una sera mi sono alzata piano e ho visto che c'era ancora il chiarore della televisione, perché la porta è di vetro smerigliato, e non capivo cosa guardava, perché non si sentiva parlare, solo ridere o piangere, ma piano, e anche come dei lamenti e qualche volta delle parole in una lingua che non capivo.»

«Ma lei è poi riuscita a capire cosa guardava?» chiese Tondelli.

«Altro che se l'ho capito e l'ho anche visto, diverse sere, anche se non credevo a quello che vedevo, perché lui metteva delle cassette in un apparecchio che c'è sotto la televisione e si vedevano dei film che...»

«Ma come faceva a vedere, se la porta era di vetro smerigliato?»

«Sopra la porta c'è una specie di finestrella e quella aveva il vetro, ma non smerigliato, e si poteva vedere benissimo. Io salivo in piedi su una sedia e riuscivo a vedere tutto.»

«E com'erano questi film?» chiese Grasso.

«Ho vergogna a dirlo.»

«Guardi che noi siamo due poliziotti e ai poliziotti si può dire tutto, come ai preti. E poi lei non è più una bambina e...»

«Ecco. Erano proprio dei film coi bambini, ma non come i nostri. Sembravano bambini cinesi o giapponesi e anche gli uomini sembravano cinesi o giapponesi, anche se qualche volta c'era qualche uomo come i nostri.»

«E che cosa facevano?» incalzò Grasso.

«*Tute le più brute robe del mond*», mormorò Elisabetta. «Robe che non sapevo neanche che si potevano fare, specialmente coi bambini. Non fatemele dire, voi che siete della Polizia lo sapete di sicuro.»

«Possiamo immaginarcelo», rispose Grasso.

«*Ma l'è miga finida*», sospirò la vecchia.

«Perché, cosa faceva ancora?» chiese Tondelli.

«Questo ci ho messo un po' a capirlo, ma poi l'ho capito. Lui restava sul divano e cominciava a fare i versi anche lui e si muoveva, e come *se 'l se moveva*! Ho capito tutto quando ho trovato quelle macchie gialle sul divano e anche sulle mutande e sulla camicia, quello sporcaccione di uno sporcaccione.»

«Per essere una signorina, mi sembra abbastanza sveglia, Elisabetta», osservò Grasso.

«Il fatto è che, quando ero giovane, c'avevo due fratelli maschi, che sono morti tutti e due, poveri, e di mutande con quelle macchie lì ne ho dovute lavare per così. Ma la mia mamma diceva che i ragazzi hanno bisogno di sfogarsi. Ma quelli erano ragazzi. Non c'avevano mica cinquant'anni e non facevano il prete. Contenti adesso?»

Grasso e Tondelli si scambiarono un'occhiata. «Sì, lei ci è stata abbastanza utile, Elisabetta», disse Grasso, «e non possiamo che ringraziarla.»

«Ma, a proposito», fece Tondelli, «perché pensava che don Colombi avesse potuto denunciarla? E che cos'è quella storia del furtarello di cui ci aveva parlato all'inizio, subito dopo che eravamo entrati?»

Elisabetta arrossì, mettendosi a giocherellare con le falde di uno scialletto di cotone che portava sulle spalle.

«Guardi che può dircelo tranquillamente, tanto noi ce lo dimentichiamo subito, le diamo la nostra parola», continuò Grasso.

«È che quando ho deciso di fare la valigia e di venire via, tornandomene da mia sorella ad Asola, prima ho cominciato a cercare nella credenza e nell'armadio per vedere se trovavo...»

«Quelle cassette?» chiese Tondelli.

«Sì, proprio quelle cassette, non volevo lasciargliele lì. Ma nel tinello non ho trovato niente...»

«Ha cercato solo nel tinello?»

Elisabetta restò un momento in silenzio. «No, dopo ho guardato anche nella sua camera. Nel cassetto del comodino c'era un quaderno dove lui scriveva le sue cose.»

«Lo ha letto?»

«Sì, ho cominciato a sfogliarlo, non era proprio un quaderno, c'erano le date dei giorni.»

«Un'agenda.»

«Una roba così. L'ho letto, ma c'erano solo dei nomi, nomi di ragazzi che non conoscevo, e sotto dei segni che non si capiva cosa volessero dire. Io almeno non l'ho capito. Ma c'erano scritte anche altre cose, come ricordarsi di comprare un libro o dei giornaletti e poi ancora i nomi di quei ragazzi.»

«Sicura che fossero dei ragazzi?» chiese Grasso.

Elisabetta lo guardò con aria sorpresa. «C'ha ragione. Ho detto ragazzi perché avevo in testa la storia dei ragazzi e dei bambini, erano dei nomi da uomo come Mario o Giuseppe...»

«Ricorda i nomi di Mario e di Giuseppe?» chiese Tondelli.

«No, l'ho detto così per dire. Di nomi non ne ricordo neanche uno, ma ero agitata perché sapevo che stavo facendo una cosa che non dovevo fare.»

«E le cassette?» domandò Grasso.

Elisabetta arrossì di nuovo. «Le ho trovate, ma questa volta l'ho fatta grossa.»

«E cioè?»

«L'anta di sotto del comodino era chiusa a chiave e la chiave non c'era, e tutti i cassetti dell'armadio e del comò erano invece aperti. E allora ho pensato che le cassette dovevano essere lì.»

«E cos'ha fatto?»

«Ho preso un cacciavite con la punta piatta e sono riuscita ad aprire l'anta, e le cassette erano impilate proprio lì.»

«Furto con scasso», mormorò Tondelli.

Elisabetta sbiancò in volto e Grasso diede una gomitata al collega. «E che cosa ne ha fatto del quaderno e delle cassette?» le chiese.

«Me le sono portate via e ho buttato tutto fuori dal paese, dove portano lo sporco a bruciare. Lo so che non dovevo farlo, ma non volevo lasciargliele a quello lì. Pensate che mi denuncerà?»

«Penso proprio di no, Elisabetta», disse Grasso. «Secondo me può stare tranquilla. Adesso andiamo via, ma prima voglio domandarle ancora una cosa e lei mi deve rispondere con sincerità, anche perché se lo ha fatto non le succederà assolutamente niente. Glielo assicuro», disse Grasso.

«Cosa volete sapere?»

«Non è che per caso, per fargli prendere un po' di paura, lei magari gli ha scritto un paio di biglietti anonimi, senza firmare voglio dire, in cui gli diceva che era uno sporcaccione?»

«No, questo non l'ho fatto. Ve lo posso giurare sulla memoria dei miei poveri fratelli.»

«Grazie, Elisabetta, e adesso se ne stia qui tranquilla ad Asola, che fra l'altro è un bel paese.»

La donna fece un sorriso e li riaccompagnò alla porta. Poi si fermò. «Una cassetta, però, non l'ho bruciata. Ce l'ho ancora e ve la vado a prendere.»

Quando scesero le scale erano le due del pomeriggio e il sole picchiava in testa. Grasso stava per avere una crisi ipoglicemica. «Adesso», disse a Tondelli, «ci troviamo una buona trattoria e mettiamo la gambe sotto il tavolo. Se non metto subito qualcosa nello stomaco, potrei anche avere un collasso.» Tondelli fu d'accordo.

Capitolo 16

Il commissario Miceli, con i suoi colleghi al seguito, stava tornando in Questura.

Martinelli li aveva fatti aspettare e, quando aveva visto entrare il commissario con Grazia Bruni e con quegli altri due tizi che non aveva mai visto, si era agitato sulla poltrona. «Cos'è questa storia, commissario? L'ispettrice Bruni me l'aspettavo, è il suo alter ego e ormai ci sono abituato, ma questi altri signori?»

«L'ispettore Garramone e l'agente Nicotra, entrambi della Squadra mobile. Sono loro che si erano recati in Val di Ledro sulle tracce di don Carrino. Sia per proteggerlo, sia per mettere le mani sul Beni nel caso si fosse fatto vivo.»

«I miei complimenti glieli ho già fatti, ma in fondo chi opera sul campo può anche sbagliare qualche mossa», disse Martinelli. Garramone e Nicotra lo guardarono con gratitudine. «Ma alcune cose», proseguì, «me le deve spiegare. Tutto quello che so è che don Carrino è spirato stamattina all'ospedale civile di Brescia. Cosa c'entra la Val di Ledro?»

«Don Carrino, per la sua sicurezza, era stato dirottato in Val di Ledro, a Tiarno di Sotto, dove ci abita una sorella e...»

«E voi come lo sapevate?»

«Abbia pazienza, Procuratore, ma facciamo i poliziotti.»

«E quindi non devo entrare nelle vostre faccende e nel modo in cui le conducete. È questo che vuol dire?»

«Più o meno», rispose Miceli.

«Ma il Beni, quello di Tavernole, come aveva fatto a sapere che don Carrino si era rifugiato in Val di Ledro?»

«Questo si dovrebbe chiederlo a lui. In ogni caso, per

quanto ne so, di tutto si è occupato il Vescovado, che, evidentemente, non è a tenuta stagna.»

«E va bene», fece Martinelli. «Ma quando per telefono le ho detto che avrei richiesto un ordine di custodia cautelare per omicidio contro il Beni, lei mi ha risposto che la cosa non era così semplice. Me ne vuole spiegare le ragioni? Perché il Beni, armato di tutto punto, si mette a cercare don Carrino, con l'intenzione dichiarata di fargli la pelle, e il sacerdote la pelle ce la lascia, guarda caso dopo essere stato rintracciato dal Beni. Ora, io non sarò un poliziotto, ma due più due sono in grado di farlo anch'io.»

«Il fatto è, Procuratore, che due più due dovrebbero far quattro, ma in alcuni casi...»

«Cosa potrebbero fare? Tre o cinque?» chiese Martinelli con fare incredulo.

«Potrebbe pure essere, anche se l'aritmetica non è mai stata il mio forte», rispose Miceli.

«Senta, commissario, se la vuol piantare di parlare per enigmi e...»

«Ci arrivo subito, ha perfettamente ragione. Ma quello che è accaduto in Val di Ledro e poi a Idro preferirei che glielo spiegasse direttamente l'ispettore Garramone. È questa la ragione per cui ho voluto che venisse con me.»

Garramone fece un resoconto preciso dell'accaduto, inframmezzato solo da qualche colpo di tosse, ma non omettendo alcun particolare. Martinelli lo stette a sentire senza interromperlo, alzando un sopracciglio solo un paio di volte e annotandosi qualcosa sul blocco di carta che aveva sulla scrivania.

«A parte il fatto che io forse avrei condotto le cose in altro modo, ma forse sto dicendo una sciocchezza...» disse alla fine Martinelli.

«Ma a parte il fatto che lei, come ha detto un momento fa, non è un poliziotto, anche se i poliziotti spesso possono sbagliare qualche mossa...» intervenne Grazia Bruni.

«D'accordo, d'accordo, praticamente l'ho già ammesso e non c'è bisogno che adesso ci si metta anche lei», l'interruppe Martinelli. «Vediamo però di riepilogare. Tutti i vostri dubbi si basano su alcune circostanze e, se mi sbaglio, potrete sempre correggermi. Anzitutto il fatto che il Beni, nel momento in cui spararono a don Carrino, si trovava in un bar dall'altra parte del paese. Ma abbiamo solo la sua parola...»

«Confortata dalle dichiarazioni del cameriere del bar in cui il Beni stava seduto da una ventina di minuti», disse Miceli.

«Cameriere che potrebbe essere in combutta col Beni», obiettò Martinelli.

«Sarei portato a escluderlo», disse Garramone. «Quel cameriere è uno di Idro, un ragazzo serio, che nell'ultimo mese ha prestato servizio tutti i giorni, mattina e sera, a quel bar perché sono a corto di personale. Lo ha accertato il maresciallo di Idro, e il Beni, per quanto ne sappiamo, da quelle parti non c'era mai neppure stato e non aveva neppure alcuna ragione per andarci.»

«Parole, e sulle parole si possono costruire tante cose, anche un castello di bugie e, nel nostro caso, un falso alibi. Il secondo elemento a favore di questo Beni sarebbe che aveva con sé una 45 e solo tre proiettili: due per don Carrino e uno per lui. Ma questo lo dice il Beni.»

«Non solo il Beni. Lo dice anche il brigadiere di Tavernole che ha subito raccolto le dichiarazioni del padre del Beni. La 45 è del padre e il ragazzo se l'era portata dietro a sua insaputa, appunto con tre proiettili, lasciando gli altri nel cassetto dove l'arma era custodita. Il brigadiere l'ha accertato, e questo mi sembra un fatto», disse Miceli.

«E un padre che mette le mani avanti in favore del figlio?» chiese Martinelli. «Le sembra una cosa così strana?»

«No, affatto. Ma si dà il caso che dei tre proiettili il giovane Beni parlò col brigadiere prima ancora che il padre si fosse accorto della scomparsa della pistola, e il brigadiere non parlò al vecchio dell'incontro col figlio, ma gli disse semplicemente che voleva controllare il numero di matricola dell'arma. E fu a questo punto che il vecchio Beni, andando a cercare la pistola, si accorse che era sparita insieme a tre proiettili. E badi bene che pistola e numero dei proiettili erano stati regolarmente denunciati in caserma, molto prima, in epoca non sospetta.»

Martinelli iniziò a tamburellare sul piano della scrivania, come era solito fare quando voleva prender tempo. «Sarà, ma io non ne sono convinto. La coincidenza sarebbe troppo grossa e qui c'è qualcosa che mi sfugge... Ecco, ci sono arrivato: se don Carrino si era rifugiato in Val di Ledro e il Beni è riuscito a scoprirlo, mi sembra chiaro che lo ha seguito in Val di Ledro. Mentre poi ce lo ritroviamo a Idro, dove afferma di essere arrivato da solo in corriera. Ma se voleva ammazzare don Carrino, e per il momento lasciamo perdere che lo abbia fatto o no, com'è che stava a Idro? Non poteva certo sapere che il prete, dalla Val di Ledro, proprio quella sera, aveva deciso di farsi una serata a Idro, che, a quanto ne so, non è proprio a due passi. Quindi il Beni mente: lo ha seguito anche lui fino a Idro, sotto gli occhi, si fa per dire, dei suoi due uomini. Per cui delle due l'una: o qualcuno ce l'ha portato, e quindi aveva un complice, oppure a Idro dovrebbe esserci ancora la sua macchina. E ancora. Ho ascoltato attentamente il racconto dell'ispettore, annotandomi tutti i particolari che potevano destare qualche perplessità. Mi pare che una delle prime cose che il Beni ha detto al maresciallo e ai suoi agenti sia stata quella di chiedere al cameriere da quanto tempo se ne stava lì al bar...»

«Ma sul cameriere...» si intromise Miceli.

«Lasciamo perdere anche il cameriere. Su questo aspetto mi avete convinto. La cosa che voglio dire è un'altra e cioè che il Beni ha commesso un grave lapsus. Perché ancora non gli era stato contestato nulla se non il porto illegale della pistola e, se tutto si fosse ridotto a quello, se per il resto fosse stato pulito voglio dire, che importanza aveva che ci fosse stato da un'ora o da trenta secondi? Non avrebbe potuto sapere che qualche minuto prima era accaduta una cosa grave. In particolare che avevano sparato a don Carrino.»

«Ha ragione», non riuscì a trattenersi Nicotra. «È stata la prima cosa che ho pensato anch'io.»

Martinelli lo guardò con interesse. Miceli lo avrebbe fulminato. Ma quell'accidente di Nicotra non avrebbe potuto farglielo notare subito, senza aspettare di trovarsi di fronte al Procuratore?

«Vede, Miceli, che anche il suo agente è d'accordo con me?»

«L'agente Nicotra è un ragazzo sveglio. Per questo l'avevo mandato in missione in Val di Ledro e per questo adesso è qui con me», riuscì a rispondere il commissario. «Comunque, sono d'accordo anch'io, Procuratore, anche se c'è ancora una circostanza, anzi due circostanze, che ancora non le ho detto.»

«E cosa aspetta a dirmele? Lo so che lei è quello del botto finale, ma io non posso stare qui tutta la mattina ad aspettare che...»

«E ancora una volta devo darle ragione, e le chiedo scusa, anche se, a questo punto, nessun botto. E allora, e concludo: prima circostanza, e qui, badi bene, parliamo di fatti e non di parole, la 45 del Beni non ha sparato. Lo ha già accertato la Scientifica. Seconda circostanza: don Carrino non è stato ucciso con una 45, ma con una 6,35. Un solo colpo, alla nuca, sparato frettolosamente, tanto è vero che è morto solo alcune ore dopo.»

Un momento di silenzio, prima che Martinelli si illuminasse in un sorriso. «E allora, siccome io alle coincidenze ci credo poco, come lei del resto, e anche tenendo conto delle osservazioni fatte prima, da me, ma anche dal suo agente, mi sembra la prova, una prova logica per carità, non voglio essere così drastico, che il Beni avesse un complice.»

«Mi pare una conclusione del tutto sensata», convenne Grazia Bruni, che fino a quel momento era rimasta silenziosa. «E proprio in questa direzione ci apprestiamo a lavorare. Certo, però, che a mio avviso, anche se sono un poliziotto e non un magistrato, un ordine di custodia cautelare per omicidio, o anche per concorso in omicidio, mi sembrerebbe prematuro. Non credo lo si possa motivare sulla base di un'ipotesi di lavoro, per quanto possa essere fondata...»

«E allora lavorateci, perdinci!» esclamò Martinelli. «Tanto più che, per una volta tanto, sembriamo essere tutti d'accordo, e la cosa non può che farmi piacere. Lavorateci e tenetemi informato. Intanto il Beni lo sbatto subito a giudizio per detenzione illegale di arma e munizioni. Ma, a proposito, e già che stiamo parlando di sacerdoti, sul fronte degli anonimi ricevuti da don Colombi?»

«Stiamo lavorando anche su quel versante», rispose Miceli.

«Qualche anticipazione?»

«Troppo presto, signor Procuratore. Ma stia tranquillo. Sappiamo che a don Colombi ci tiene.»

«Ci tengo... Ci tengo... Adesso vediamo di non esagerare.»

«Ma non era stato lei a mandarcelo, dicendoci di fare tutto il possibile?»

«Sì, certo, lo conosco da anni. Era molto turbato, e mica potevo essere io a correre dietro al mascalzone che gli aveva inviato i biglietti di minaccia.»

«Vero anche questo», concluse Miceli.

A piedi erano arrivati e a piedi tornarono. Miceli in testa, silenzioso e scuro in volto.

In Questura un appunto sulla scrivania: la macchina di Ernesto Beni era stata ritrovata, chiusa, in una traversa di via Oberdan, a Brescia. E anche a Idro era stata trovata una macchina abbandonata lungo la strada. Si trattava di una Hyundai di piccola cilindrata, rubata alcuni giorni prima, sempre a Brescia, a Sant'Eufemia.

Ormai era passata l'ora di pranzo e Miceli si sedette un momento nel suo ufficio per riordinare le idee. Bussò un agente con un foglietto in mano. Aveva telefonato Grasso da Asola: rintracciata la perpetua di don Colombi e accertate alcune interessanti novità. Sarebbero stati di ritorno nel tardo pomeriggio. Ma se avevano già fatto tutto, cosa ci facevano ancora ad Asola, si chiese il commissario. Poi lo capì e si mise il cuore in pace, apprestandosi a fare una scappata a casa. Lucia lo stava sicuramente aspettando e anche lui nello stomaco doveva pur mettere qualcosa.

Stava per andarsene, quando ricordò che Petri della storia della Val di Ledro, o meglio, di Idro, non sapeva ancora nulla. Forse neppure della morte di don Carrino, visto che i quotidiani locali li leggeva solo saltuariamente. Ma anche se li avesse letti, si disse subito dopo, sarebbe stato inutile, perché i giornali non potevano certo ancora riportare la notizia. Perdo i colpi, eccome se li perdo, pensò. Gli accadeva sempre più spesso. Era stanco, stanco e malcontento. Si era aspettato uno scontro con Martinelli, e invece niente. Gli aveva dovuto dar ragione almeno un paio di volte e aveva l'impressione di aver fatto la figura del fesso.

Fece il numero di telefono e gli rispose Anna. «Signora Petri, buongiorno, sono Miceli. Suo marito, per caso...»

«Lo chiamo subito, commissario. Si è appena avviato in camera per il suo pisolino pomeridiano.»

«Aspetti, aspetti, magari si è già addormentato e...»

«No, ne sono certa, di solito prima di avere il suo mancamento quotidiano legge per una ventina di minuti. Ma se per caso si fosse già addormentato, sarà un piacere svegliarlo.»

«Ma cosa sta dicendo? Signora Petri, gli dica solo di chiamarmi più tardi in ufficio. Non è niente di urgente e... Signora Petri, è ancora lì?» Stava parlando a vuoto.

«Pronto, Miceli, sono Petri.»

«Mi auguro di non averla svegliata, perché...»

«Sì, mi ha svegliato, ma non importa. È successo qualcosa di nuovo?»

«Mi dispiace. Volevo solo aggiornarla sugli ultimi avvenimenti. Forse saprà già che hanno ammazzato don Carrino.»

«Accidenti a lui! No che non lo sapevo. E com'è successo? Non aveva mandato in Val di Ledro...»

«Certo. L'ispettore Garramone e Nicotra. Ma gliel'hanno fatta sotto il naso. L'hanno ucciso a Idro.»

«Beni?»

«Non credo che si tratti di lui, anzi, ne sono sicuro. Ma è una storia complicata, potrebbe avere avuto dei complici e vorrei sentire il suo parere. Comunque, questa è l'opinione di Martinelli che ho visto stamattina e penso che questa volta abbia proprio ragione. E poi dovrebbero esserci delle notizie interessanti anche su don Colombi.»

«Mi dica tutto.»

«Troppo lunga per telefono. E per quanto riguarda don Colombi, Grasso e Tondelli che avevo mandato ad Asola per rintracciare la perpetua...»

«Di don Carrino?»

«No, cosa c'entra don Carrino? Stiamo parlando di don Colombi. Grasso e Tondelli dovrebbero tornare tra qualche ora. Possiamo vederci nel tardo pomeriggio?»

«Sicuramente. Ma adesso lei cosa fa?»

«Sono appena ritornato dalla Procura e me ne vado a casa. Mangio qualcosa e mi stendo un momento. Poi ritorno in ufficio. Mi scuso ancora e le lascio continuare la sua pennichella.»

«Al diavolo la pennichella, come la chiamate voi. Prima mi sveglia e poi se ne va a dormire. Ormai mi ha rovinato il pomeriggio.»

«Mi scuso ancora, dottor Petri, ma avevo detto a sua moglie di non chiamarla.»

«Non faccio fatica a crederlo, e sarebbe qualcun altro a doversi scusare, ma quella se ne guarda bene», brontolò Petri. «Comunque d'accordo. Ci vediamo più tardi.»

Capitolo 17

Grasso e Tondelli tornarono da Asola poco dopo le diciassette. Stavano salendo lo scalone della Questura quando vennero raggiunti da Petri.

«Buon pomeriggio a voi. Il commissario mi ha telefonato qualche ora fa per dirmi che ad Asola non ci siete andati inutilmente e che ci sono novità sul versante di don Colombi.»

«Parlare di novità è forse eccessivo, ma certo adesso abbiamo le idee più chiare», disse l'ispettore Grasso, facendo una sosta.

«Nel senso che ci potrebbe essere qualche idea su chi possa avergli spedito le lettere anonime?»

«No», rispose Tondelli. «Nel senso che adesso dovrebbe essere abbastanza chiara la ragione per cui gli sono state inviate.»

«Non ditemi altro. Non voglio certo precedere il commissario.»

Arrivarono al corridoio che portava al suo ufficio. La porta era aperta e Miceli stava discutendo con Grazia Bruni e Garramone. «Ben arrivati, ben arrivati a tutti. Accomodatevi e, se il dottor Petri lo permette, darei subito la precedenza ai nostri ispettori reduci da quel di Asola.»

Petri accese una sigaretta e, senza complimenti, si sprofondò in quella che era ormai diventata la sua poltrona.

Grasso si accomodò a sua volta e iniziò il suo resoconto, con l'aiuto di Tondelli che faceva, all'occorrenza, qualche precisazione.

«Hai capito il nostro don Colombi?» disse alla fine Grazia

Bruni che li aveva seguiti senza perdere una sillaba. «Immagino che questa Elisabetta Bontempi l'avrete presa a verbale.»

I due ispettori si guardarono con aria smarrita.

«Per la verità no. Non ci abbiamo pensato», rispose Tondelli.

«Ma beata vergine!» esclamò Grazia Bruni. «Abbiamo avuto la fortuna di mettere le mani su un figuro che... Adesso non lo so bene, ma deve esserci un reato specifico e...»

«Certo che c'è», disse Petri. «E mi pare che sia prevista anche una pena abbastanza pesante.»

«Dottor Petri», fece Miceli, «non vorrà forse dire che sta alludendo a una denuncia di don Colombi per...»

«È quello che sto dicendo. E che credo stia pensando anche l'ispettrice Bruni.»

«E ve l'immaginate la faccia di Martinelli quando si vede arrivare sul tavolo una cosa del genere?»

«Certo che me l'immagino, e mi dispiace per lui. Ma non penserete che a un soggetto del genere la si possa far passare liscia. Non dimentichiamoci di cosa si occupa. Quello è uno che tutti i giorni sta a contatto con dei ragazzini.»

«Maledizione!» disse Miceli. «Non posso darle torto. Tu, Bruni, cosa ne pensi?»

«Sono pienamente d'accordo con Petri. E ritengo che Grasso e Tondelli debbano tornare ad Asola, magari domani stesso, prima che questa Elisabetta ci ripensi.»

«Ad Asola ci torno volentieri, anche se abbiamo la cassetta che questa Elisabetta ci ha consegnato», disse Grasso.

«E nel verbale», aggiunse il commissario, «darete atto anche della consegna della cassetta, magari sorvolando sulle modalità con cui ne è venuta in possesso. Ma a proposito di questa famosa cassetta, non che dubiti delle parole della donna, ma non si potrebbe...»

«Alla Scientifica hanno tutto l'occorrente per prenderne visione», suggerì Grazia Bruni.

«Allora vediamo se c'è Giusti e ci andiamo tutti insieme.»

Giusti c'era. Prima delle nove di sera non se ne andava mai. Misero la cassetta nel registratore e si sedettero a guardarla, in silenzio, fino in fondo. Con l'eccezione di Grazia

Bruni, che a metà chiese scusa e se ne tornò in ufficio. Nella sua carriera ne aveva viste di ogni colore, ma quella visione proprio non la reggeva. Le dava il voltastomaco.

Tornarono nell'ufficio di Miceli. «Dottor Petri», disse il commissario, passandosi il fazzoletto sulla fronte, «se avevo qualche dubbio è superato. Lei ha perfettamente ragione. Non possiamo lasciargliela passare. Peccato che quella Elisabetta abbia distrutto il diario. Lei non ci aveva capito nulla, ma a noi avrebbe potuto essere utile. Comunque», proseguì rivolto a Grasso, «vi ha dato solo questa cassetta. E in quel sacchetto che tieni in mano, e non hai mollato neppure per un momento, cos'hai?»

«Un piccolo prosciutto», rispose Grasso.

«Va bene, in fondo te lo sei meritato. E adesso, tu e Tondelli ve ne potete anche tornare a casa. Penso che abbiate avuto una giornata pesante e se domani dovete tornare ad Asola...»

«Grazie, commissario. Più tardi, però, posso farle un colpo di telefono?»

«Certamente. Ma non puoi dirmi subito cosa vuoi?»

«È una faccenda personale», rispose Grasso e si alzò, con Tondelli che assentiva in silenzio.

Se ne andò anche Grazia Bruni, che aveva bisogno di riprendersi del tutto.

«E su don Colombi, per adesso, ci mettiamo un punto. Poi, eventualmente, ne riparliamo. Adesso, dottor Petri, la aggiorno sui fatti della Val di Ledro.

Petri lo ascoltò senza interromperlo, limitandosi a fare qualche annotazione sul suo taccuino.

«Cosa ne pensa dottor Petri?» chiese Miceli, dal momento che lui se ne stava in silenzio senza fare alcun commento.

«Penso che sarebbe una coincidenza di quelle che accadono una volta su un milione, se Enrico Beni non c'entrasse per nulla. E, sinceramente, mi dispiace. Nonostante tutto devo riconoscere che avevo sbagliato nel valutare il ragazzo. Un tipo che, secondo me, avrebbe anche potuto agire d'impulso, sull'onda di una forte emozione. Invece, a quanto pare, qui si è comportato con una freddezza invidiabile.»

«Nel senso che aveva un complice che ha agito al posto suo, o che invece è stato proprio Enrico Beni, che magari era in combutta col cameriere, e invece della 45 ha usato una 6,35?»

«Andiamo con ordine, partendo dalla sua seconda ipotesi. Alla possibilità che potesse essere in combutta col cameriere ci credo poco, anzi, è un'ipotesi che scarterei subito e lo farei per due ragioni. Anzitutto per gli accertamenti fatti dal maresciallo di Idro, che dobbiamo dare per buoni, altrimenti ci incartiamo subito e non sappiamo più dove andremo a finire. In secondo luogo, perché la dinamica del fatto diventerebbe troppo macchinosa e di difficilissima realizzazione, perché il Beni, compiuto il misfatto, avrebbe dovuto tornarsene indietro come una lepre, a rischio di essere notato, per riguadagnare il bar dove prima si era accordato col cameriere. No, non ci sta proprio. Troppo pericoloso, e questo il Beni non poteva permetterselo. Più facile mischiarsi tra la gente per passare inosservato. Ho detto che ha agito con molta freddezza? E allora l'esperienza insegna che chi agisce freddamente, e non d'impulso, è in grado di valutare anche i pericoli che potrebbero esserci in una condotta non avveduta. Vediamo, piuttosto, dove la versione del Beni fa acqua. Per dirla papale papale, dove il Beni ha platealmente mentito. E qui i punti me li sono annotati durante il suo resoconto. Primo: ha mentito quando ha sostenuto di essere andato da solo a Idro, non rendendosi conto che avrebbe dovuto parlare di quell'accidente di valle che sta più avanti...»

«La Val di Ledro, dove si era rifugiato don Carrino.»

«Giusto. La Val di Ledro. Perché è solo lì che lui può essere andato per scovare don Carrino, anche sulla base delle notizie carpite in Vescovado, dove ovviamente non possono avergli parlato di Idro, dove il prete si è recato, prendendo alla sprovvista, a quanto ho capito, anche i suoi uomini. E qui una parentesi è d'obbligo. Davvero un bell'arnese quel don Carrino, che se ne va a Idro per incontrare una ragazza, la biondina di cui si sono perse le tracce, ma che sicuramente era una sua vecchia tresca che desiderava rinverdire. E tutto questo dopo la bella impresa di Tavernole. Tutto sommato ha fatto la fine che meritava e, se credessi in Dio, sarei quasi tentato di dire che il Beni ha agito da sua longa manus. Ma di sicuro sto dicendo una sciocchezza, perché Dio, anche se c'è, è sempre molto distratto...»

«Sa che la pensiamo un po' diversamente, ma in questo caso non posso che convenire con lei», disse Miceli. «Mi sembra, però, che ci fosse anche dell'altro.»

Petri diede un'occhiata al suo taccuino. «Certo, il secondo punto, in cui il ragazzo non dico che abbia mentito, ma sicuramente si è dato la zappa sui piedi, e questa volta è anche comprensibile, perché sapendo quello che sapeva lui era di certo agitato, nel momento in cui si è visto attorniato da un nugolo di uomini in divisa e in borghese...»

«Mi permetta di interromperla... Non vorrà per caso dire che ha subito chiesto di controllare col cameriere da quanto tempo stava lì seduto al bar?»

«Bravo, commissario, volevo proprio dire questo.»

«Bravo un accidenti! Bravo è stato Martinelli, quando stamattina, direi con le stesse parole, ha fatto le stesse osservazioni che ha fatto lei. Non solo, ma la stessa impressione l'aveva avuta anche Nicotra, solo che invece di dirlo a me, è venuto fuori davanti a Martinelli.»

«Ho sempre saputo che Nicotra è un ragazzo sveglio. Ricorda come si è comportato quando seguiva quel Camillino che doveva incontrarsi col killer all'interno del bar della Nottola?»

«Certo che me lo ricordo, e mi ricordo anche che all'inizio gli avevo fatto un mezzo cazziatone. Quindi, sveglio Nicotra e sveglio anche Martinelli. Quello che a volte si addormenta in piedi sono io.»

«La pianti, Miceli. Sono cose che capitano. Spesso è accaduto che sia stato lei a far fare la figura del ritardato a me, e non parliamo poi di Martinelli... Si vede che questa mattina aveva i neuroni riposati e in grado di funzionare, cosa che non gli capita sempre. Ma torniamo alle cose serie. L'ipotesi più verosimile è che qualcuno abbia agito al posto di Beni, ovviamente d'accordo con lui, anche se mi riesce abbastanza difficile immaginarmi un complice. Ma non c'è scampo: è l'unica ipotesi ragionevole.»

«Lo penso anch'io. Tanto più che questa volta lei è completamente d'accordo con Martinelli.»

«A volte può anche accadere», disse Petri. «Potremmo anche dire che è l'eccezione che conferma la regola, giusto per usare questa locuzione che veniva sempre contestata da un mio compagno di liceo.»

«Che sosteneva invece?»

«Che era un modo di dire che ci tiriamo dietro acriticamente, perché l'eccezione non dovrebbe affatto confermare la regola. E forse non aveva tutti i torti.»

«Già», fece il commissario. «Comunque adesso siamo in alto mare. Perché una cosa era il Beni, che conoscevamo e aveva, quantomeno dal suo punto di vista, le proprie ragioni. Tutt'altro paio di maniche è un complice di cui ignoriamo tutto e al quale sarà difficilissimo arrivare, a meno che il Beni non voglia darci una mano.»

«Temo anch'io che non sarà facile arrivarci, anche perché sarei pronto a giocarmi un mese di pensione che l'ultima cosa che il Beni farà sarà quella di tradirlo.»

La conversazione era giunta a un punto morto, quando squillò il telefono. «Pronto, Miceli. Ah, sei tu Grasso. Cosa volevi? Sto finendo di chiacchierare col giudice Petri... Sì, sì, sono da solo con lui. Va bene, ti ascolto.» Un cenno di scusa a Petri e restò attaccato al telefono per cinque minuti. Quando riagganciò, il suo vecchio viso era spianato in un sorriso, che lo faceva sembrare più giovane. «Dottor Petri, la sfido a indovinare cosa voleva dirmi in gran segreto Grasso.»

«Non è poi questo gran segreto, se le ha parlato per cinque minuti sapendo che io ero presente.»

«Ma è proprio questo il punto. Quando ha saputo che lei era qui con me, da solo, ha colto la palla al balzo. Ecco, ha detto, è l'occasione giusta, perché, se il giudice Petri è lì da lei, da solo, posso prendere due piccioni con una rapa.»

«Ha detto proprio così?» chiese Petri.

«Testuali parole.»

«Con una rapa?»

«Cosa c'entrano le rape?»
«Due piccioni con una rapa?»
«Sì, perché?»
«Perché due piccioni si prendono con una fava, non con una rapa. Mi pare di averglielo già detto più di una volta, Miceli, ma lei ha la testa dura, e adesso anche i suoi ispettori sono convinti che con una rapa... Forse è questa la ragione per cui qualche volta toppano.»
«Cosa vuol dire?»
«Che ci mettete una rapa invece di una fava, e i piccioni delle rape non sanno che farsene. Le fave... Vogliono le fave.»
Miceli corrugò la fronte. «Forse Grasso ha detto con una fava e io... Ma lei mi sta prendendo in giro o mi sbaglio?»
«Non si sbaglia», rispose Petri, scoppiando in una delle sue poche risate. «Ma a parte le rape e le fave, cosa le ha detto Grasso?»
«Una cosa che mi ha quasi commosso. Non si dà pace per la rottura avvenuta tra la Bruni e Maccari ed è convinto che l'unica persona che potrebbe permettersi di parlare con l'una e con l'altro, senza essere mandato al diavolo, sia lei.»
«Io?» chiese Petri sorpreso.
«Sì, lei», confermò Miceli.
«Ma cosa si è messo in testa Grasso?» sbottò Petri.
«E che ne so... Mi ha pregato di parlargliene. Mi ha detto che lo avrebbe fatto anche lui direttamente se fosse più in confidenza. Certo lei non deve sentirsi obbligato a...»
«Ci mancherebbe che mi sentissi obbligato. Quello del paraninfo non è certo il mio mestiere, non saprei neppure da che parte incominciare.»
«Pazienza. Cercherò di tranquillizzare Grasso. Non si preoccupi, dottor Petri... Diavolo, si son fatte quasi le sette. Me ne vado a casa anch'io e ci facciamo un aperitivo insieme.»
«Buona idea», disse Petri.
Si salutarono all'inizio di via Musei e Petri fece per avviarsi in via Mazzini. Pochi metri e si bloccò, girandosi. Miceli stava per entrare nel palazzetto in cui abitava. «Scusi, commissario, solo per curiosità, dov'è stato trasferito Maccari?»

«Non è stato trasferito. Solo applicato per un semestre alla Questura di Padova, su sua richiesta. Se vuole le do il suo nuovo numero di cellulare.»

«Grazie», disse Petri e, levata di tasca l'agenda, se lo annotò.

Capitolo 18

Don Pietro Colombi si era messo il cuore in pace, anche se non del tutto. Aveva finito col convincersi che quei biglietti anonimi poteva anche averglieli mandati la Betta. Forse non era stato abbastanza attento e quella aveva subodorato qualcosa. Era la spiegazione più logica, dal momento che quella vecchiaccia non solo l'aveva piantato dall'oggi al domani, ma si era portata via anche il suo diario e quelle cassette che era riuscito così rischiosamente a procurarsi. Ma che se ne voleva fare del diario e delle cassette? Denunciarlo? No, era da scartare. Non era tipo da fargli uno scherzo del genere. E poi, del diario non ci avrebbe capito niente e le cassette non sarebbe neanche stata capace di metterle in funzione. Ma come aveva fatto a scoprire... Gli venne in mente la finestrella sopra la porta del tinello. Non ci aveva pensato e quella era sicuramente curiosa, curiosa e bigotta, ma niente di più. Aveva solo voluto fargli un dispetto, furiosa da quando aveva scoperto che non le aveva mai pagato i contributi per la pensione.

Quello, però, che non si perdonava era di essersi lasciato sfuggire, con quei due della Questura, che la vecchia poteva essere di Asola. E se fossero andati ad Asola a cercarla? Ma non ne sapevano neppure il cognome, e poi, a che scopo? Solo dei ficcanaso, che in fin dei conti si erano interessati solo della storia dei contributi, ma non potevano sospettare di nulla e si davano da fare per scoprire chi fosse che lo aveva minacciato con quegli anonimi. E l'avevano presa sul serio, certamente premuti dal Procuratore Martinelli, anche lui un bigotto che se l'era presa a cuore.

Ma chi gliel'aveva fatto fare d'andare a parlare con quell'imbecille di Martinelli? La paura, si disse, la paura che lo aveva attanagliato per giorni e giorni e che adesso, visto che non era accaduto niente, stava svanendo, lasciandogli solo una grossa inquietudine per quelle che, a posteriori, gli parevano delle sventatezze. Perché avrebbe potuto essere più prudente, la coscienza sporca l'aveva e il timore di dover pagare il conto non l'aveva mai abbandonato, anche se di solito cercava di affogarlo in una bottiglia di rosso.

Ora si trattava solo di darsi una regolata. Al viaggio programmato con quel gruppo di ragazzi, e ce n'erano due in particolare che lo interessavano, non poteva certo rinunciare, a meno di darsi malato. Ma si sarebbe guardato bene dal commettere qualche sciocchezza. Si sarebbe comportato come un buon pastore con le sue pecorelle e poi, magari per qualche mese, che all'oratorio ci pensassero i suoi colleghi. Nessuna tentazione e, quel che più importava, un rientro discreto nei ranghi. Si fa presto a dimenticare, continuava a ripetersi. Sarebbe stato sufficiente rientrare nell'ombra e...

Ma quello che gli aveva mandato gli anonimi? Quello non si era dimenticato. E chi poteva essere? Un ragazzino cresciuto? Si soffermò un momento: visi sfocati, sorridenti, tristi o corrucciati. Capigliature bionde, nere, castane, che gli sfilavano davanti agli occhi, come vecchi ritratti usurati dal tempo, in una galleria. Chissà com'erano adesso? Riusciva a ricordare qualcosa solo dei più recenti, ma da lì il pericolo non poteva venire, a meno che... Un genitore al quale avessero potuto fare delle confidenze? Poco probabile. Un ragazzino che passa attraverso certe esperienze finisce col vergognarsene e di confidenze non ne fa. Lui di ragazzi ci capiva. E allora?

Basta, si disse, adesso chiudo bottega e me ne vado a casa. Passo in rosticceria e mi faccio una cena come si deve. Poi un tranquillante e a letto. Un sonno ristoratore, ecco di cosa ho bisogno.

Quando uscì dalla chiesa era ormai buio e i lampioni di via Bronzetti, già accesi, illuminavano i rari passanti. Girò in corso Martiri della Libertà, superò l'incrocio con corso Palestro e proseguì per via Porcellaga, imboccando uno dei vicoli che portavano in via Verdi.

Scelse un pollo arrosto e dei peperoni fritti, aggiungendovi una provola affumicata. Il vino non gli occorreva. A casa ne aveva ancora una buona scorta.

Ritornò sui suoi passi. Era rinfrescato e si strinse la tonaca addosso, il sacchetto di plastica azzurra che gli oscillava nella destra. Prese per vicolo delle Stelle. Si sarebbe risparmiato qualche metro di strada e aveva lo stomaco che gli brontolava. A quell'ora nessuno in giro. Forse tutti già a cena. Brescia non faceva eccezione. Come in tutte le città del nord si mangiava presto.

Camminava svelto, col suo passo pesante, le scarpe che scricchiolavano, risuonando sull'acciottolato. Non udì i passi leggeri dietro di sé. Era ancora perso dietro ai suoi pensieri e stava già pregustando la cena. Sobbalzò sentendo una voce che pronunciava il suo nome.

«Don Colombi?»

Si girò, strizzando gli occhi. «Ci conosciamo?»

«Credo di sì, ma lei non può ricordarsi di me. Io, invece, di lei mi ricordo.»

«E che cosa posso fare per lei?»

«Niente, assolutamente niente. Deve solo pagare i suoi debiti.»

Sbarrò gli occhi quando sentì, contro la fronte, il gelo della canna della pistola. Aprì la bocca per gridare, ma l'urlo gli si strozzò in gola, e si accartocciò al suolo come un fantoccio, fulminato dal proiettile della 6,35 che gli era entrato nell'occhio sinistro, andando a conficcarsi dritto nel cervello, la mano destra che ancora artigliava il sacchetto azzurro di plastica.

Lo trovarono tre minuti dopo. Una donna che stava rientrando con la spesa e che, al primo momento, non aveva neppure capito cosa fosse quel mucchio di stracci neri che ingombrava il marciapiede.

Un quarto d'ora e vicolo delle Stelle illuminato a giorno. Due Volanti ne bloccavano le estremità e gli uomini della Scientifica erano già al lavoro, sotto gli occhi di Grazia Bruni alla quale era bastata un'occhiata per dare un nome e un cognome a quel mucchio maleodorante di stracci. Telefonò subito a Miceli. A quell'ora lo avrebbe trovato a casa.

«Lucia», disse il commissario dopo aver parlato con Grazia Bruni, «devo uscire subito. In una stradetta del centro hanno appena ammazzato don Colombi.»

«E chi sarebbe questo don Colombi?»

«Uno strano prete. Quello che aveva ricevuto le minacce anonime e... Ma non te ne ho parlato?»

«No, non me ne hai parlato, mi hai parlato di quell'altro, quello che aveva messa incinta una ragazza che poi... Ma perché adesso hanno ucciso un altro prete? Non ci sarà mica in giro un pazzo anticlericale che...»

«Gli anticlericali qui non c'entrano. L'unico che conosco bene è Petri, che non è pazzo, ed escluderei che abbia deciso di passare dalle parole ai fatti», rispose Miceli, che si era messo la giacca e stava infilandosi un cappotto.

«Vedo che ti ha ripreso la voglia di scherzare. Vai, vai. Vuoi che ti tenga in caldo qualcosa?»

«Puoi risparmiartelo. Non voglio essere pessimista, ma ho l'impressione che stanotte farò le ore piccole. Prima di uscire, però, una telefonata a Martinelli la devo fare. Questo don Colombi era un suo protetto. Stai a vedere che adesso gli faccio prendere un colpo...»

Prese il telefono. Non ebbe bisogno di consultare l'agenda. Ricordava a memoria anche il numero di casa del Procuratore. «Sono Miceli e vorrei parlare subito col Procuratore Martinelli.»

«Sta cenando e ci sono degli ospiti. Non so se posso disturbarlo», rispose quella che doveva essere una domestica.

«Lo disturbi, lo disturbi, mi assumo ogni responsabilità», fece Miceli con tono brusco.

Almeno cinque minuti di attesa. Lui che fremeva, battendo un piede sul pavimento.

«Sono Martinelli, commissario. Sto cenando e ho anche degli ospiti...»

«Lo so, lo so, Procuratore. Me lo aveva già detto la sua cameriera e mi scuso per l'intrusione, ma, se non si trattasse di cosa gravissima, non mi sarei mai permesso di disturbarla.»

«Va bene, Miceli. Venga al punto: quale sarebbe questa cosa gravissima?»

«Mi ha appena chiamato la Bruni. Poco fa, in vicolo delle Stelle, quella piccola strada che...»

«So dov'è vicolo delle Stelle, le ho detto di venire al punto.»

«E ci sono. In vicolo delle Stelle qualcuno ha ucciso con un colpo di pistola don Colombi.»

«Ma Cristo! Vi fate ammazzare anche don Colombi. Cosa ci state a fare se...»

«Piano, signor Procuratore. Il nostro compito era quello di indagare sull'origine di quei biglietti anonimi, non di proteggere don Colombi, seguendolo passo passo.»

«E allora quello che gli ha mandato gli anonimi non scherzava...» mormorò Martinelli.

«Evidentemente no. E ce ne siamo convinti proprio oggi, quando due miei uomini che hanno rintracciato la sua perpetua ad Asola...»

«Cos'è questa storia di Asola e della perpetua?»

«Glielo spiego in un altro momento. Anche domattina presto. Adesso non posso trattenermi un attimo di più. Sto per correre in vicolo delle Stelle.»

«Il tempo di scusarmi coi miei ospiti e la raggiungo», disse Martinelli.

Immediatamente dopo, chiamò la Questura. «Sono Miceli. Subito una macchina sotto casa mia. Sto già scendendo le scale.» Si apprestava a richiudere il portone quando una Volante si fermò alla sua altezza. Alla guida un ragazzo di cui non ricordava il nome. Sul sedile accanto, Esposito. «Subito in vicolo delle Stelle. Hanno appena ucciso un prete.»

«Un altro?» chiese Esposito.

«Sì, un altro», rispose Miceli.

Quando arrivarono, il corpo era ancora a terra. Il sovrintendente Giusti stava effettuando i rilievi e faceva scattare fotografie da tutte le angolazioni.

Grazia Bruni gli andò incontro. «Salve, commissario. Qui rischia di diventare un'abitudine e...»

«Sta arrivando anche Martinelli», disse Miceli. «Piuttosto, occorrerebbe anche un medico legale.»

«Sarà qui tra un paio di minuti: Gentilini, che ho pescato per caso.»

«Bene, Bruni. Adesso fammi dare un'occhiata.»

Sulla strada si erano spalancate molte finestre. Gli abitanti di vicolo delle Stelle non volevano perdersi lo spettacolo.

Il primo ad arrivare fu Gentilini, che borbottò un saluto a Miceli e a Grazia Bruni. Aveva la faccia scura. Forse aveva dovuto interrompere anche lui la cena, pensò il commissario. «Nessuno ha toccato il cadavere?» chiese con il suo vocione rauco.

«Nessuno», rispose Giusti. «Ci siamo limitati a scattare delle fotografie e a raccogliere da terra tutto quello che potrebbe tornarci utile. Anche se temo che abbiamo raccolto solo un po' di spazzatura.»

«Non so che foto abbiate già fatto voi. Comunque, ne voglio alcune che...» e indicò all'agente che stava con Giusti i particolari che gli interessavano.

Il motore di una macchina che si avvicinava contromano, dopo avere superato lo sbarramento posto all'inizio della strada, in corso Martiri della Libertà.

«Eccomi qui», disse Martinelli, avvicinandosi. «Vedo che siete già all'opera e che c'è anche Gentilini. Bene. Lei cosa ne dice, dottore?»

«Che il prete è morto stecchito, anzi, stecchito no. È ancora caldo», rispose il medico legale.

«Ma come l'hanno ucciso?»

«A quanto pare, con un colpo di pistola che l'ha centrato nell'occhio sinistro. Lo vede anche lei che è scomparso il bulbo oculare? Un'arma di piccolo calibro, direi, e il proiettile deve avergli attraversato il cervello. Ma sicuramente è ancora dentro, perché non mi pare di vedere fori di uscita.»

«So di chiederle un grosso favore, dottor Gentilini. Ma quel proiettile potrebbe essere l'unica traccia che abbiamo», disse Martinelli.

«Capito», rispose il medico legale. «Tra un paio d'ore sarà a vostra disposizione. A patto che mi portiate subito il corpo all'obitorio.»

«La consideri cosa fatta», fece il Procuratore. «Voi della Scientifica ne avete ancora per molto?»

«Finito», rispose Giusti che, con un gesso bianco, stava terminando di tracciare il perimetro del corpo steso a terra.

«Allora», disse Martinelli, «adesso a noi, Miceli. Non aspettiamo domani mattina. Ormai la serata me l'avete rovinata.»

«Vuole che la seguiamo in Procura?»

«No, la Procura a quest'ora è un deserto. Vengo io da voi, in Questura.»

Raggiunsero l'ufficio del commissario e Miceli cedette a Martinelli la sua poltrona, dietro la scrivania. Martinelli accettò subito, senza fare complimenti. Aveva il viso rabbuiato, e stanco.

«Possiamo offrirle qualcosa?» chiese il commissario.

«Magari un caffè. Quando mi ha telefonato stavo terminando di cenare, ma mi si è bloccato tutto sullo stomaco e un caffè ci starebbe bene.»

«Ci penso io», disse Grazia Bruni e tornò subito con un piccolo bicchiere di cartone, fumante.

«Ma voi non prendete nulla?» chiese Martinelli.

«Io non avevo ancora cenato», rispose Miceli.

«E io neppure», aggiunse Grazia Bruni.

«Ma allora...»

«A quest'ora è ormai tutto chiuso», disse Miceli. «Ma non si preoccupi, ci siamo abituati.»

Il Procuratore bevve il suo caffè. «Vi dispiace se fumo una sigaretta?»

«Affatto», rispose Grazia Bruni. «Approfitto per fumare anch'io», e gli porse l'accendino, avvicinandogli un posacenere.

«Povero don Colombi... Ci voleva anche questa, proprio in un momento così delicato...»

Miceli lo guardò, con aria interrogativa.

«Ormai glielo posso dire, anche se per quarantotto ore la cosa deve restare tra noi, e questo, ovviamente, vale anche per lei, dottoressa Bruni.»

«Non credo di essermi mai fatta scappare qualcosa che dovesse restare riservato», disse Grazia Bruni, un po' seccata. «Oltretutto io non ho alcun rapporto coi giornalisti.»

«Mi scusi, la mia precisazione era sicuramente inopportuna. Comunque, sui giornali di dopodomani, almeno su quelli locali, temo che ci sarà un titolo in prima pagina», mormorò Martinelli. «E questa di un prete ammazzato proprio non ci voleva. Povero don Colombi...»

«E la smetta con questo "povero don Colombi"! Poveretto perché gli hanno fatto la pelle, ma per il resto...» disse Grazia Bruni.

«Cosa vuol dire "per il resto"? Ce l'avevate per caso con don Colombi? Non vi era simpatico?»

«Io faccio il mio mestiere, signor Procuratore», rispose Grazia Bruni, «e nel mio mestiere prescindo dalle simpatie e dalle antipatie, mi pare il minimo. Solo che, nel mio mestiere, le brave persone che ti capita di incontrare sono molto poche. Di solito sono dei mascalzoni, grandi e piccoli, e tutto sommato, per quanto possa dispiacermi e dispiacerle, don Colombi era tra questi ultimi, e io sarei portata a collocarlo nella prima categoria, quelli grandi intendo. Non vorrei essere paradossale, ma forse è un bene che don Colombi se ne sia andato, si fa per dire, alla chetichella, prima che sul suo tavolo arrivasse una nostra denuncia.»

«Cosa dice? Ho capito bene? Non starete per caso pensando che gli anonimi se li fosse inventati lui?»

«Niente affatto. Gli anonimi erano autentici e anche estremamente seri, tanto è vero che don Colombi non si è suicidato, ma l'hanno ammazzato.»

«Adesso me la deve spiegare bene», disse Martinelli.

«Meglio che lo faccia il commissario.»

Miceli aprì una cartelletta che stava sulla scrivania. Ne tolse tre fogli, spillati tra loro. Erano scritti a mano, ma la grafia di Tondelli era chiarissima.

«E questo cosa sarebbe?» chiese Martinelli.

«La deposizione, fresca di giornata, di tale Elisabetta Bontempi, di Asola, una settantenne che fino a poco tempo fa faceva da perpetua a don Colombi. La legga, la legga, Procuratore. Poi, se lo desidera, può anche prendere visione di una cassetta pornografica che la Bontempi ha consegnato ai nostri ispettori. Le altre le aveva distrutte, ma una se l'era conservata.»

Martinelli prese in mano i fogli, si mise gli occhiali e lesse le dichiarazioni della Bontempi fino in fondo, impallidendo via via che procedeva nella lettura. «Avete detto che avete una cassetta. Ne vorrei prendere visione.»

«L'accompagno negli uffici della Scientifica. Giusti c'è sicuramente ancora e abbiamo tutto l'occorrente», disse Miceli alzandosi, dopo aver preso la cassetta, sigillata, che aveva riposto in un armadio.

«Io vi aspetto qui e mando una Volante all'obitorio per ritirare il proiettile, non appena Gentilini l'avrà recuperato», disse Grazia Bruni. «A una seconda visione della cassetta non reggerei.»

Tornarono dopo una ventina di minuti. Martinelli aveva l'aria di un cane bastonato. «Sono costretto a darle ragione, ispettrice. Meglio per tutti che don Colombi sia salpato per lidi migliori...»

«O peggiori?» non seppe trattenersi Grazia Bruni.

Ci mise un secondo a capire. «Sì, forse anche peggiori, anche se il buon Dio... Dicevo, comunque, che è meglio che sia salpato. Ormai è morto e almeno a questa faccenda ci possiamo mettere una pietra sopra.»

«A don Colombi sì, alla nostra denuncia voglio dire. Perché non possiamo dimenticare che non è morto d'infarto, ma è stato ammazzato, e gli anonimi mi paiono l'unica pista che abbiamo per sperare di scoprire il colpevole del suo omicidio», ci tenne a precisare Grazia Bruni. «Credo che sia d'accordo anche lei.»

«Certamente», rispose Martinelli. «Comunque, la cosa che stavo per dirvi è che domani dovrete eseguire un ordine di custodia cautelare per un sacerdote che insegna al Seminario...»

«Accidenti!» esclamò Miceli. «E per quale reato?»

«Abusi sessuali nei confronti di almeno tre seminaristi, tutti ragazzi sui tredici-quattordici anni. Riuscite a immaginare lo scandalo che ne seguirà in una città come la nostra? E anche l'omicidio di don Colombi, che magari potremmo per il momento contrabbandare, parlo di ipotesi di lavoro lasciate sapientemente filtrare, come opera di un rapinatore o di un drogato, farà senza dubbio da cassa di risonanza, che lo vogliamo o no...»

Martinelli era chiaramente in crisi, ma Grazia Bruni non riuscì a risparmiargliela. «Chiaro che il sapiente filtro dovrà però essere lei. Noi in queste cose fatichiamo un po' a muoverci.» Imperturbabile, come sempre, nonostante l'occhiata di Miceli, che invece pareva comprendere le difficoltà di un uomo come Martinelli.

«Certo, sicuramente, ci penso io, ci mancherebbe... Ma, tornando a don Colombi, chi potrebbe averlo ammazzato?»

«Questa è una bella domanda, Procuratore», rispose il commissario. «Peccato che la Bontempi abbia distrutto il diario. Lei certo non ci aveva capito niente, ma noi, forse, qualcosa avremmo potuto anche ricavarne.»

«Potrebbe anche essere... Ma ormai il diario non c'è più e non abbiamo niente in mano, salvo gli anonimi, come diceva la dottoressa Bruni.»

«E il proiettile che l'ha ucciso. Appena estratto, la Volante ce lo porta e Giusti un'occhiata gliela dà subito. Se vuole aspettare anche lei...» propose Miceli.

«No, commissario. È stata una giornataccia e sono le undici passate. Se torno a casa forse riesco ancora a salutare i miei ospiti e, se se ne sono andati, meglio ancora. Sono proprio uno straccio. Però, appena sa qualcosa e purché non sia notte fonda, se la cosa è interessante mi telefoni pure a casa. Adesso vi saluto. In ogni caso ci sentiamo domani. Mandate qualcuno a ritirare quell'ordine di custodia di cui vi ho parlato e... acqua in bocca, per il momento.»

«Ce lo ha già detto, Procuratore», disse Grazia Bruni.

La risposta di Giusti arrivò pochi minuti dopo mezzanotte, preceduta da una telefonata del sovrintendente. Poteva salire dal commissario? Preferiva informarlo personalmente.

«Vieni, vieni, Giusti», disse Miceli, dando un'occhiata a Grazia Bruni che stava crollando dal sonno.

«Non riesco a capire cosa abbia scoperto Giusti da quel proiettile...» mormorò il commissario. «Certo, che, conoscendolo, se non mi ha detto niente per telefono e ha chiesto di salire deve avere in serbo qualcosa.»

L'ispettrice represse uno sbadiglio. Si alzò, andò a socchiudere la finestra per un momento e si accese una sigaretta.

La porta dell'ufficio era semiaperta e il sovrintendente apparve sulla soglia, battendo con una nocca su un battente, con l'aria di un gattone che avesse appena ingoiato un sorcio.

«E allora, Giusti? Che novità ci porti? Ma siediti, siediti, non stare lì impalato», disse il commissario andandogli incontro.

«Si sieda lei, piuttosto, commissario», rispose Giusti. «La prima notizia è che don Colombi è stato ucciso da una 6,35. Un'arma che quasi non si trova più. Il proiettile che avete fatto ritirare da Gentilini non lascia dubbi, la stessa rigatura.»

«Che significa che non lascia dubbi? Un proiettile di una 6,35 è un proiettile di una 6,35. Punto. Cosa c'entra la rigatura?»

Giunti fece un ampio sorriso. Era stanco anche lui, si vedeva, ma pareva ringiovanito di vent'anni. «E come se c'entra! Perché, e qui viene il bello, si tratta della stessa 6,35. Voglio dire che don Carrino e don Colombi sono stati uccisi con la stessa pistola.»

Miceli, che era rimasto fino a quel momento in piedi, si abbandonò sulla poltrona. Anche Grazia Bruni smise di sbadigliare e fece volare il mozzicone della sigaretta in cortile, chiudendo precipitosamente la finestra.

«Ma santo Iddio, ne sei sicuro Giusti?» chiese il commissario.

«Sicurissimo. Ho anche steso qualche riga di relazione e ci ho messo sotto la firma, nero su bianco. Se volete una conferma dal Banco di prova di Gardone, padronissimi di farlo, e da un punto di vista formale sarebbe forse anche opportuno. Ma le conclusioni non potranno essere che le medesime, ci gioco la carriera.»

«Ma che c'entra don Carrino con quest'altro? Quelli neppure si conoscevano e, per quanto ne so, non avevano nulla che potesse accomunarli.»

«Solo quello di essere due fior di mascalzoni», disse Grazia Bruni, che adesso era sveglissima. «Ma con gusti del tutto diversi. A uno piacevano le belle ragazze e a don Colombi...»

«Sì, sì, d'accordo», fece Miceli, «questo ormai lo sappiamo tutti. Ma c'è anche un altro particolare che balza subito agli occhi. Noi eravamo orientati a ritenere che don Carrino fosse stato ammazzato da un complice del Beni, che magari aveva anche le sue buone ragioni per dargli una mano. Ma cosa cazzo c'entra il Beni con don Colombi?»

«All'apparenza nulla. A meno che...»

«Che si sia messo in testa di farla pagare ai preti? È questo che volevi dire, Bruni? Ma c'è un altro piccolo particolare. Il Beni adesso è in carcere e... Basta. A quest'ora rischiamo di infilare una sciocchezza dietro l'altra. È ora che ce ne andiamo a dormire tutti e... Accidenti a me! Che ore sono?»

«Mezzanotte e venti», disse Giusti.

«E allora non è ancora notte fonda. Io a Martinelli telefono.»

La reazione di Martinelli non si discostò dalla loro. «A questo punto, commissario, non ci capisco più nulla. Meglio che ne parliamo con calma domani. Forse è meglio che passi lei a ritirare quell'ordine di custodia cautelare, e anche che lo esegua personalmente. In ogni caso ne approfitteremo per fare il punto della situazione.»

Capitolo 19

Miceli e Martinelli restarono a discutere per mezza mattinata, formulando le ipotesi più disparate. Alla fine del colloquio erano in stato di totale confusione.

Il commissario tornò in ufficio verso mezzogiorno e con un paio di agenti partì alla volta del Seminario. Don Ersilio Mottola. Questo il sacerdote che dovevano arrestare e Miceli, anche senza il suggerimento del Procuratore, si sarebbe sentito in dovere di farlo personalmente.

Tornò a casa verso le due del pomeriggio, stanco e stravolto. Lucia non aveva ancora pranzato e lo stava aspettando. «Ti vedo stanco. Adesso ti siedi qui con me e...»

«Non ho un filo di appetito», rispose Miceli. «Solo una delle tue minestrine, giusto per vedere se mi aggiusta un po' lo stomaco. L'unica cosa che desidero fare è una bella chiacchierata con te. Ti riassumo tutto e magari a te viene un'idea, perché io, in testa, ne ho poche, o forse troppe, che è poi la stessa cosa.»

Martinelli, saputo che l'ordine era stato eseguito, preparò un comunicato stampa, cercando di tenersi leggero, senza scendere in particolari. Approfittò della presenza di un cronista di nera, che incontrò nei corridoi della Procura, e che era interessato all'omicidio di don Colombi, per buttar lì, del tutto en passant, che a suo parere poteva anche essere stato un drogato fuori di testa. Negli ultimi tempi la Polizia ne aveva beccati parecchi, anche in centro.

Poi se ne fuggì a casa, lasciando detto che, per chiunque avesse chiamato, a parte il commissario Miceli, lui sarebbe stato fuori città per un'indagine. Nessun'altra eccezione, neppure se avessero chiamato dal Vescovado. Col maresciallo Perego fu categorico.

Le previsioni di Martinelli si avverarono puntualmente. Non solo i giornali locali uscirono con un titolo in grassetto, ma la notizia apparve anche su alcuni quotidiani nazionali e, ovviamente ignorata dal primo canale televisivo, trovò un suo spazio anche sul terzo e su LA7. E fu proprio dando un'occhiata al telegiornale mattutino di LA7 che Anna l'apprese, informandone subito Carlo che, quel mattino, se la stava prendendo comoda. I cronisti non si erano però lasciati ingannare dal comunicato soft della Procura e fecero subito due più due: per che cosa poteva essere stato arrestato un sacerdote del Seminario? Certo non per rapina o per furto. I tempi erano quelli che erano e non ci voleva molto ad arrivarci. Un secco comunicato delle gerarchie ecclesiastiche si limitava ad affermare che si attendevano fiduciosamente i risultati dell'inchiesta, sottolineando che veniva nutrito il più grande rispetto per l'operato della magistratura.

Martinelli, assediato dai giornalisti, si era trincerato dietro un laconico «no comment», limitandosi a precisare che l'indagine sarebbe stata condotta con rigore e celerità.

Anna era subito scesa ad acquistare i giornali e trovò Carlo ancora in vestaglia. Un sospetto di raffreddore. Si aggirava per casa con aria cupa.

«Ma Carlo», lo investì subito. «Cosa sta accadendo? Adesso non ci si può più fidare neppure dei preti?»

«E chi si è mai fidato?» brontolò lui. «Piuttosto, si può sapere dove hai ficcato l'aspirina?»

«Perché? Non ti senti bene?»

«Temo che mi stia arrivando un raffreddore», rispose lui, con aria lugubre.

«E questo è davvero un guaio», sospirò Anna. «Io però, nei tuoi panni, prima di iniziare con l'aspirina, che alla lunga ti farà un buco nello stomaco, attenderei almeno il primo starnuto.»

«E non hai mai sentito parlare di cure preventive? Stamattina non esco di casa, ma una telefonata a Miceli la voglio fare.» Restò al telefono una decina di minuti.

Anna sparecchiò il tavolo dagli avanzi della prima colazione. Quel mattino neppure lei aveva impegni.

Petri la raggiunse in cucina. Aprì la bocca per parlare e poi si arrestò di botto, levando gli occhi verso il soffitto. Restò lì un momento, tirando dei respiri leggeri e frequenti. Poi tornò ad abbassare il capo, piantandoci un paio di starnuti. «Visto? Che ti dicevo?» disse soddisfatto ad Anna. «Adesso questa benedetta aspirina ti decidi a cacciarla fuori o no? Sono sicuro che sei stata tu a nasconderla.»

«Eccotela», disse Anna, levando la scatoletta dalla tasca del cardigan. «Aspetta un momento, però, che ti preparo un spremuta d'arancia. Vitamina C: meglio dell'aspirina.»

«No, la spremuta la prendo eventualmente dopo. L'aspirina la devo prendere subito.»

«Guarda, Carlo, che hai solo una minaccia di raffreddore. Non il pericolo di un infarto alle coronarie.» Riuscì a strappargli un sorriso. «Solo una cosa volevo chiederti. Perché, prima degli starnuti, hai levato il capo verso il soffitto?»

«Ma è evidente, e solo una come te che, per quanto ricordo, il raffreddore non l'ha mai avuto, può ignorarlo. Si tratta di una manovra elementare, che favorisce lo starnuto, quando hai l'impressione che stia per arrivare, ma non si decide a farlo.»

«E allora», disse Anna, «io, se lo starnuto non arriva, non mi darei tanto da fare per incoraggiarlo.»

Lui si limitò a scuotere il capo.

«Hai voglia di raccontarmi cosa ti ha detto Miceli?»

«Certo», rispose lui, stringendosi la vestaglia addosso. «Per quanto riguarda l'arresto di quel pretaccio del Seminario...»

«Carlo, per favore...»

«Tu come lo definiresti uno che ha il compito di preparare i futuri sacerdoti e, come materia facoltativa, sceglie di metterglielo in quel posto? Tutti ragazzini di dodici o tredici anni.»

«Per questa volta, non posso che darti ragione.»

«Guarda che io parlo a ragion veduta. Parlo con l'esperienza di chi per quarant'anni...»

«Non dirmi che per quarant'anni sei stato costretto a confrontarti con sacerdoti che erano usciti dal seminato...»

«No, non dico questo, ma...»

«Appunto», lo bloccò Anna. «Comunque, non credo che Miceli ti abbia parlato solo di questo prete.»

«No, certamente, questo lo avremmo saputo anche dai giornali e dalla televisione. La notizia bomba è invece un'altra. Ricordi l'uccisione di don Carrino e quella di pochi giorni fa, di quell'altro tipaccio della parrocchia di san Genesio?»

«Certo», rispose Anna.

«E ricordi anche, mi sembra di avertene parlato, che l'opinione comune, mia, di Miceli, ma anche di Martinelli, era che il Beni, il fidanzato della Caterina annegata a Tavernole, avesse agito con un complice, che aveva usato una pistola calibro 6,35, invece della sua 45?»

«Sì, e allora?»

«Anche il prete di san Genesio, quel certo...»

«Don Colombi», gli suggerì Anna.

«Anche don Colombi è stato ucciso con una 6,35, ma il fatto è che si tratta della stessa pistola. Chi ha fatto fuori don Carrino, ha fatto la pelle anche a don Colombi. Da non crederlo... E adesso come la mettiamo?»

Anna sembrò rifletterci un momento. «La mettiamo. Anzi, la metterei che si dovrebbe puntare alla ricerca di una persona che potesse avercela con entrambi.»

«Lapalissiano», commentò Petri.

«Non ho ancora finito», disse Anna. «Una persona che potesse avercela con entrambi, ma che, nello stesso tempo, abbia qualche rapporto col Beni.»

Fu la volta di Petri a riflettere. «Sulla carta potresti anche avere ragione. Sì, in effetti, la strada dovrebbe essere questa. In ogni caso, uno che i preti, tanto per usare un eufemismo, non li vede di buon occhio...»

«Questo mi sembra, scusami sai, e giusto per usare il termine che hai usato anche tu un momento fa, abbastanza lapalissiano. Ma nello stesso tempo troppo semplicistico.»

«Mi vuoi spiegare il perché?»

«Perché, se privilegi il fatto che non veda di buon occhio i preti, imbocchi una strada sbagliata e magari anche fuorviante.»

«Spiegati meglio.»

«Molto semplice. Allarghi troppo il campo. I candidati si moltiplicherebbero, e potresti esserci anche tu.»

«Naturalmente stai scherzando...»

«Certo che sto scherzando, ma solo nel momento in cui ti ho messo tra i possibili candidati. Per il resto, no. Quello su cui si deve puntare, te lo ridico dal momento che hai chiesto il mio parere, è il rapporto col Beni, lasciando da parte le simpatie o le antipatie nei confronti dei preti.»

Petri restò un momento in silenzio. «Credo proprio che tu abbia ragione», concluse.

«Un'ultima cosa», disse Anna. «Non lo dico a te, ma potresti suggerirlo a Miceli. Io un'occhiata in giro, alla ricerca di un possibile acquirente di una 6,35, la darei. Credo che ci sia chi vende armi sottobanco e in Questura dovrebbero saperlo, se non altro perché, chiamala premonizione o come preferisci tu, questa storia, almeno secondo me, non finisce qui.»

«Nel senso che presto ammazzeranno un terzo prete?»

«Sì, proprio in questo senso.»

«E allora potrebbe tornare in ballo anche l'antipatia nei confronti del ceto clericale», sorrise Petri.

«Non credo», rispose Anna.

«E va bene», concluse Petri. «Un terzo prete... Siamo già in un periodo in cui c'è crisi di vocazioni, e una bella sfoltita non ci starebbe poi così male.»

«Sai, Carlo, cosa ti dico?» fece Anna, puntando i pugni sul tavolo.

«Che sono uno stronzo e che posso andarmene al diavolo», rispose tranquillamente Petri.

«Esatto!» esclamò Anna.

«Vedi, allora, che qualche premonizione ce l'ho anch'io?»

Era una battuta, o, almeno, voleva esserlo. Anna era però infuriata e il tentativo di Petri di rimediare cadde nel vuoto.

Una donna intelligente, mia moglie, pensò Petri, ma il senso dell'umorismo proprio le fa difetto.

Alcuni giorni dopo don Ersilio Mottola, che aveva reso un'ampia confessione, fu rimesso in libertà. Arresti domiciliari, con il permesso di uscire di casa dalle otto alle nove del mattino e dalle cinque alle sei del pomeriggio, per recarsi in chiesa e assistere alla messa e alle funzioni serali. Don Ersilio Mottola era un pedofilo, lo aveva ammesso apertamente, ma era ancora un uomo pieno di fede, autentica. E qui, forse, stava il suo dramma.

Una settimana, prima che accadesse qualcosa di nuovo.

Miceli stava alla sua scrivania, sbrigando la solita routine quotidiana, quando squillò il telefono interno.

Era l'ispettore Garramone. «Commissario, c'è al telefono un certo brigadier Peruzzi, dei carabinieri di Val di Ledro. Vorrebbe parlare con lei.»

«Me lo passi subito.»

«Pronto, il commissario capo della Squadra mobile? Sono il brigadiere Peruzzi della Val di Ledro. Ho saputo dal collega che comanda la stazione di Idro quello che è accaduto a quel sacerdote che stava qui a Tiarno, e che siete voi a condurre le indagini. Siamo amici e mi ha informato, anche perché tutto dovrebbe essere iniziato proprio qui, in Val di Ledro. Proprio ieri si è presentata da me una donna, certa Collotta Claudia, anche lei di Tiarno, con delle notizie che forse potrebbero interessarvi.»

«Di che si tratta, brigadiere?» chiese Miceli

«Io sarei propenso a prenderla con le molle, anche se si tratta di una ragazza seria, che lavora in un'azienda di Vestone. Vengo al dunque. Questa Collotta ha visto la fotografia di quel giovanotto che è stato arrestato a Idro per il porto abusivo di una pistola, l'ha vista su un giornale, tempo dopo. Ma è convinta di avere riconosciuto il ragazzo che un mattino era sulla stessa corriera che aveva preso lei, tornando su, dopo aver fatto il turno di notte.»

«È possibile. Il ragazzo, Beni si chiama, Enrico Beni, ha

detto di essere venuto su in corriera, anche se ha sostenuto di essere arrivato a Idro e non in Val di Ledro, ma qui è quasi certo che non ce l'abbia raccontata giusta.»

«La ragazza, infatti, ha parlato di Tiarno e non di Idro», disse il brigadiere. «Ma il fatto è che la foto sul giornale l'ho vista anch'io, l'aveva con sé la ragazza, e si tratta di un'immagine molto sfocata e non so quale credito possa darsi a questo riconoscimento.»

«Non è poi questo grande problema...»

«Certo, ma c'è dell'altro. Sempre la Collotta pensa di averlo rivisto nella stessa giornata a Tiarno di Sotto, mentre stava parlando con un altro ragazzo che gli è sembrato pure uno di fuori. La mia impressione, però, è che la Collotta possa essere stata fuorviata dal fatto che tutti e due erano forestieri. È di sicuro in buona fede, ma, come le dicevo, non so sinceramente quanto le si possa credere... Però mi pareva giusto che lo sapeste anche voi.»

«E di questo la ringrazio, brigadiere. Ha fatto bene a informarci. Un'altra cosa: la Collotta, di questi ragazzi, è in grado di dare una descrizione?»

«Lei è convinta di sì. A me l'ha già data, ma preferirei non riferirgliela perché, anche se ho preso qualche appunto, sarebbero sempre notizie di seconda mano. A me, scusi, commissario, se mi permetto, sembrerebbe opportuno che la Collotta potesse vedere una buona fotografia del ragazzo arrestato, una foto migliore di quella apparsa sul giornale. Perché altrimenti, se non siamo sicuri di questo, non possiamo essere sicuri neppure di tutto il resto.»

«Ha perfettamente ragione. Nel pomeriggio vi mando su due miei uomini con una buona fotografia del Beni. Lei può contattare questa Collotta e chiederle se può venire un momento in caserma, diciamo verso le quattro del pomeriggio?»

«Certo, commissario. La ragazza fa il turno di notte anche questa settimana e verso mezzogiorno-una la trovo sicuramente a casa.»

Un'ora dopo Garramone e Grazia Bruni partirono per la Val di Ledro.

Non fu una trasferta del tutto inutile. La Collotta confermò che si trattava proprio di Enrico Beni. Non aveva dubbi. Lo aveva notato quando era salita in corriera a Vestone, anche perché era un bel ragazzo, anche se con un'espressione triste. A un certo punto lei, che gli sedeva a fianco, separata solo dal corridoio centrale della corriera, aveva fatto anche un'osservazione, per attaccar bottone, ma lui aveva tagliato corto, rispondendo con un monosillabo. La sua impressione era stata che le ragazze non gli interessassero o che avesse tutt'altro per la testa.

Quanto all'altro, anche lui un bel ragazzo, forse un po' più giovane, ne diede una descrizione abbastanza precisa. Nessun segno particolare però, neppure per quanto riguardava il colore dei capelli. Era solo sicura che non fosse biondo. Comunque un bel giovanotto anche lui, anche se con l'aria a sua volta piuttosto triste.

Grazia Bruni si convinse che la Collotta, una ragazzotta mora, con due occhi vivacissimi, fosse sicuramente attirata dai bei ragazzi, soprattutto se avevano un viso triste. Un tipo romantico, di certo. Ma l'ispettrice non si fermò ovviamente qui. I due ragazzi avevano parlato a lungo tra loro? No, rispose la Collotta, un breve scambio di parole e finì col convenire che avrebbe anche potuto trattarsi di una semplice richiesta di informazioni tra l'uno e l'altro. Forse sarebbe stata in grado di riconoscere anche il secondo ragazzo, anche se non poteva esserne del tutto certa.

«Almeno questo», borbottò Miceli. «Il fatto è che per trovarlo, anche dando per ammesso che non avesse incontrato il Beni per caso, non sappiamo neanche da che parte incominciare. Mi dispiace di avervi fatto fare più di duecento chilometri per così poco.»

«Non lo dica neppure per scherzo, commissario», rispose Grazia Bruni. «Ci ha permesso di scoprire un luogo incantevole e mi piacerebbe anche ritornarci per diporto, e non con il collega Garramone, beninteso.»

Garramone fece un sorriso. Anche Grazia Bruni sorrideva, ma con un velo di tristezza.

Quella sera Carlo Petri si appartò nel suo studio, sfogliò la sua agenda da tasca e fece il numero di cellulare di Maccari. Parlarono per una decina di minuti, o meglio, parlò Petri, con Maccari che lo ascoltava dall'altra parte. Poco dopo Maccari chiamò al telefono Grazia Bruni. Erano circa quattro mesi che non si sentivano. Restarono al telefono per un'ora e un quarto.

Capitolo 20

Don Ersilio Mottola non era in fondo un cattivo diavolo e, se i suoi genitori, come tanta altra povera gente delle valli bresciane, non lo avessero cacciato in seminario a undici anni, per farlo studiare gratis, la sua vita avrebbe sicuramente preso un altro verso. Molti, dopo qualche anno di quella vita che mal si adattava a un ragazzo che stava crescendo, trovavano la forza di dare uno strappo e riguadagnarsi la libertà, sfidando la delusione di padre, madre, parenti e precettori. Ma Ersilio era un tipo timido e i genitori, così come i sacerdoti che gli stavano attorno, non aveva avuto il coraggio di deluderli, e aveva stancamente continuato, arrivando al sacerdozio all'età di ventiquattro anni. Non aveva mai conosciuto una donna, ma anche lui aveva attraversato le sue tempeste ormonali, cercando di sottrarvisi o soddisfacendole come poteva, e come era sempre accaduto in quegli ambienti grigi e intrisi di un'ipocrisia quasi obbligata.

Lo commuovevano quei ragazzi, poco più che bambini, che spesso vedeva varcare le mura del seminario, e cercava di incoraggiarli, di stare loro vicino, di consolarli per quella che considerava una libertà perduta. Ad alcuni si era affezionato profondamente ed era nata quasi un'amicizia di cui non era stato in grado di valutare la pericolosità. Quando se n'era reso conto era ormai troppo tardi.

Sapeva di non essere il solo ad aver ceduto alla tentazione, ma non se ne dava pace. E passava notti insonni a pregare, chiedendo perdono a Dio di quanto stava facendo. Era stato soltanto più sfortunato di altri. Uno dei ragazzini, forse anche morso dalla gelosia nei confronti di un compagno che temeva lo avesse soppiantato nelle attenzioni e nell'amore di don Ersilio, in occasione di una visita ai genitori aveva raccontato tutto alla madre e questa, una donna energica e ambiziosa che vedeva crollare tutte le sue speranze, non aveva perso tempo. Si era consultata col prete del paese, un anziano sacerdote che aveva passato la sessantina e che, udendo il suo racconto, pur con le lacrime agli occhi, l'aveva accompagnata direttamente in città, ignorando le gerarchie ecclesiastiche nelle quali non aveva gran fiducia e conducendola, invece, alla Procura della Repubblica. E la triste storia aveva avuto inizio, con grande riservatezza, ma con indubbio rigore.

Il Procuratore Martinelli poteva anche essere un baciapile, come molti lo definivano, ma forse anche per questo non tollerava che certe cose potessero accadere. Che un sacerdote potesse farsela con una donna adulta poteva anche capirlo, non era tanto sciocco da ritenere di vivere nel migliore dei mondi possibili. Ma con un bambino no, questo proprio non poteva tollerarlo ed era andato fino in fondo, una volta tanto senza guardare in faccia nessuno, e senza confidarsi se non con i suoi più stretti collaboratori, nel timore che qualcuno potesse smorzare la sua determinazione. Aveva fatto tutto lui, in prima persona, anche se quel prete di trentotto anni, che di fronte alle sue accuse non si era difeso in alcun modo, scoppiando in un pianto dirotto e confessando anche episodi di cui ancora non si sapeva nulla, aveva finito col fargli una gran pena. Don Ersilio Mottola non chiedeva altro che di essere giudicato e condannato, anzitutto dagli uomini e poi da quel Dio in cui continuava sinceramente a credere.

L'indagine, proprio per l'ampiezza della confessione di don Mottola, non poteva concludersi in tempi brevissimi e, in attesa del giudizio, il Procuratore aveva ritenuto che non vi fossero motivi per protrarre la carcerazione preventiva. In Seminario don Mottola non sarebbe certo tornato e sicuramente non avrebbe cercato di inquinare quelle prove che, lui per primo, aveva offerto ai magistrati, anche per il desiderio di risparmiare il più possibile alle sue vittime almeno le inevitabili crudeltà di un'inchiesta giudiziaria.

Era così che si era arrivati alla commutazione del carcere

in arresti domiciliari, anche perché Martinelli, pur con qualche difficoltà, era riuscito a spuntarla col collega più giovane che stava all'ufficio G.I.P., rappresentandogli ciò che sarebbe potuto accadere a don Mottola in carcere, dove anche i delinquenti più incalliti un pedofilo, per di più prete, non lo avrebbero in alcun modo tollerato. Non sarebbero certo stati teneri dopo che quella faccenda fosse diventata di dominio pubblico, e Martinelli aveva finito con l'averla vinta. Non gli si poteva dar torto.

Adesso don Mottola viveva le sue giornate in un quartierino in cui abitava ancora la madre, in via Gualla, verso l'Ospedale civile. E trascorreva le ore aiutandola e soprattutto pregando, sotto gli occhi smarriti dell'anziana donna. Usciva di casa, in borghese e con un cappello calato sulla fronte per timore di essere riconosciuto, solo per raggiungere una chiesa che stava a poche centinaia di metri. Il mattino, per assistere alla messa, e la sera, per la funzione serale, standosene in fondo, in ginocchio, all'ombra di una colonna dove passava inosservato, senza mai levare gli occhi. Poi se ne tornava a casa come un ladro, camminando rasente i muri.

Lo fece anche in quella sera novembrina, sotto una pioggia battente e un vento che rischiava di rovesciargli l'ombrello. A quell'ora non c'era quasi nessuno in giro e le macchine correvano sollevando spruzzi d'acqua dalle pozzanghere della strada. Anche don Mottola non sentì i passi leggeri dietro di lui. Era come sempre chiuso in se stesso e non li avrebbe uditi anche se non ci fosse stato il frastuono della pioggia e del vento. Solo una fitta lancinante alla nuca, per una frazione di secondo, e i lampioni che si spegnevano, prima di abbattersi a terra, le gambe ancora sul marciapiede e il corpo che, per un metro, invadeva la carreggiata. Un momento prima che i fari di una Toyota lo illuminassero e il guidatore, colto alla sprovvista per quell'ingombro, facesse una sterzata per non investirlo, colpendolo solo con la gomma anteriore e fratturandogli la sommità del cranio. Ma era una persona per bene e si fermò subito, correndo a ritroso e chinandosi sul corpo. Capì immediatamente, vedendo il sangue e la materia grigiastra che si frammischiava all'acqua, che non c'era più nulla da fare e, col cellulare, fece il numero della Polizia.

Gian Carlo Ermini, l'uomo che si trovava alla guida della Toyota, si mise quasi in mezzo alla strada, facendo deviare le macchine che sopraggiungevano. Aveva parlato con un agente addetto al centralino, cercando affannosamente di spiegare l'accaduto. Il centralinista gli disse di restare lì, senza muoversi. Tempo cinque minuti e sarebbero arrivate un'ambulanza e una pattuglia della Stradale.

Tutto secondo copione, come per qualsiasi incidente.

Ai paramedici scesi dall'ambulanza bastò un esame sommario per concludere che il loro intervento sarebbe stato del tutto inutile. La calotta cranica era ridotta a una poltiglia informe, segnata solo da una ragnatela di capelli biondi, che la pioggia battente aveva allargato sull'asfalto lucido.

Il corpo subito all'obitorio, dopo i rilievi che due agenti effettuarono di malavoglia. Routine. Ogni giorno qualcuno, sulle strade, ci lasciava la pelle: uno scontro tra due vetture, un ciclista travolto, un pedone distratto che scendeva dal marciapiede prima di accertarsi che la carreggiata fosse libera. Soprattutto di notte, quando la distanza dei fari di una macchina era difficilmente valutabile e poteva ingannarti. E anche quella maledetta pioggia che rendeva tutto più complicato.

Gian Carlo Ermini venne condotto alla caserma della Stradale e ribadì la sua versione. Aveva cercato di evitare quella sagoma, e c'era quasi riuscito. L'uomo era però già per terra e forse lo aveva visto con una frazione di ritardo. Un'occhiata alla sua Toyota sembrò confermare il suo racconto. Nessun segno d'impatto sulla carrozzeria, solo alcuni capelli che, a un esame più approfondito, vennero rinvenuti nei solchi del battistrada della gomma anteriore destra.

Forse l'uomo era stato colto da un malore, o era scivolato sul marciapiede viscido, cadendo riverso sulla strada. Ma l'automobilista avrebbe dovuto vederlo in tempo, alla luce dei fari. Se non c'era riuscito la sola spiegazione era che la sua velocità era eccessiva rispetto al cono di luce degli anabbaglianti. Il graduato che lo sentì, questa regola elementare la conosceva bene, era cosa di tutti i giorni, e Gian Carlo Ermini, la Toyota sotto sequestro, se ne tornò a casa in autobus. Una denuncia per omicidio colposo se la doveva aspettare. Questo lo sapeva anche lui.

In Questura, in una serataccia come quella, oltre a qualche agente, gli unici ispettori rimasti erano Grasso e Tondelli. Erano entrambi silenziosi e un po' depressi. Grasso aprì la bocca per dire qualcosa, quando ronzò il telefono interno. «Ma chi cazzo può essere a quest'ora, in una sera come questa?»

«Se non rispondi non lo saprai mai», osservò Tondelli.

«Cosa c'è?» chiese Grasso, dopo aver sollevato il ricevitore.

«L'obitorio. Il vice del professor Gentilini vorrebbe parlare urgentemente col commissario.»

«Miceli se n'è andato un'ora fa. Me lo passi.»

Qualche secondo, le note della terza di Malher che risuonavano nel microfono. «Sono il dottor Bandera, l'aiutante del professor Gentilini. Una quarantina di minuti fa la Stradale ha dirottato qui il cadavere di un uomo sui quarant'anni, arrotato in via Crocifissa di Rosa da un'automobile che gli ha asportato la sommità della calotta cranica.»

«E noi che cazzo c'entriamo? No, mi scusi, dottore. Volevo dire che qui è la Squadra mobile e, dal momento che è già intervenuta la Stradale...»

«Penso che la cosa dovrebbe interessare anzitutto voi. Io avevo terminato da poco un'autopsia e sono passato a dargli un'occhiata. Non so se la Stradale ci abbia fatto caso, ma sarei portato a escluderlo. Il cadavere è di un tale Ersilio Mottola. Ora, non so se si tratti di un'omonimia, ma i giornali li leggo e mi pare che il nome...»

«Cristo!» lo interruppe Grasso. «Non sarà per caso don Ersilio Mottola?»

«La carta d'identità che aveva nel portafoglio non specifica se si tratta di un prete. Il cadavere veste abiti borghesi e...»

«Lo accertiamo subito, mi faccia pensare...»

«Non ho finito. C'è un'altra circostanza che dovrebbe interessarvi ancora di più.»

«E cioè?»

«Che il morto è morto due volte», disse il dottor Bandera.

«Cosa intende dire?»

«Che alla nuca, proprio all'attaccatura dei capelli, ha un foro di proiettile. Io ho già informato il professor Gentilini, che sta venendo qui. È lui che mi ha suggerito di avvertirvi subito.»

«Allora si tratta proprio di quel prete del Seminario», mormorò Grasso. «Grazie, dottore, telefono subito al commissario.» Guardò Tondelli che aveva seguito la conversazione, dal momento che era loro abitudine tenere il telefono sul viva voce. «Hai sentito, Tondelli? Prima l'hanno arrotato e poi gli hanno sparato.»

«Io sarei per il contrario. Prima gli hanno sparato e poi...»

«Il risultato non cambia», grugnì Grasso e fece il numero di casa del commissario Miceli.

Mentre aspettavano il commissario, Tondelli ebbe l'idea di chiamare la Stradale. «Ci mandano subito una copia dei rilievi e delle dichiarazioni di tale Ermini Gian Carlo, il proprietario della macchina.»

«Bene», fece Grasso e si mise a fissare la parete vetrata che stava alle spalle di Tondelli.

«A cosa pensi?» gli chiese Tondelli dopo qualche secondo.

«Al fatto che l'avevano messo fuori. Se l'avessero tenuto in galera, come si meritava, sarebbe ancora vivo e vegeto. Anche se forse è meglio così.»

«Non dirmi che...» fece Tondelli. Venne interrotto da Miceli, che bussò ai vetri.

«Tutti e due nel mio ufficio, immediatamente. E chiamate Grazia Bruni, voglio anche lei.»

«La chiamo subito», disse Tondelli, mentre Grasso seguiva il commissario.

«Adesso vedo se è arrivato Gentilini», disse Miceli, mentre si toglieva cappotto e cappello e metteva l'ombrello in un canto della stanza, dove si formò una pozza d'acqua. Tondelli lo prese e lo infilò nel porta ombrelli.

«Mi avete però detto che questo tizio, che al novantanove per cento dovrebbe essere don Mottola, è stato anche investito da una macchina.»

«Sì, la Stradale ci sta mandando due righe di relazione e una copia delle dichiarazioni dell'investitore. Ho già telefonato, dopo aver avvertito lei», rispose Grasso, ignorando l'occhiata di Tondelli.

«Adesso, Gentilini», disse Miceli e digitò il numero che ricordava a memoria.

«Buona sera, commissario. Sono già al lavoro, ma sarebbe ora di un'inversione di rotta.»

«Cosa vuol dire, Gentilini?»

«Che le ho già detto che un cadavere di prima mattina mi mette di buon umore, mentre la sera mi deprime. E allora i vostri preti dovreste farli ammazzare di mattina presto, e non di sera tardi, soprattutto quando piove. Anzi, nei suoi panni, farei mettere un'inserzione sui giornali, per invitare...»

«Beato lei che ha ancora la voglia di scherzare», sospirò Miceli. «A che punto è?»

«Ho iniziato da poco, ma nel giro di un'oretta, forse anche meno, dovrei avere il proiettile. Intanto, una cosa è certa, e se vuole gliene spiego la ragione: gli hanno sparato e, quando la ruota della macchina gli ha fracassato la testa, era già bell'e morto.»

«Le spiegazioni me le dà dopo, con la relazione autoptica, e per adesso la ringrazio. Tra poco le mando una Volante per ritirare il proiettile non appena l'avrà recuperato. E anche una fotografia di don Ersilio Mottola, per essere certi che si tratti di lui.» Miceli mise giù il telefono. «Grasso, non credo che Giusti sia ancora in laboratorio. Chiamalo a casa e pregalo di venir qui al più presto. Ha del lavoro da fare, anche se questa volta, senza essere un indovino, prevedo già come andrà a finire. Che ore sono? Le ventuno e tre quarti. Io a Martinelli telefono e, se ha degli ospiti anche questa sera, si fotta pure.»

Il Procuratore Martinelli quella sera non aveva ospiti. Stava guardando un film di spionaggio alla televisione. «Maledizione a me, che ho insistito perché lo mettessero fuori...» furono le uniche parole che riuscì a dire, dopo aver appreso la notizia.

«Le telefono per comunicarle l'esito dei primi accertamenti balistici?» chiese Miceli.

«Sì, anzi, no. Le chiederei un favore, commissario. È una serataccia e temo di avere un principio di influenza e stavo per andare a letto. Ma tanto so già che non riuscirei a prender sonno. Non è che lei potrebbe mandarmi qualcuno?»

«Ma certo, Procuratore, cinque minuti e avrà una Volante sotto casa.» Proseguì rivolto a Grasso e Tondelli: «Arriva anche il Procuratore. Adesso, se va avanti così, saranno più le volte che lui viene in Questura, rispetto a quelle in cui noi andiamo in Procura. Il fatto è che credo abbia dei sensi di colpa per averlo messo fuori.»

«Che ti dicevo?» sorrise Grasso a Tondelli. «Che almeno gli serva per il futuro...»

«Cosa vuoi dire, Grasso?» chiese il commissario.

«Che i delinquenti devono star dentro e non fuori», rispose con calma Grasso. «Soprattutto i delinquenti di un certo tipo.»

Miceli era troppo stanco e lasciò perdere.

Martinelli arrivò contemporaneamente a Grazia Bruni. Miceli stava sempre nel suo ufficio, con Grasso e Tondelli. Questa volta il commissario non cedette la sua poltrona al Procuratore. Dopo tutto, pensò, sono in casa mia, e indicò a Martinelli la poltrona in cui era solito sprofondarsi Petri.

Martinelli aveva l'aria smarrita. «Il punto è», disse dopo un momento di silenzio, «che mi sento un po' in colpa. Se lo avessi lasciato dentro ancora per qualche giorno...»

«Non sarebbe cambiato nulla, Procuratore», lo consolò Miceli. «Se c'era qualcuno che aveva in animo di ammazzarlo, avrebbe saputo aspettare, e una settimana o un mese non fa alcuna differenza.»

«Vero anche questo», convenne Martinelli. «Ma il senso di colpa mi rimane. Anche perché voi questo povero Mottola non l'avete praticamente conosciuto. A me, in realtà, ha fatto molta pietà. Un uomo distrutto, che non chiedeva altro che di pagare le sue colpe. Pensate che era entrato in Seminario a undici anni, certo non per sua decisione, ammesso che quello che è poco più di un bambino sia in grado di prendere delle decisioni, e ci è rimasto per quasi trent'anni... Quanti saranno i sacerdoti che si sono ritrovati con una tonaca addosso senza neppure capirne le ragioni? O, magari, capendole quando ormai era troppo tardi? Voi lo sapete quali sono le mie idee e, nonostante queste, o proprio per queste, mi sono convinto che uno dovrebbe decidere di farsi prete solo se scopre dentro di sé una vera vocazione per il sacerdozio. Ma dovrebbe farlo quando è in grado di ragionare con la propria testa e dopo aver conosciuto la vita. Non dovrebbe studiare da prete fin da piccolo.»

«Così come da piccolo non dovrebbe studiare da giudice», disse Grazia Bruni, guardando Martinelli con uno sguardo che lo rassicurò. Nelle parole della Bruni, pensò, non c'era traccia di ironia. Solo una riflessione che anche lui, in fondo, condivideva. Lo capì subito e, forse per la prima volta, guardò l'ispettrice con occhi diversi. E altrettanto fece Grazia Bruni, che dalle parole di Martinelli era stata in qualche modo toccata. Questo, si disse, sta cambiando a vista d'occhio. Bene, concluse dentro di sé, non è mai troppo tardi e sbatterci la faccia forse gli ha fatto bene.

Bussarono alla porta, con discrezione. Era Giusti. In mano una busta di plastica trasparente, nella quale si intravedeva un piccolo proiettile.

«Fatto?» chiese Miceli.

«Fatto, commissario. Questo è il gemello degli altri. Sempre calibro 6,35 e sempre la stessa pistola.»

«Me l'aspettavo», disse Miceli. «Ma adesso? Cosa possiamo concludere, adesso?» domandò rivolto al Procuratore.

«Che c'è in giro un ammazzapreti», rispose cupo Martinelli. «E chissà quando deciderà di smetterla.»

«Un momento, però», esclamò Grazia Bruni. «Qui c'è qualcosa che non quadra.»

«Vale a dire?» chiese il Procuratore.

«Ma certo! Hai perfettamente ragione, Bruni, e credo di avere capito cosa vuoi dire», fece Miceli. «Don Colombi aveva determinate tendenze e niente esclude che dalla teoria sia passato alla pratica, con qualche ragazzino dell'oratorio. Don Mottola altrettanto, e questo è un dato pacifico. Ma don Carrino? Non possiamo saperlo con certezza assoluta, ma sarei portato a escluderlo. Don Carrino aveva un debole per le ragazze, non per i bambini. Basti pensare a quello che aveva combinato con Caterina Credi e al fatto che, se Garramone e Nicotra non hanno avuto le traveggole, la sera in cui è stato ucciso era andato a Idro perché aveva appuntamento con una ragazza. Lei cosa ne dice, Procuratore?»

«Che ha ragione, commissario. Se dovessero uccidere un altro sacerdote, di quelli intemerati voglio dire, potremmo anche pensare che c'è in giro un serial killer che ce l'ha con le tonache e, casualmente, ha fatto fuori tre preti che qualcosa sulla coscienza ce l'avevano. Ma mi sembrerebbe una coincidenza eccessiva. Altrimenti dovremo romperci il cervello per capirci qualcosa. Non ci troveremmo di fronte a un classico serial killer, ma a qualcuno che... Però non ci siamo ancora, ha ragione lei, perché tra don Colombi e don Mottola un filo c'è. Ma con don Carrino, no.»

«Ed è quello che penso anch'io», disse Grazia Bruni.

«Intanto aspettiamo la relazione di Gentilini», concluse Martinelli. «Voglio essere ben sicuro del tramite del colpo.»

«Certo», convenne Miceli. «Anche se non vedo...»

«Per essere certi che il colpo di pistola ha provocato la morte istantanea di don Mottola. Cosa che, tra l'altro, toglierebbe dai guai l'automobilista che lo ha investito e che altrimenti...»

«Potrebbe ritrovarsi indagato per omicidio colposo», fece Miceli.

«Esatto», disse Martinelli alzandosi dalla poltrona. «Adesso, se siete così gentili da farmi accompagnare, me ne vado. Commissario, le dispiacerebbe fare due passi con me in corridoio?»

«Volentieri», rispose Miceli, avviandosi con lui. «Voleva per caso suggerirmi qualcos'altro, Procuratore?»

«Ecco... forse sì. Lei, ovviamente, è sempre in buoni rapporti con Petri.»

«Certo.»

«Allora, perché non sente anche la sua opinione? Lo farei anch'io, ma, a lei posso dirlo, ho ancora qualche difficoltà.»

«D'accordo, Procuratore. Se ho anche il suo viatico...»

«Ce l'ha, ce l'ha, Miceli. Anzi, sa cosa le dico? Che il mio è stato solo un incoraggiamento, perché penso che lo avrebbe fatto anche senza che io glielo suggerissi.» Martinelli non lo aveva vincolato al silenzio. Forse non se l'era sentita di parlare davanti agli altri.

Quando tornò in ufficio, il commissario non riuscì a tenersela.

Grazia Bruni spalancò gli occhi. «Non so bene cosa gli sia accaduto, ma certo non è più l'uomo di prima. Meglio così, per tutti, lui compreso. Sicuro, però, che stia bene?»

«Direi di sì», rispose Miceli.

Capitolo 21

La relazione di Gentilini arrivò il mattino dopo. Miceli le diede un'occhiata e telefonò subito a Petri, che arrivò in pochi minuti, mentre il commissario stava discutendo con Grazia Bruni sui primi accertamenti del medico legale. Non potevano esservi dubbi. Lo sfortunato automobilista aveva investito quello che ormai era un corpo morto. Misero al corrente Petri di quanto era accaduto la sera prima, gli fecero leggere le dichiarazioni di Gian Carlo Ermini e la relazione di Gentilini.

«Dottor Petri», concluse Miceli, «questi sono i fatti e a mio parere ci troviamo di fronte a un grosso interrogativo, perché don Colombi e don Mottola sono per un certo verso assimilabili, ma don Carrino? Cosa c'entra don Carrino?»

«Cosa c'entrano piuttosto don Colombi e don Mottola», disse Petri.

Miceli si bloccò un attimo. «Buona precisazione. Comunque, stavo dicendo, per quanto ne sappiamo certe tendenze don Carrino non le aveva, ma resta il fatto che è stato ucciso con la stessa pistola usata per gli altri due sacerdoti. Ora, non è che mi aspetti da lei, così, sui due piedi, un'idea che possa illuminarci e, ovviamente, le concediamo tutto il tempo che le occorre per formarsi un'opinione, ma ci speriamo davvero e, detto tra noi, se lo augura anche il Procuratore...»

«Che c'entra Martinelli?» chiese Petri.

«Capisco che sia sorpreso e lo sono stato anch'io. Ma dopo l'omicidio di don Mottola, parlo di ieri sera, Martinelli è venuto qui. Era molto provato perché si sentiva indirettamente responsabile per aver dato parere favorevole agli arresti domiciliari del sacerdote e, andandosene, mi ha chiesto di accompagnarlo in corridoio e mi ha suggerito di sentire anche il suo parere.»

«Questa poi...» disse Petri. «Doveva proprio essere sconvolto.»

«Non è che fosse sconvolto. Ha solo mutato atteggiamento. È sceso dalla cattedra e...»

«Certo, certo», aggiunse Petri. «Qualche segnale l'avevo già avuto, e la cosa non può che farmi piacere. Ma tornando a ciò che è accaduto, o che sta accadendo, è logico che anch'io non abbia le idee chiare. Vediamo un po'», e si aggiustò meglio sulla poltrona, portandosi meccanicamente una sigaretta alle labbra. «Solo qualche osservazione, che di sicuro avrete già fatto da voi. Niente più che delle riflessioni ad alta voce, col rischio di dire delle cose ovvie, o addirittura banali. Partiamo dall'ultimo omicidio, quello di ieri sera. Di don Mottola i giornali avevano ampiamente parlato. Un reato odioso, che avrebbe anche potuto spingere qualcuno ad assumere il ruolo di giustiziere, magari anche per una scarsa fiducia nella giustizia che, dopo un tempo abbastanza breve, lo aveva rimesso fuori. Non è che con questo avremmo risolto il problema, ci mancherebbe altro. Ma almeno sapremmo in che direzione orientare le indagini. Il guaio è che anche quell'altro, don Colombi, è stato ucciso con la stessa 6,35. E di don Colombi non si sapeva nulla, se vogliamo dimenticare la sua perpetua di Asola che certamente nessuno di noi vede con una pistola in pugno. E arriviamo a don Carrino, il mio don Carrino, ucciso sempre con la stessa arma. Ma don Carrino sembra personaggio del tutto diverso dagli altri due che lo hanno seguito. In questo non posso di certo darvi torto.»

«È stata l'osservazione che ha fatto anche Martinelli», lo interruppe Miceli.

«Per forza. È un'osservazione elementare, ma a cui dobbiamo fare molta attenzione, perché potrebbe portarci a un punto morto.»

«In che senso?» chiese Grazia Bruni.

«Nel senso che, se è sempre stata usata la stessa pistola,

tutto inizia dalla prima vittima, don Carrino appunto, e gli altri, anche se non ne abbiamo ancora compreso la ragione, vengono di conseguenza.»

«Forse», disse Miceli, «sbagliamo a ritenere che anche don Carrino non avesse determinate tendenze.»

«Mi sembra improbabile e ho la sensazione che non sia questa la strada. Comunque, il brigadiere di Tavernole, con molta discrezione, potrebbe anche cercare di approfondire questo aspetto. Ma ci credo poco, o meglio, non ci credo per niente.»

«Per il fatto che don Carrino puntava alle ragazze?» chiese Grazia Bruni.

«Anche, ma soprattutto perché l'omicidio di don Carrino mi pare inevitabilmente legato al suicidio di Caterina Credi.»

«E allora torniamo al punto di partenza.»

«Purtroppo, almeno per il momento, sì», convenne Petri.

«E allora?» fece Miceli.

«Allora, secondo me, potremo anche spremerci le meningi per ore o per giorni senza venirne a capo, e sarebbe tempo sprecato. A mio parere, invece di perderci in questo tentativo inutile, sarebbe ora di passare all'azione. Individuare i possibili filoni d'indagine, voglio dire.»

«Sono d'accordo», disse Miceli. «Ma il fatto è che non sappiamo neppure da che parte incominciare.»

«Vediamo un po'», rispose Petri, accendendosi un'altra sigaretta. «Datemi il tempo di pensarci un momento.»

Gli lasciarono terminare la sigaretta, senza sollecitarlo in alcun modo.

«Ecco», cominciò finalmente Petri. «Parlo così, come mi viene. Visto che Martinelli l'indagine su don Mottola l'ha fatta tutta da solo, infischiandosene una volta tanto delle gerarchie ecclesiastiche e dei possibili scandali che potevano derivare dal suo operato, nei suoi panni, Miceli, lo solleciterei in una certa direzione...»

«Quale?»

«Quella di cercar di appurare con delicatezza, ma anche con decisione, se in Seminario vi siano altri casi analoghi che non sono ancora venuti alla luce.»

«E pensa che Martinelli sarà propenso a farlo?»

«Penso di sì, se la sua proposta dovesse essere fatta in determinati termini.»

«Si spieghi meglio, dottor Petri», disse Miceli.

«Un accertamento inteso non a incastrare altri eventuali sacerdoti pedofili, ma a individuarli al solo fine di proteggerli. Certo, io non so chi sia il direttore del Seminario, ma lo saprà Martinelli, perché ci vorrebbe un interlocutore intelligente e pragmatico.»

«Messa così, forse, potrebbe anche andare...» mormorò Miceli, con aria meditabonda e non del tutto convinta.

«In secondo luogo», proseguì Petri, «io metterei in pista Grasso e Tondelli, con tutta la loro rete di informatori. È possibilissimo che il nostro killer si serva di una 6,35 che possiede legalmente, e qui un'occhiata ai vostri registri la darei e mi farei anche un bell'elenco. Ma è altrettanto possibile che l'arma se la sia acquistata di recente. Nessun problema con gli armaioli di città e provincia. Il problema è che sicuramente vi sono anche coloro che vendono armi sottobanco, armi sporche voglio dire, e qui sarà un lavoraccio e si deve per forza ricorrere agli informatori. E questa è cosa di Grasso e Tondelli.»

L'ispettrice Bruni annotava tutto sul suo taccuino.

«Non ho ancora finito», continuò Petri. «Un elenco di tutti coloro che nell'ultima decina d'anni hanno frequentato l'oratorio di san Genesio. Forse ve ne avevo già accennato...»

«Ma non l'abbiamo ancora fatto», disse Miceli.

«E allora fatelo, senza perder tempo.»

«Un lavoro sostanzialmente burocratico», osservò Grazia Bruni.

«Sì, non ho difficoltà ad ammetterlo, ma un lavoro obbligato, se non vogliamo restarcene con le mani in mano. Poi, ve lo prometto, su quegli elenchi ci lavoreremo insieme», concluse Petri.

«E lei, dottor Petri?» fece Grazia Bruni. «Non mi dica che se ne starà in panciolle in attesa di tutti gli accertamenti che ci ha suggerito.»

«Veramente, no. Io ho intenzione di tornare a Tavernole. Questo lo posso fare: è un lavoro più mio che vostro.»

Miceli restò in ufficio un altro po'. Riuscì a trovare Martinelli, e anche i toni giusti.

«D'accordo, commissario», disse il Procuratore dopo averlo ascoltato con attenzione. «Una scappata in Seminario la faccio senz'altro, anche se non credo che si sbilanceranno troppo, ed è più che comprensibile.»

Mentre tornava a casa, Petri sentì i primi brividi. Era uscito senza neppure l'impermeabile, ingannato dal cielo che si era completamente rasserenato e dal sole che gli aveva dato l'impressione di una giornata quasi estiva. Si era accorto del suo errore quando era a mezza strada. Troppo tardi per ritornare, e aveva proseguito. I brividi lo colsero mentre da via Musei girava in via Mazzini. Dapprima non ci fece caso e incolpò l'aria fresca che scendeva da nord, infilandosi nella galleria che passava sotto il colle Cidneo, perdendosi più giù, in via san Martino delle Battaglie, oltre l'incrocio tra Corso Zanardelli e Corso Magenta. O, peggio ancora, soffiando direttamente dal Castello, attraverso piazzetta Tito Speri, per imboccare piazza Duomo, dove l'estate, nelle serate di gran calura, i bresciani si davano convegno per trovare un po' d'aria. Ma questa era aria di tramontana, che lo indusse ad allacciarsi fino all'ultimo bottone la giacca, alzandone il bavero per ripararsi il collo.

Sempre più infreddolito sbucò in piazza della Vittoria, imprecando tra sé per lo sconquasso dei lavori della nuova metropolitana, che avrebbe tagliato la città da nord a sud e, secondo il parere dei più, non sarebbe servita a nulla. E le sue imprecazioni aumentarono al pensiero di quei poveracci di colore, appollaiati da giorni in cima a una gru, in via san Faustino, solo per chiedere quello che, lui riteneva, fosse loro dovuto. Con sotto qualche centinaio di bresciani che stavano lì, sostanzialmente in modo pacifico, per manifestare la loro solidarietà, rischiando ogni momento di subire una carica del tutto ingiustificata da parte di una Polizia che gli ricordava quella di un certo Mario Scelba, che col suo amico Miceli non aveva alcuna parentela, neppure alla lontana. Per un momento fu tentato di andarci, sfidando apertamente il cosiddetto ordine pubblico, un concetto che lo aveva sempre fatto uscire dai gangheri. Ma vi rinunciò, all'ennesimo brivido che gli fece battere i denti.

Quando arrivò in via Cairoli era ormai intirizzito. «Ha sentito che freddo, dottor Petri?» lo apostrofò la portinaia che stava passando uno straccio nell'atrio. «E lei che se ne va in giro senza addosso niente di pesante. Guardi che c'è già un sacco di gente a letto con l'influenza. Dovrebbe stare più attento perché...»

«Lo so, lo so», rispose Petri, infilando le scale.

Anna non c'era. Si fece una tazza di latte caldo, versandoci una spruzzata di brandy, e buttò giù un paio di aspirine. Poi si mise un maglione pesante e alzò il termostato, dopo aver dato un'occhiata al termometro posato su una mensola della cucina: diciassette gradi. Pochi, troppo pochi. Almeno venti in casa erano necessari.

Si accorse che la finestra era semi aperta. La chiuse subito, accendendosi una sigaretta, mentre finiva di sorseggiare il latte bollente. Restò qualche minuto a osservare il cortile. Il suo grande albero era ormai quasi spoglio e le poche foglie, che vi rimanevano, si staccavano a una a una, turbinando nell'aria, per poi planare sull'acciottolato interno. Su un ramo due passeri, fermi, con le piume arruffate. Butta male, pensò, guardando il cielo che si stava rapidamente coprendo, con grosse nuvole torbide che parevano rincorrersi.

Un altro brivido, e poi un secondo. Non è che... Andò in bagno a prendere il termometro e, infilatolo sotto l'ascella, si provò la febbre: trentasette e sette. Trentotto, avrebbe detto ad Anna quando fosse rientrata. Meglio fare cifra tonda. Lo avrebbe preso più sul serio. Di andare a Tavernole, comunque, neanche a pensarci.

Forse dovrei mettermi a letto, pensò. Poi, invece, prese un plaid e si accucciò in poltrona. Non era ancora riuscito a leggere i giornali. Si accese una seconda sigaretta, ma avvertì subito un bruciore in gola. Brutto segno.

Petri si era beccato l'influenza. Era certo che Anna avrebbe voluto telefonare alla dottoressa Belvedere, ma era deciso a opporre una strenua resistenza. Al massimo un consiglio telefonico, tramite Anna. Questo era disposto ad accettarlo.

Capitolo 22

Fortunatamente in Questura tutti si erano vaccinati per tempo. Perfino l'ispettore Garramone sembrava essersi dimenticato la sua bronchite cronica, lui, che in tutta la sua vita non aveva mai toccato una sigaretta.

Miceli era arrivato in ufficio prima del solito, precedendo i colleghi che avrebbero fatto il turno di giorno e incrociando quelli che avevano fatto la nottata. Era seduto alla sua scrivania, cercando di sgombrarla dalle carte che seguitavano ad ammucchiarsi e inaugurando un nuovo block-notes, rigato, che aveva iniziato a riempire di appunti. Attendeva un'ora decente per convocare i suoi collaboratori, ai quali avrebbe assegnato dei compiti precisi, tra loro distinti, per impostare l'indagine attraverso i filoni suggeritigli il giorno prima da Petri, sui quali aveva a lungo riflettuto. Non che ne fosse del tutto convinto, e anche il suo consigliere le aveva un po' buttate lì, senza grande convinzione. Ma in fondo Petri aveva ragione: qualcosa si doveva pur fare, a fronte di un'alternativa costituita dall'attendere un'illuminazione che non arrivava.

Un'occhiata al suo orologio da polso: quasi le otto. Qualcuno era forse già arrivato. Stava per provarci, quando sentì bussare alla porta.

Grazia Bruni, con un sorriso radioso. «Buongiorno, commissario. Ci sarebbe una persona che desidera parlare con lei e che non chiede altro che riprendere servizio.» Si scostò, lasciando il passo a Maccari, che entrò nella stanza con passo titubante.

«Maccari! Sapevo che saresti arrivato, ma non ti aspettavo così presto!» Si alzò dalla scrivania e lo strinse in un abbraccio, come un padre con il figlio ritrovato. «Non dirmi che arrivi direttamente da Padova...»

«In realtà, commissario, sono arrivato ieri sera», rispose Maccari arrossendo.

«Bravo ragazzo, bravo figliolo», disse Miceli, cercando di combattere un'ombra di commozione. «Una sola cosa vi chiederei: d'ora in poi, quando litigate, venite a parlarmene prima di fare colpi di testa, mettendo da parte il vostro stupido orgoglio. Lo dico per voi, ma anche per tutta la Mobile. Il mio è un discorso interessato, perché uno come il nostro Maccari, in questo momento, ci serve proprio. Allora, siamo d'accordo? Niente più cazzate?»

«D'accordo, commissario», rispose Maccari. «E sicuramente la devo ringraziare per il suo intervento presso il Questore di Padova. Senza di lei ci sarei rimasto altri due mesi. E ha ragione, solo per una questione di stupido orgoglio.»

Grazia Bruni lo guardava sorridendo. «Scusi una mia curiosità, commissario. Maccari ha fatto la prima mossa, dopo che Petri gli aveva telefonato. Forse, però, poteva fargli un discorso chiaro anche lei, o parlarne a cuore aperto con me.»

«Sono quasi certo che mi avreste mandato al diavolo tutti e due, tu sicuramente», rispose Miceli.

«E allora devo dedurne che lei e Petri ne avete parlato, decidendo che la persona più adatta fosse lui. Mi vuole spiegare il perché?»

«Perché se non lo aveste ascoltato, vi avrebbe mandato al diavolo lui», sorrise il commissario.

«Quindi dovremmo ringraziare il giudice Petri.»

«A dire il vero, ma questo deve restare assolutamente tra noi, le cose non sono andate proprio così...» disse Miceli. «Io ho dato a Petri solo il nuovo numero di cellulare di Maccari. E poi, visti i risultati, non posso che concludere che il merito sia stato tutto suo.»

«Ma l'idea è comunque partita da lei», disse Grazia Bruni.

«Non esattamente. Qui alla Mobile c'è qualcuno che non riusciva più a sopportare di vederti con un viso triste. È questa persona che in gran segreto me ne ha parlato, suggerendomi di mettere tutto nelle mani di Petri.»

«Ma vedi un po'... Non avrei mai pensato che ci fosse qualcuno che se la fosse presa tanto a cuore. Credo però di non sbagliarmi: Esposito?»

«No, Bruni, non si tratta di Esposito. Si tratta di Grasso, Grasso e Tondelli.»

Grazia Bruni restò di sale, gli occhi che le si inumidivano.

«Adesso, se non vi dispiace, cambiamo argomento», disse Miceli, cercando di riacquistare un tono burbero. «Nella faccenda in cui ci siamo impantanati, tu, Maccari, ci entri subito, e a tempo pieno. Adesso ti spiego i punti più salienti e poi...»

«So già tutto, commissario», disse Maccari.

«Ma se sei appena arrivato...»

«Ieri sera, commissario, sono arrivato ieri sera e, a lei lo posso dire, sono andato subito a casa ad aspettare l'ispettrice Bruni.»

«Ma tu, Bruni, sei stata qui fino alle undici passate. E avete passato la notte a...»

«La notte è fatta di dodici ore, commissario. Nel nostro caso di nove», puntualizzò Grazia Bruni, con gli occhi che le sorridevano.

«Vediamo allora di organizzarci», disse Miceli. «Sono ormai le otto e trenta e tutti dovrebbero essere in ufficio.» Si attaccò al telefono e chiamò Esposito. «Per favore, Esposito, tutti da me: gli ispettori Garramone, Grasso e Tondelli e Palestrina. E poi Nicotra e Vizzini e, ovviamente, tu.»

Arrivarono alla spicciolata. Grandi strette di mano a Maccari. Grazia Bruni, senza dire una parola, abbracciò Grasso e Tondelli.

«Cos'è questa novità?» brontolò Grasso.

«È che stamattina mi sono alzata bene», rispose l'ispettrice.

«Quando avete finito con tutte queste smancerie, se non vi è di troppo disturbo, potremmo anche incominciare a lavorare», disse dopo un momento il commissario. «Accomodatevi pure. E se non vi sono sedie sufficienti andate a prendervele.»

«Dunque», fece quando tutti furono zitti e seduti. «Non c'è da perder tempo e le domande, eventualmente, me le farete dopo. Palestrina, con Nicotra e Vizzini, alla parrocchia di san Genesio. Voglio un elenco con rispettivi indirizzi e, se possibile, sempre che risulti, anche il nome dei genitori, di tutti i ragazzi che abitualmente hanno frequentato nell'ultimo decennio l'oratorio. Quelli fissi, direi. Vedrete un po' voi.»

Palestrina aprì la bocca per dire qualcosa, ma Miceli lo prevenne. «So già cosa mi vuoi dire: che sarà un lavoraccio. Meglio in quattro, e vi suddividerete i compiti. Vi assegno anche Garramone. Una volta trovati i nomi, un elenco dattiloscritto: lo voglio sul mio tavolo in giornata. Poi ne parliamo. Voi potete andare. Come tutti gli altri, da me alle diciotto per un primo aggiornamento. Grasso e Tondelli, con il supporto di Esposito, armerie della città e provincia, ma, e qui viene il difficile, anche quelle che potremmo chiamare armerie clandestine. E a questo proposito, Grasso, devi tirare in ballo i tuoi informatori. Ovviamente quella che cerchiamo è una 6,35. Nome, cognome e indirizzo di quelli che ne abbiano acquistato una di recente. Nel caso di una vendita clandestina, come minimo una buona descrizione dell'acquirente. Ma tu, Esposito, prima mi fai un elenco di tutti coloro che abbiano già denunciato la detenzione di una 6,35. Certo però che dovremmo anche rivolgerci... Va bene, intanto i nostri registri. Questo elenco lo voglio entro mezz'ora. Poi ti aggreghi agli ispettori Grasso e Tondelli, e che Dio ce la mandi buona. Per questa ricerca, naturalmente, non vi posso dare limiti di tempo. Vi dico solo di fare il possibile e l'impossibile. Potete andare anche voi, e ricordate che voglio rivedervi alle diciotto.»

«E noi, commissario?» chiese Grazia Bruni, quando rimasero da soli, coinvolgendo con un gesto anche Maccari.

«Per voi giornata libera. Ma niente favoritismi: anche per voi vale l'appuntamento alle diciotto, qui da me. Comunque, se fossi in voi, mi farei una bella dormita. Credo che ne abbiate bisogno tutti e due.»

Palestrina e Garramone, con Nicotra e Vizzini al seguito, si recarono alla chiesa di san Genesio. Chiesero del parroco e dovettero attendere in quella che doveva essere la sagrestia.

Un ampio locale con un tavolo nel mezzo e alle pareti grandi armadi di noce scuro, vecchi di almeno cent'anni, che si inseguivano sulle pareti, inframmezzati, negli spazi liberi, da quadri sacri, molto più antichi, e ai quali nessuno aveva più messo mano, come si capiva da alcuni strappi delle tele che, in molti punti, presentavano tracce di umidità.

Dopo una decina di minuti si presentò un sessantenne allampanato, con un paio d'occhiali senza montatura che gli pendevano sul petto, trattenuti da un cordoncino rosso che spiccava sulla giacca scura che indossava.

Palestrina si presentò e presentò i colleghi. Poi spiegò che cosa gli occorreva.

Il viso del parroco, già serio di suo, si rabbuiò immediatamente. «Sono a vostra disposizione, questo deve essere chiaro, ma vorrei conoscere le ragioni di questo vostro interesse. Si tratta di notizie che...»

«Non sono certo riservate», lo interruppe Palestrina.

«Non è che le ritenga riservate», proseguì il parroco, con un moto di fastidio per essere stato interrotto. «Quello che non vorrei è che andaste a suscitare un vespaio di cui non abbiamo certo bisogno. Sui miei collaboratori sarei disposto a mettere la mano sul fuoco. Don Colombi, fortunatamente, è stato un'eccezione e non mi pentirò mai abbastanza di non essermelo tolto di torno in tempo.»

Palestrina e Garramone sobbalzarono. Per quanto ne sapevano la storia di don Colombi non era mai venuta ufficialmente alla luce e che le sue propensioni fossero passate dall'astratto al concreto era solo un'eventualità che, data la sua morte, sarebbe stato inutile verificare, se non per i diversi fini che Miceli stava inseguendo.

«Abbia pazienza, reverendo», disse Garramone, «ma non riusciamo a seguirla fino in fondo. L'unica cosa certa è che don Colombi è stato ucciso e ne ignoriamo le ragioni, così come non abbiamo idea di chi sia stato l'autore dell'omicidio.»

«Ispettore», fece il parroco, «io credo che convenga parlar chiaro, anche se mi auguro che questo colloquio sia una chiacchierata riservata. A me don Colombi non piaceva: solo dei sospetti per qualche suo atteggiamento, niente di più. E a me personalmente non piacciono neppure i sospetti e voi mi insegnate che con i sospetti non si va comunque lontano. Poi don Colombi è stato ucciso e, dopo poco tempo, ha fatto la stessa fine anche quel sacerdote del Seminario, don Mottola, di cui purtroppo hanno parlato giornali e televisione. Non sono uno sciocco e ho tirato le somme, convincendomi che i miei sospetti qualche fondamento lo potevano avere. E allora, garantendo per tutti gli altri sacerdoti della mia parrocchia, ritengo che la vostra richiesta sia mirata ad accertare se don Colombi avesse abusato di qualche ragazzino. E se lo accerterete solleverete un'ondata di fango, sia sulla memoria di don Colombi, che riposi in pace, sia sulla nostra parrocchia. È chiaro che nelle mie parole potrebbe scorgersi un interesse personale, non posso negarlo, ma credo che voi mi capirete. Non ho ancora finito», disse facendo un cenno a Palestrina che pareva sul punto di dire qualcosa. «E i ragazzi? Cosa andrete a chiedere ai ragazzi? Non avete pensato al fatto che per loro, sia in caso positivo, sia, come spero, in caso negativo, potrebbe essere un serio elemento di turbamento?»

Fu la volta di Palestrina, uno che, in certe situazioni, ci sapeva fare. «Apprezziamo le sue perplessità, reverendo. La Polizia, però, sa anche muoversi con discrezione. Non si muove come un bulldozer. Quello che noi cerchiamo, doverosamente, è l'assassino di don Colombi, che potrebbe anche essere la stessa persona che ha ucciso don Mottola e che, per quanto ne sappiamo, potrebbe essersi messo in testa delle idee che potrebbero indurlo a uccidere ancora. I nomi ci servono solo per appurare, ad esempio, eventuali coincidenze tra coloro che hanno frequentato l'oratorio e poi, magari, sono entrati in Seminario. Sarebbe già qualcosa. Quanto ai ragazzini non si preoccupi. Parleremo, semmai, e anche qui con molta discrezione, con i genitori, cercando di tener fuori i ragazzi e...»

«E va bene», disse il parroco. «Non mi avete del tutto convinto, ma non posso certo intralciare il vostro lavoro. Certo che di nomi ce ne sono tanti e potrete trovare solo quelli che frequentavano continuativamente l'oratorio, per ragioni particolari.»

«E cioè?» chiese Palestrina.

«Ad esempio, quelli che negli anni hanno fatto parte del nostro coro parrocchiale; quelli che si sono succeduti nelle squadre di calcio o di pallavolo che partecipano ai tornei giovanili; quelli che...»

«Don Colombi aveva un compito specifico?» chiese nuovamente Palestrina.

«Sì, seguiva la squadra di calcio.»

«Allora la nostra ricerca potrebbe anche limitarsi ai ragazzi della squadra di calcio.»

«Ma anche così l'elenco sarà lungo, perché nell'arco di una decina d'anni...»

«Questo, purtroppo, è affar nostro», concluse l'ispettore.

Il parroco li accompagnò nel suo ufficio e tolse da un armadio un registro. «Adesso ho altri impegni. Vi sgombro il tavolo e vi lascio qui. Quando avrete finito, se non fossi ritornato, potrete trovarmi in chiesa o in sagrestia.»

Palestrina prese in mano la situazione. «Io partirei dal Duemila. Leggo i nomi e voi li trascrivete velocemente. Ognuno un nome e il relativo indirizzo. Prima Garramone, poi Nicotra e quindi Vizzini. Se seguite quest'ordine potremo accelerare i tempi.»

Anche con questo metodo ci impiegarono un paio d'ore.

Esposito, preciso come un orologio, portò al commissario l'elenco delle 6,35 regolarmente denunciate.

«Una trentina circa, pensavo fossero di più», commentò Miceli. «Adesso puoi raggiungere Grasso e Tondelli. Sono per caso già usciti?»

«No, mi hanno atteso. Stanno facendo l'elenco delle armerie di città e provincia. Sono pronti anche loro e adesso partiamo. Per quanto riguarda gli informatori, l'ispettore Grasso ha intenzione di iniziare a contattarli già da questa sera.»

«Bene. Come vi ho già detto, tutti da me alle diciotto, con i primi risultati.»

«D'accordo», rispose Esposito.

Miceli chiamò sul cellulare Palestrina. «Sono Miceli. A che punto siete?»

«Stiamo iniziando adesso, perché il parroco, prima di metterci a disposizione i registri, ci ha fatto perdere un po' di tempo. Ha iniziato col dire...»

«Me lo racconterai dopo. Ce la fate per le diciotto con l'elenco già dattiloscritto?»

«Vedremo di farcela, commissario», assicurò Palestrina.

Grasso e Tondelli, per le armerie, avevano consultato le pagine gialle. A volte inaffidabili, perché non tutti vi comparivano. Ma tanto valeva incominciare da lì. A parte i negozi di caccia e pesca, che scartarono subito, tre a Brescia: via Reverberi, via Oberdan, via Locchi.

«Io, comunque», disse Grasso, «ne ricordo un paio abbastanza in centro che qui non risultano. In provincia Gardone Val Trompia, Lograto, Lonato, Marcheno, Sarezzo, Villa Carcina, Edolo, Castegnato, Botticino, Gambara, Manerbio, Ponte di Legno, Vestone. Iniziamo dalla città, ovviamente», disse mentre si avviavano, con Esposito alla guida.

Anzitutto via Reverberi. Entrarono. Non c'era nessun cliente. Dietro il banco un quarantenne, grassoccio, con un camice blu. Li considerò con aria preoccupata.

«Niente paura», fece Grasso, «siamo della Polizia», e mostrò la sua tessera di riconoscimento.

«Guardate che qui è tutto in ordine», disse il proprietario.

«Non lo mettiamo in dubbio. Vogliamo solo vedere i suoi registri per controllare gli acquirenti di pistole calibro 6,35.»

«Un'arma che si vende molto raramente, non è quasi più in commercio.»

«Tanto meglio», osservò Grasso.

Avevano deciso di allargare il campo assegnatogli da Miceli. Avrebbero potuto confrontare gli eventuali acquirenti con quelli che il possesso dell'arma avevano poi denunciato in Questura. Non gli era parsa una cattiva idea. Avevano trascritto sul loro taccuino nomi e indirizzi. Tre in tutto e nessuno aveva acquistato una 6,35 nell'ultimo anno.

Un buco in via Locchi e in via Oberdan. Nessuna 6,35 venduta negli ultimi dieci anni.

«Adesso abbiamo il tempo di fare una scappata a Caste-

gnato e a Botticino, e ci riserviamo Lonato per il pomeriggio.»
«Perché Lonato nel pomeriggio?» chiese Tondelli.
«Semplicemente perché finiremo verso l'una e abbiamo tutto il tempo di raggiungere Lonato poi.»
«Ma l'armeria sarà chiusa.»
«Certo, questo lo so anch'io. Ma diciamo che ci arriviamo entro le due? Benissimo. Conosco una piccola trattoria dove si mangia benissimo, a prezzi che a Brescia neppure ci sogniamo. Ho già telefonato per prenotare. Offro io.»
«Hai per caso vinto al lotto?» chiese Tondelli.
«Impiccati», rispose Grasso.
Un buco nell'acqua anche a Castegnato e Botticino. Solo una a Castegnato, addirittura quindici anni prima.
«Perché non proviamo a Gardone Val Trompia?» chiese Tondelli.
«Perché là vendono solo fucili da caccia», rispose Grasso. «E la scelta è tra calibro 20, 16 e 12. È la patria dei fucili da caccia e i bresciani sono dei cacciatori nati. Ci scommetto che hanno una doppietta appesa sopra la culla e una cartucciera attorno al pannolino.»
«E magari anche qualche mina antiuomo», brontolò Tondelli. «Ma quelle non le vendono nelle armerie.»
«E le fanno a Castenedolo», precisò Grasso.
Esposito fece un cenno d'assenso. Era completamente d'accordo.

Grasso ricordava bene la trattoria. Mangiarono a sazietà, per un prezzo contenuto.
«Tu qui sei conosciuto. La padrona ti ha accolto come un cliente abituale. Con chi ci sei venuto?» chiese Tondelli.
«Fatti miei, e tu non sei mia moglie, a parte il fatto che sono scapolo», rispose Grasso. «Adesso un buon caffè, con uno schizzo di sambuca, e poi andiamo dall'ultimo armaiolo.»
Una sorpresa: sembrava che a Lonato le 6,35 andassero forte. Ne contarono cinque e una era stata acquistata un paio di mesi prima. Nell'elenco ci misero una bella sottolineatura: Antonio Clementi, residente a Bedizzole.

«Questo», disse Grasso, «lo controlliamo subito. Siamo di strada.»

Trovarono senza fatica la villetta in cui abitava il Clementi, un piccolo imprenditore che produceva articoli sanitari. Venne la moglie ad aprire. «Mio marito è andato a fare una consegna, ma dovrebbe tornare prima delle cinque... Se volete accomodarvi... Ma non sarà per caso successo qualcosa? A lui, intendo, perché noi, purtroppo, di figli non ne abbiamo.»

«Un normale controllo, tranquilla signora», rispose Tondelli.

«Posso almeno offrirvi un caffè?»

«Sì», disse Grasso, che aveva una leggera pesantezza di stomaco. «Un caffè lo gradiremmo.»

Un quarto d'ora d'attesa e sentirono un furgone che si fermava davanti alla villetta.

«Lei è il signor Clementi?» chiese Grasso andando incontro all'uomo in tuta che era entrato in casa.

«Sì, sono Clementi, e voi cosa desiderate?»

«Polizia», rispose Grasso.

«Ma io...» fece Clementi.

«Lei, circa due mesi fa, ha acquistato in un'armeria di Lonato una pistola calibro 6,35.»

«È vero e... Madonna santa! Non l'ho ancora denunciata. È per questo che...»

«E allora la detiene illegalmente», fece Grasso, strizzando l'occhio a Tondelli. «E noi ce la portiamo via e una denunzia per detenzione illegale se la beccherà.»

«Pazienza», disse Clementi. «Ma non è che l'abbia fatto di proposito. Lo volevo fare subito e poi me ne sono completamente dimenticato. Corro dalla mattina alla sera e questi sono tempi duri. Le piccole aziende come la mia rischiano di saltare, con queste banche che non ti fanno più credito.»

«Non abbiamo nessuna intenzione di imbarcarci in un discorso sulla congiuntura economica che stiamo attraversando, e che non impedisce di seguire le regole più elementari», disse Grasso. «Vogliamo invece sapere una cosa: lei perché ha acquistato quella 6,35?»

«Tirassegno. Sono un patito del tirassegno e da almeno

dieci anni sono iscritto al poligono di tiro. Ho una pistola specifica, di tipo sportivo, per il tiro, regolarmente denunciata, ma volevo anche provarmi con una 6,35. Se aspettate un momento vi mostro le carte.»

Si allontanò in una stanza adiacente e ne tornò con alcuni documenti. La sua tessera d'iscrizione al poligono e la pistola sportiva con relativa denuncia. Una decina di attestati di partecipazione a gare regionali e anche due pergamene: un secondo e un terzo posto, ottenuti nel 2005 e nel 2007. Grasso e Tondelli esaminarono tutto attentamente.

«Va bene. La 6,35, però, ce la portiamo via», concluse Grasso.

Clementi allargò le braccia.

Ripresero la strada per Brescia. Alle diciotto meno cinque entravano nel cortile della Questura.

Miceli stava parlando con Maccari e Grazia Bruni. «Allora?» chiese a Grasso.

«Per adesso tre armaioli in città e tre in provincia.»

«In una giornata intera. Per controllare i registri di...»

«Sì, ma siamo dovuti andare a Castegnato e da lì saltare a Botticino e poi a Lonato. E dopo Lonato ci siamo fermati da un tizio di Bedizzole che aveva acquistato una 6,35 due mesi fa e si era dimenticato, così ha detto lui, di denunciarne il possesso. Arriviamo in questo momento e non abbiamo ancora avuto il tempo di buttare giù un elenco dattiloscritto.»

«Lo posso fare in cinque minuti», propose Esposito. «Sono nove nominativi in tutto.»

«E allora fallo subito, intanto che arrivano Palestrina e gli altri», disse il commissario.

Esposito andò al suo tavolo, in sala agenti, proprio mentre sopraggiungevano Palestrina e Garramone, seguiti da Nicotra e Vizzini. Palestrina aveva in mano un elenco in triplice copia. Tre fogli spillati tra loro, fitti di nomi e indirizzi.

«Qui, a quanto vedo, non c'è da stare allegri», osservò Grazia Bruni, mentre Palestrina passava i fogli al commissario. «Saranno più di cento nomi.»

«Centotrenta, per l'esattezza», precisò Palestrina.

Rientrò Esposito, anche lui con tre fogli compilati al computer. «Questo è l'elenco degli acquirenti delle 6,35. Ci scommetto una giornata di stipendio che corrisponde a quello che abbiamo noi delle 6,35 denunciate.»

«A parte quello di Bedizzole», borbottò Grasso.

«Certo, a parte quello di Bedizzole», confermò Esposito.

Miceli inforcò gli occhiali. «Complimenti per la tua memoria, Esposito, i nomi sono tutti compresi nell'elenco. Cosa mi dite, piuttosto, del tizio di Bedizzole?»

«Non dovrebbe entrarci per nulla. Un piccolo imprenditore sulla quarantina. Articoli sanitari. È un patito di tiro al bersaglio ed è iscritto al poligono di tiro e ha anche vinto dei premi in alcune gare a cui ha partecipato, con una pistola sportiva regolarmente denunciata. Ci ha detto che voleva provarci anche con una 6,35. Vive in una villetta con la moglie e non hanno figli. Secondo me non c'entra per niente.»

«E anche secondo me», ribadì Tondelli. «Comunque la pistola non denunciata ce la siamo portata. Giusti potrà fare un controllo.»

«Sicuramente», disse Miceli.

«Io, però, un controllo lo farei anche su tutte le altre 6,35 regolari. I proiettili avevano una rigatura particolare e...»

«Hai ragione Bruni. Il vostro lavoro non è ancora terminato», disse il commissario rivolto a Grasso. «Domani tutte le 6,35 qui, per un controllo generale. Sempre tu, Grasso, con Tondelli ed Esposito, e questa volta ci aggiungo anche Garramone. Mi dispiace per te, Grasso, che da questa sera inizierai a contattare i tuoi informatori, ma capirai che siamo in un momento di emergenza e...»

«Non si preoccupi, commissario.»

Maccari non aveva ancora detto una parola. Lo fece, alzando lo sguardo su tutti i presenti. «Chiedo scusa, commissario, e chiedo scusa a tutti perché, in un certo senso, sono l'ultimo arrivato, ma vorrei fare un'osservazione.»

«Forza, Maccari», disse Miceli.

«Allora, io penso che quello di contattare anche i rivenditori clandestini di armi sia un passaggio obbligato. Ma secondo me, quello che si è messo ad ammazzare i preti, e mi riferisco soprattutto a don Colombi e a don Mottola, non appartiene alla malavita, che è quella che si serve di armi comprate sottobanco nel loro ambiente. Un malavitoso, a meno che non sia anche un pazzo furioso, perché dovrebbe mettersi ad ammazzare i preti? Un malavitoso, se lo fa, lo fa per ragioni particolari, ad esempio per rapinarli, ma se ne infischia delle loro tendenze sessuali, a parte il fatto che quelle di don Colombi non erano note.»

«E come te lo immagini?» chiese Grasso.

«Come uno che appartiene a quella che chiamiamo la borghesia. Una persona che aveva un motivo particolare per farlo. D'altro canto credo che questa, anche se non espressa esplicitamente, sia anche la sua idea, commissario. Altrimenti che scopo avrebbe la ricerca dei ragazzi che frequentavano l'oratorio di san Genesio?»

Miceli si alzò, gli occhiali sollevati sulla fronte. «Non posso darti tutti i torti, Maccari. Anzi, probabilmente hai ragione.»

«Non ho finito, commissario», proseguì Maccari. «Se ci troviamo di fronte a una persona del genere, a un qualsiasi borghese, giusto per intenderci, mi sembra difficile che sia riuscito a procurarsi un'arma clandestina. Tanto è vero che neppure uno come l'ispettore Grasso è in grado di andarci a colpo sicuro, ma è costretto a rivolgersi agli informatori.»

«E anche questa volta non posso darti torto», disse Miceli. «Conseguenze?»

«Delle due l'una», rispose Maccari, «o questa persona sta in quell'elenco di possessori legali di una 6,35, e io non starei troppo a sottilizzare sul fatto che l'arma se la sia comprata recentemente o l'avesse già da qualche anno...»

«Oppure?» chiese Miceli.

«Oppure uno degli armaioli, per così dire ufficiali, non ce l'ha raccontata giusta, e ha ceduto una 6,35 senza registrarne la vendita.»

Il commissario si fece ancor più pensieroso. «Sono tutte osservazioni sensate, niente da dire, anche se ci riportano al punto di partenza.»

«Questo non lo direi», fece Maccari. «Si tratta, informatori a parte, di lavorare anche in queste due direzioni: controllo di tutte le pistole denunciate, compresa quella di Bedizzole, e una bella torchiata agli armaioli che sono già stati controllati dagli ispettori Grasso e Tondelli.»

«Credo che siano tutt'e due strade obbligate, ma voglio pensarci su un momento, con calma. Ci aggiorniamo a domani mattina, alle otto e trenta, anzi, alle otto in punto. E adesso passiamo ai ragazzi dell'oratorio. Palestrina, mi pare che avessi parlato di oltre un centinaio di nomi. Mi sembrano pochi visto l'arco di tempo che avete preso in considerazione.»

«Centotrenta», disse Palestrina.

«Sempre troppo pochi.»

«Non direi», ribatté l'ispettore, «perché ci siamo limitati a individuare i ragazzi che negli ultimi dieci anni hanno fatto parte della squadra di calcio della parrocchia.»

«E perché questa limitazione?» chiese Miceli.

«Perché il compito specifico di don Colombi era proprio quello di seguire i ragazzi della squadra di calcio: allenamenti, partite, e tutto il resto.»

Miceli annuì. «Mi sembra un scelta sensata. Adesso si tratta, con discrezione, ma anche senza peli sulla lingua, di contattare le varie famiglie, parlando anzitutto coi genitori.»

«È quello che si augura facciamo, con un po' di discrezione, anche il parroco di san Genesio.»

«Lo posso capire. Centotrenta nomi. Sarà un lavoro lungo. Ci metterei, oltre a Palestrina ed Esposito, anche Grazia Bruni e Maccari, tanto per incominciare. Poi vedremo come va. Volete che faccia subito una ripartizione dei vari nominativi?»

«Forse è meglio che ce la facciamo da noi», disse Grazia Bruni. «Se tu, Palestrina, puoi fermarti ancora una mezz'oretta...»

«Nessun problema», rispose l'ispettore. E nessun problema aveva, ovviamente, Maccari.

«Bene», concluse Miceli. «Allora vi lascio e me ne vado a far due passi, perché da almeno un paio d'ore mi ha ripreso l'emicrania. Ci vediamo domani, alle otto, e ognuno potrà iniziare il proprio lavoro.»

La giornata era finita. Per tutti, ma non per Grasso, che, nella stessa serata, riuscì a individuare cinque nominativi interessanti. In via Gerre, al 16; in via Rose di Sotto, al 5; in via Pasubio, al 19; in via Paitone, al 2 e in vicolo Cossere. Quest'ultimo indirizzo lo conosceva già, ma uno dei suoi informatori gli sussurrò che quel vecchio pregiudicato, che si avviava all'ottantina, non si era ancora deciso a mettersi in pensione.

Capitolo 23

Il giorno seguente, pochi minuti prima delle otto, Miceli provò a telefonare a Petri. Rispose Anna.

«Il giudice è già uscito?» chiese il commissario.

«No, e non penso che uscirà per qualche giorno. Credo che si tratti di influenza. È a letto con ancora un po' di febbre, ma se ha bisogno di parlargli...»

«No, signora Petri, non lo disturbi. Volevo solo dirgli che ci siamo immediatamente messi in movimento seguendo i suoi suggerimenti. E, già che ci siamo, gli dica anche che Maccari è ritornato alla base. Ne avevamo bisogno noi, ma soprattutto ne aveva bisogno Grazia Bruni. Penso che ne sarà contento, perché è soprattutto merito suo.»

«Ne sono felice anch'io», disse Anna. «Ma la cosa che mi sorprende è che Carlo, in questa riappacificazione, c'entri per qualcosa. Non me ne aveva parlato...»

«Forse aveva qualche difficoltà a dirglielo. Suo marito, a volte, sembra un orso, ma ha un cuore tenero ed è una persona generosa.»

Quando Anna, mezz'ora dopo, andò in camera con una tazza di latte caldo e un paio di pasticche che la Belvedere le aveva consigliato per telefono, indugiò un momento. Non sapeva se svegliarlo o no. Gli fece una carezza sulla barba e Petri aprì gli occhi, ancora assonnato.

«Mi hai portato l'aspirina?»

«No, Carlo, si tratta di qualcosa di più mirato per le forme influenzali. Ho telefonato alla Belvedere e...»

«Ma sei già uscita di casa per comprare...»

«Certamente, e ti ho acquistato anche i giornali. Adesso

prendi la medicina con una tazza di latte caldo. Poi ti preparo una spremuta d'arancia e te la bevi tra un paio d'ore. Io esco per una lezione, ma intorno alle undici sarò a casa. Tu te ne stai tranquillo a letto e se riuscissi a non fumare sarebbe molto meglio.»

«Per quello non devi preoccuparti, mi sento ancora la gola in fiamme.»

«Bravo», disse Anna e si chinò a baciarlo su una gota, facendogli un'altra carezza.

Anna uscì e Petri si mise sotto le coperte. La sera prima, alla chetichella, si era ingoiato anche un paio di tranquillanti e aveva dormito per quasi nove ore. Si chiese inutilmente cosa potesse aver fatto, durante la nottata, dormendo come un sasso, per destare tutta quella tenerezza di Anna. Magari sono più grave di quanto pensi? Si chiese. No, non poteva essere. Stava molto meglio. La tenerezza di Anna nasceva sicuramente da altri motivi. Ma quelle carezze lo avevano reso felice e tornò ad appisolarsi tranquillo.

Alle otto precise tutti erano a rapporto da Miceli.

Attaccò Grasso. «Per quanto riguarda i venditori clandestini di armi, ne ho individuati cinque, anche se uno lo conoscevo già, ma pensavo che avesse chiuso i battenti, o fosse morto. Potrei iniziare a visitarli, mentre Esposito e Tondelli...»

«Non sono d'accordo», disse Miceli. «Prima mettete sotto torchio gli armaioli ufficiali, anche se ho l'impressione che ve ne sia sfuggito qualcuno. Quelli che avete visitato ieri. E qui, Grasso, tu sei la persona più adatta. Poi vi dedicherete ai clandestini.»

«Okay», rispose Grasso.

«E per i nomi tratti dai registri parrocchiali?» chiese il commissario a Grazia Bruni.

«Ce li siamo suddivisi con Palestrina, Garramone e Maccari. Iniziamo subito, magari telefonando prima per sapere chi c'è in casa. Io mi sono scelta, per iniziare, una ventina di nominativi. Se vuole le lasciamo una copia dei singoli elenchi che ci siamo fatti.»

«Non occorre, tanto non mi direbbero nulla», rispose Miceli. «Comunque, metteteli lì e buon lavoro. Non voglio farvi perdere altro tempo.»

Miceli aveva già parlato con Giusti. Si erano accordati per inviare un paio di volanti a ritirare, per un normale controllo, tutte le 6,35 regolarmente denunciate. Poi ci avrebbe pensato Giusti nel suo laboratorio.

Uscirono tutti, prendendo direzioni diverse. Solo gli ispettori Bruni, Palestrina e Garramone e l'agente Maccari si chiusero nei loro uffici, guida telefonica alla mano, annotandosi l'ora dei rispettivi appuntamenti.

Grazia Bruni diede una scorsa al proprio elenco:

Attilio Re, corso Palestro, 4
Paolo Simonini, corso Venezia, 32
Luca Casani, via Trento, 12
Luigi Pedersoli, via Dante, 12
Angelo Bonomelli, via f.lli Bronzetti, 14
Luigi Richelmi, corso Martiri della Libertà, 19
Piero Cassetti, corso Mameli, 16
Angiolino Vezzoli, via Pace, 12
Carlo Imbonati, corso Garibaldi, 18
Giuseppe Orlandi, corso Garibaldi, 30
Gianluca Orefici, via dei Mille, 42
Gianfranco Orlandini, via Vantini, 22
Tullio Beretta, contrada delle Bassiche, 37
Battista Signorini, corso Matteotti, 16
Giorgio Cittadini, corso Matteotti, 45
Pier Paolo Tucci, via delle Antiche Mura, 16
Elio Vito, via Musei, 28
Ermete Giacchetti, via Carlo Cattaneo, 36
Marco Mangili, via Trento, 25
Mario Zerbi, corso Martiri della Libertà, 36

Li divise per zone. La maggior parte abitava in strade vicine alla parrocchia di san Genesio. Altri, invece, in quartieri più lontani. Logico, pensò l'ispettrice, se tutti avevano fatto parte, sia pure in tempi diversi, della squadra di calcio, potevano benissimo venire anche da zone diverse.

Aveva trovato il tempo di informarsi: la «Fortitudo» della parrocchia era una delle squadre più note tra i ragazzi della città. Decise di muoversi a piedi, iniziando da via Musei e da via Carlo Cattaneo, le più prossime alla Questura.

In quell'elenco, un nome interessante c'era, ma Grazia Bruni, per quanto sveglia, non era dotata di facoltà divinatorie e non poteva saperlo.

La visita in vicolo delle Cossere, dove Grasso, incurante delle direttive di Miceli, aveva voluto andare a ficcare il naso, si rivelò un fiasco. Faustino Richiedei aveva ancora in cantina qualcosa: qualche fucile da caccia, una vecchia 38 e un'altra pistola che pareva un residuato bellico. Era ormai un vecchio grinzoso, ingobbito, gli occhi acquosi e un braccio pressoché inutilizzabile per la rottura dei tendini.

«Olà, Richiedei», lo apostrofò Grasso. «Sempre sulla breccia mi pare. A quanto ho saputo non hai ancora perso il vizio di vendere qualcosa sottobanco.»

Il vecchio si mise a piangere. Era sempre stato un buon commediante e l'ispettore non si fece commuovere.

«L'ultima arma che ho venduta è stata un fucile da caccia, un 12, che avevo trovato da una vecchia che era rimasta vedova. Era del marito e lei non sapeva che come erede doveva denunciarlo, altrimenti avrebbe corso il rischio di essere denunciata lei. In fondo ho fatto un'opera buona. Da allora più niente. A Brescia di armi clandestine ne sono girate sempre poche, qui non c'è la camorra e le rapine le fanno soprattutto i bergamaschi che vengono in trasferta.»

«E come fai a campare?»

«Con quei quattro soldi che mi passa mio figlio, che fa l'operaio e se li toglie di bocca perché sua moglie è stata licenziata, ha tre figli e tra poco lo mettono in cassa integrazione. Per fortuna che questo sacrificio dovrà farlo ancora per poco.»

«Cosa vuoi dire?»

«Che era partito come un tumore alla prostata e adesso sono pieno di metastasi dalla testa ai piedi. Non mi fanno più neanche la chemioterapia, perché mi hanno dato tre mesi di vita, se sono fortunato. Sto andando avanti con la morfina ma l'effetto...»

«Non è che per caso mi stai buggerando?» fece Grasso.

«Con lei non lo farei mai, ispettore. Ci conosciamo da tanti anni e, se avessi fatto qualcosa, glielo direi. Tanto in galera, con gli anni che ho e il cancro, non mi ci mandano e, se mi ci mandano, mangio gratis e non peso più su mio figlio. Se aspetta un momento le faccio vedere tutte le carte dell'ospedale, le ho qui nel cassetto.»

«Lascia perdere. Alla tua malattia ci credo, basta guardarti in faccia.»

«È quello che dice anche mio figlio, che vorrebbe farmi ricoverare. Ma a questo punto, infermeria per infermeria, preferirei quasi crepare in galera. Là, almeno, qualche vecchio amico ce lo trovo di sicuro.»

«E allora mi assicuri di non aver venduto a qualcuno una 6,35?»

«Una 6,35? Ma chi vuole che vada a comprarsi sottobanco una 6,35, ammesso che ce ne siano ancora in giro. Quella è una pistola da borsetta, che se non si spara a bruciapelo non fa neanche il solletico. Comunque, mai visto una 6,35 in vita mia, glielo posso giurare.»

«Io, comunque un'occhiata alla tua cantina voglio darla», disse Grasso. «Fammi strada.»

Il vecchio, con passo malfermo, si avviò verso il fondo della stanza e aprì una porta che dava su una scala ripida, schiacciando un interruttore della luce. «La lascio andare, io ormai faccio fatica ad andare giù. Comunque è inutile chiederle se ha un mandato di perquisizione...»

«Proprio inutile», confermò Grasso.

«Eh già. Vede che sono proprio rimbambito? Per le armi non occorre, c'è l'articolo 41...»

«Proprio rimbambito non lo sei, allora», commentò Grasso, mentre iniziava a scendere la scala col suo passo pesante. Si diede un'occhiata in giro: qualche fucile appeso a un gancio e un involto su un bancone di legno. Dentro le due pistole di cui gli aveva parlato il vecchio. Ragnatele ovunque, anche sui fucili e sull'involto. Non gli passò neanche per la testa di denunciarlo o di sequestrare le armi. Risalì la scala.

«Senti, Richiedei, quasi quasi sono disposto a crederti e non faccio neppure una perquisizione come si deve. Mi assicuri di non avere altre armi per casa?»

«Glielo giuro sulla testa di mio figlio.»

«Lascia stare i giuramenti. Tu devi solo farmi una promessa formale. E qui non mi devi fregare, perché altrimenti sono cazzi amari. In carcere ti ci faccio andare, ma con la raccomandazione di non darti neanche una fiala di morfina.»

«Tutto quello che vuole, ispettore.»

«Tu gli altri li conosci: via Gerre, via Rose di Sotto, via Pasubio, via Paitone. Di sicuro li conosci e ti informi se per caso hanno venduto una 6,35. Poi mi telefoni a questo numero», e scrisse qualcosa su un foglietto che strappò dal suo taccuino.

«Ma vuole che mi metta a fare la spia?»

«No, voglio che tu collabori con la giustizia, magari per la prima volta nella tua vita. Sono sicuro che il Padreterno ne terrà conto. E ti dico anche un'altra cosa, per metterti tranquillo: tu ti informi e, se per caso scopri qualche cosa, mi telefoni e io ti do la mia parola che non avrete grane né tu, né quello che ha venduto la 6,35. A noi interessa sapere chi l'ha comprata, non chi l'ha venduta.»

«Va bene, ispettore. Farò quello che mi ha chiesto e poi telefono», e gli tese la mano.

L'ispettore la strinse, con l'impressione di aver afferrato un mucchietto di ossa. Diede un'occhiata alla porta, semiaperta, che dava in strada. Tondelli ed Esposito camminavano avanti e indietro. Esposito stava fumando una sigaretta. Grasso tolse di tasca il portafoglio e ne prese una banconota da cinquanta che mise nella mano del vecchio.

«Ma cosa fa, ispettore?»

«Sta zitto, e mettitela in tasca», rispose Grasso, con tono burbero e si avviò a raggiungere i due colleghi che stavano fuori. Avevano lasciato la macchina a una ventina di metri, in un punto in cui la strada si allargava un poco.

«E adesso ci rifacciamo il giro degli armaioli di ieri», disse a Tondelli ed Esposito, che non gli chiesero neppure com'era andata. Non ce n'era bisogno.

Faustino Richiedei attese una decina di minuti dopo aver sentito la macchina allontanarsi. Poi chiuse la porta a chiave, aprì il cassetto dove teneva tutto l'incartamento dell'ospedale e ne levò un sacchetto di tela: dentro due 38, oliate alla perfezione e col caricatore pieno. Mise il sacchetto nello sportello della credenza, dietro una fila di piatti.

Era in previsione un colpo in un ufficio postale, per il mattino dopo, e gli interessati sarebbero passati a ritirarle verso le due di notte, pagandole a peso d'oro.

Grazia Bruni aveva concordato coi colleghi la linea che avrebbero dovuto seguire. Quantomeno nei passaggi essenziali, perché era impossibile prevedere la piega che avrebbe potuto prendere ogni singolo colloquio. Il ragazzo quando aveva frequentato l'oratorio di san Genesio e quando aveva giocato nella squadra di calcio? Non era mai accaduto nulla di insolito? Nessun inspiegabile calo nel rendimento scolastico? Il ragazzo non aveva mai rivelato turbamenti o mutamenti d'umore? Insomma, non avevano mai avuto motivo di sospettare che fosse stato oggetto di attenzioni particolari?

Passò l'intera giornata, iniziando da via Musei, suonando alle porte delle abitazioni che stavano in centro e saltabeccando da una parte all'altra della città, da via Trento a corso Venezia. Arrivò a sera sfinita e iniziò a rileggere i suoi appunti.

A volte aveva parlato con la madre, altre volte, soprattutto attorno all'ora di pranzo, con entrambi i genitori dei ragazzi. Nella maggioranza dei casi si era imbattuta in interlocutori che le erano sembrati tranquilli e sicuri. Qualche incertezza, qualificarla reticenza le pareva troppo, l'aveva colta solo in tre casi: la famiglia Cassetti, di corso Mameli; quella di Battista Signorini, al 16 di corso Matteotti, e i Mangili, di via Trento.

Lui, Osvaldo Mangili, era un medico internista, con una specializzazione in cardiologia. Lavorava come collaboratore esterno in una clinica, ma aveva anche un ambulatorio sotto casa, per le visite private. Un signore garbato che l'aveva accolta con gentilezza. Qualcosa non l'aveva però convinta del tutto. Ci ripensò: la bocca. Ecco, si trattava della bocca. Ma si fermò in tempo. Sto diventando paranoica, si disse, e se tiro nuovamente fuori questo argomento con Miceli... Non si può sospettare di una persona solo perché ha una bocca che non piace. E si mise la coscienza tranquilla, perché da tutti era uscita un'immagine di don Colombi che brillava per limpidezza.

Tranquilla, ma anche frustrata, come lo erano Palestrina, Garramone e Maccari, coi quali si confrontò nel suo ufficio a fine giornata.

«Sarà anche una strada obbligata», concluse Palestrina, «e il commissario ha sicuramente ragione, ma, secondo me, non ci porta da nessuna parte.»

«Ma non abbiamo ancora finito», cercò di obiettare Grazia Bruni, sia per incoraggiarli, sia per rassicurare se stessa.

«È vero», disse Maccari. «Ma anch'io la penso come l'ispettore Palestrina.»

Solo Garramone restò in silenzio. Era troppo preoccupato per quella tosse che lo aveva ripreso, certamente favorita da tutte quelle visite in case calde e accoglienti, dove la temperatura era di almeno dieci gradi superiore a quella esterna.

Anche Grasso, Esposito e Tondelli fecero quasi sera. Avevano trottato tutto il giorno, interrompendo solo per un panino e una birra. Si erano consultati. Esposito e Tondelli si sarebbero tenuti da parte. Grasso avrebbe fatto da testa d'ariete, dando per scontato ciò che ancora non sapevano. Il solito bluff, che però, spesso, si era rivelato pagante.

Questa volta avevano iniziato facendo il giro delle tre armerie di provincia.

Grasso aveva spianato la grinta, dopo aver sbattuto il suo tesserino sul bancone. «Qualcuno ci ha rifischiato che proprio da questo negozio è uscita una 6,35 che non è stata registrata. Ora, o lei me la racconta giusta, e la cosa potrebbe anche finire qui, oppure viene a Brescia con noi, in Questura.»

Come sbattere contro un muro. «Guardi, ispettore, che lei

si sbaglia, o si sbaglia chi le ha dato questa informazione. Qui ci sono i registri di carico e scarico. Potete controllarli e ricontrollarli e, se proprio volete, in Questura ci vengo. Salvo fare prima una telefonata al mio avvocato, perché, schiettamente, mi pare che stiate commettendo un sopruso.»

Eccetto qualche piccola variante, le risposte erano state sempre le stesse. I vari venditori il bluff erano andati a vederlo, sicuri di sé, e a Grasso, dopo un'occhiata ai colleghi, non era rimasto che abbozzare. «Penso che ci rivedremo», aveva sempre concluso, giusto per salvare la faccia.

Stesso copione nelle armerie della città.

Entrarono nell'ultima, già preparati a prendersi il solito ceffone. Ma qui, inaspettatamente, arrivò la sorpresa.

Capitolo 24

Il negozio stava per calare la saracinesca, ma Grasso fece il suo ingresso, imponendosi di assumere l'espressione del duro, sicuro di sé, come aveva fatto inutilmente per tutta la giornata. Dietro il banco, una donna, con delle lenti spesse da miope, forse la moglie del tizio che, vedendo l'ispettore, aveva lasciato la saracinesca a metà. Un cinquantenne, basso di statura e pingue, con i capelli rossicci, come quelli della donna dietro il banco.

Magari sono fratelli, pensò Esposito, che ebbe l'idea di togliere di tasca un taccuino e porgerlo a Grasso.

L'ispettore lo sfogliò un momento, soffermandosi su una pagina bianca. «Sì», disse a Esposito, «dovrebbe essere proprio questa. Vi ricordate di me?» chiese alla coppia.

L'uomo assentì, mostrando un pizzico di nervosismo.

«Vedo che avete buona memoria e la memoria vi aiuterà anche a ricordare la persona a cui avete venduto una 6,35 senza registrarne la vendita. Perché che l'abbiate venduta voi è un fatto pacifico, e allora, o rinfrescate i vostri ricordi, oppure a questo negozio ci mettiamo i sigilli. Facciamo una perquisizione coi fiocchi e ci portiamo via i registri. Anzi, portiamo via anche voi due, insieme ai registri.» Aveva parlato con sicurezza, a voce bassa, scandendo le parole. Era stato il nervosismo dell'uomo ad averlo incoraggiato.

Tondelli ed Esposito gli andarono dietro, aprendo e chiudendo gli scaffali protetti da ante di vetro, rinforzato da fitte grate di metallo. «Intanto cacciate i registri, in modo che possiamo consultarli con calma in Questura», fece Tondelli.

«E anche le chiavi di quegli scaffali in basso che sono chiusi», aggiunse Esposito.

La donna prese da un cassetto due registri che consegnò a Tondelli. Un lieve tremito nelle mani, che non sfuggì a Grasso.

«Se avessimo ceduto una 6,35 senza registrarne la vendita, parlo in teoria naturalmente, cosa ci potrebbe accadere?» chiese l'uomo.

Grasso fu preso in contropiede. Non lo sapeva e cercò di cavarsela in qualche modo. «Questo lo deciderà prima il commissario, e poi il Procuratore della Repubblica. Intanto, chiudiamo il negozio e voi venite con noi. Abbiamo la macchina qui fuori.»

«Potrei fare una telefonata?» chiese la donna, con aria smarrita.

«Al suo avvocato? Più tardi, dagli uffici della Squadra mobile.»

«No, ispettore, non all'avvocato, un avvocato non lo abbiamo. A casa. A mia sorella che ci tiene i bambini fino all'ora di chiusura e ci aspetta per potersene tornare a casa sua.»

«Al tempo», fece Grasso. «Prima ci raccontate tutto e poi vediamo per la telefonata.» Stava andando giù piatto, ma la situazione che si era creata lo aveva rinfrancato.

«Colpa tua», esclamò all'improvviso quello che doveva essere il marito. «Se non fosse stato per te... Anzi, non è che voglia scaricare tutto su mia moglie, ma se ci fossi stato io in negozio questa scema non si sarebbe fatta convincere.»

«Guardi che lei è ugualmente responsabile», disse Tondelli.

«Sì, sì, d'accordo, ma ormai è fatta e quella lì non aveva neanche preso le generalità della persona che si è portata via la 6,35. Io non c'ero e non l'ho neppure vista. Come facevo a rimediare alla cazzata di questa cretina?»

«Magari falsificando il registro di carico?» chiese Esposito. «Con la scolorina non ci vuole molto e a un'occhiata superficiale il pasticcio potrebbe anche passare inosservato. È così o mi sbaglio?»

L'uomo non rispose nulla.

«Allora, signora, quando ha venduto questa pistola e, soprattutto, a chi l'ha venduta?» chiese Tondelli con tono garbato.

La donna si mise a piangere. «Un paio di mesi fa. Non so neanch'io perché mi sono fatta convincere...»

«Ci può dare una descrizione del tizio che l'ha acquistata?» domandò Grasso.

«Il tizio?» chiese lei con aria sorpresa. «Non era un uomo, era una donna.»

A Grasso per poco non prese un colpo, ma si riprese alla svelta. «Certo, certo, una donna. Una donna sulla quarantina, direi...»

«Per me era verso i cinquanta. Una signora distinta, che...»

«Saprebbe riconoscerla?»

«Non credo. A volte mi dimentico a casa gli occhiali, ma sono molto miope. No, non credo che saprei riconoscerla.»

«E va bene», disse Grasso. «Adesso, però, in Questura ci venite e la telefonata a sua sorella la può fare. Vedremo cosa ne pensa il commissario. Ma è una persona abbastanza comprensiva. Per intanto dica a sua sorella che sarete costretti a fare un po' tardi. Adesso possiamo andare.»

Esposito era uscito un momento prima dal negozio, per accendersi una sigaretta. Venne raggiunto da Grasso, mentre Tondelli era ancora dentro. Esposito emise un fischio. «Grande, sei grande, ispettore Grasso!»

«Lo so», rispose Grasso. «Ma se non ti dispiace, cerca di ricordare che mi dai del lei.»

«Una donna?» chiese Miceli a Grasso.

«Sì, una donna sulla cinquantina, più o meno. Ma mi ha già detto che difficilmente sarebbe in grado di riconoscerla.»

«Questo non sposta molto. Perché, anche se fosse in grado di effettuare un riconoscimento, dovremmo sottoporle, se le avessimo, tutte le fotografie delle donne intorno ai cinquanta che stanno a Brescia, volendo limitarci alla città, e potrebbero arrivare a dieci o quindicimila. Piuttosto, come ha giustificato questa vendita?»

«Ha solo detto che si è fatta convincere, ma preferisco che la senta lei», rispose Grasso.

«Non dirmi che te la sei portata dietro...»

«Certo, è qui fuori, col marito che pare non ci fosse al momento della vendita e, a cose fatte, deve aver manipolato il registro di carico.»

Miceli si passò una mano sulla fronte, come faceva sempre quando era stanco. «Va bene, falla entrare.»

La donna entrò e rimase in piedi davanti alla scrivania del commissario, che non si era alzato. «Si sieda. Dunque è lei che ha venduto sotto banco una 6,35 a una signora?»

«Sì.»

«Il mio ispettore mi ha detto che lei si è fatta convincere. Cosa voleva dire esattamente? Me lo vuole spiegare?»

«Be', la donna sembrava una persona per bene. Questa, almeno, è stata la mia impressione perché, come ho già detto, mi ero dimenticata a casa gli occhiali e senza ci vedo poco. Ma si capiva che era una signora. Da quel po' che ho potuto vedere del vestito e anche dalla voce...»

«Voglio sapere, con precisione, cosa le ha detto», fece brusco il commissario.

«Mi ha detto che voleva una pistola, anche la più piccola che avevo in negozio, perché aveva paura a restare in casa da sola, con la gente che c'è in giro oggi. Ma il marito non ne voleva sapere e glielo aveva proibito assolutamente. Mi è sembrato che avesse paura del marito e si è messa quasi a piangere. E io mi sono fatta convincere. Anch'io ho un po' paura quando resto in casa da sola.»

«Abbia pazienza, signora, ma, o lei non me la racconta del tutto giusta, oppure è una grande sciocca», sbottò Miceli, dimenticando per un momento il suo consueto garbo.

«Perché, commissario? Io le ho detto la pura verità.»

«Ma, benedetta lei, se le cose sono andate come mi ha appena raccontato, perché non ha registrato la vendita della pistola? Cosa ne avrebbe saputo il marito? Non sarebbe certo andato in giro a consultare tutte le armerie della città per assicurarsi che la moglie non avesse comperato una pistola a sua insaputa!»

La donna lo guardò, con aria un po' ottusa. «Non ci ho pensato. Mi è sembrato che...»

«Va bene, va bene», concluse Miceli che stava perdendo la pazienza. «Adesso firmi il verbale ed esca.»

Entrò il marito, che confermò quello che aveva già detto a Grasso. «Sì, ho aggiustato io il registro, dopo che quella stupida di mia moglie aveva fatto la frittata. A quel punto cosa potevo fare?»

«Non aggiungere sciocchezza a sciocchezza», rispose, asciutto, il commissario. «Da quando siete entrati nel negozio, fino a che sono arrivati qui, non è che si siano parlati tra loro?» chiese il commissario a Grasso quando rimasero soli.

«No, assolutamente. Però guardi che, salvo quella specie di spiegazione, hanno ripetuto quello che già mi avevano detto al negozio e, siccome c'eravamo già stati ieri, dovevano essere tranquilli.»

«Questo non è detto», osservò Miceli. «Voi già eravate andati a chiedere di una 6,35 e possono essere stati messi in stato d'allarme e, avendo la coda di paglia, averci confezionato questa storiella strappalacrime.»

Grasso ci pensò un momento. «Possibile anche questo», disse alla fine.

«Comunque li denunciamo a piede libero e li mandiamo a casa. Lasciamo che decida Martinelli. Adesso sentiamo i nostri colleghi che si sono dedicati ai registri parrocchiali.»

Entrarono gli altri e qui tutti allargarono le braccia, sconsolati.

«Niente», disse per tutti l'ispettore Palestrina. «Anche se è accaduto qualcosa ai ragazzi, ho l'impressione che rimarrà sepolto, come sepolto è ormai don Colombi. Ma credo che ci fosse da aspettarselo. Se qualche ragazzo è stato oggetto di attenzioni particolari, se lo è tenuto per sé e non ne ha parlato coi genitori. E, se per caso ha parlato coi genitori, questi, anche per tutelare il ragazzo, non ce lo diranno mai. È la norma, e quella della madre del seminarista di don Mottola è stata un'eccezione. Per noi, ne abbiamo parlato prima, è stato come sbattere la testa contro un muro.»

Tutti gli altri annuirono, meno Grazia Bruni, che tamburellava con la penna sul suo blocco di appunti.

«Che c'è, Bruni? Per caso a te è andata diversamente?» chiese Miceli.

«No, commissario, anch'io ho fatto un buco nell'acqua. Però ci sono alcune situazioni che non mi hanno convinto del tutto, che mi hanno destato qualche perplessità.»

«Spiegati meglio», la incoraggiò Miceli.

«Si tratta di tre casi: Cassetti, la famiglia sta in corso Mameli; Signorini, di corso Matteotti, e Mangili, di via Trento.»

«E da che cosa derivano le tue perplessità?» chiese il commissario.

«Dal fatto che in tutti e tre i casi i ragazzi, Piero Cassetti, Battista Signorini e Marco Mangili, erano presenti, o meglio, non presenti quando ho parlato con i genitori, ma presenti quando sono arrivata, andandosene quando ho detto che avrei preferito un colloquio con i soli genitori. Ebbene, in tutti e tre i casi i ragazzi mi sono sembrati molto nervosi, pareva quasi che fossero preoccupati che un ispettore di Polizia volesse parlare con i genitori...»

«Non mi pare poi questa gran cosa», disse Miceli. «Arriva un ispettore di Polizia che vuole parlare con i genitori, anche volendo prescindere dal fatto che molti ragazzi possono avere la coda di paglia per le ragioni più varie, che so... un furtarello, uno spinello, cose del genere... Qualunque figlio bennato può anche preoccuparsi, innervosirsi. Direi che ci troviamo di fronte a reazioni che rientrano nella norma.»

«Sì, sì, probabilmente ha ragione e sono io che... Comunque, quel dottor Mangili non mi è piaciuto per niente. Un gentiluomo all'apparenza, uno che mi ha accolta con estrema gentilezza, ma...»

«Fermati, Bruni, fermati, per favore», esclamò Miceli, cercando di contenere un sorriso. «Non vorrai dirmi, per caso, che aveva una bocca particolare? Una di quelle bocche che ti mettono sempre in allarme... Anche se io, sinceramente, non ho ancora capito cosa...»

«Esatto, commissario, la bocca. Una bocca che subito non mi è piaciuta, nonostante tutti i suoi sorrisi.»

Il commissario tirò un respiro profondo. «Senti, Bruni, te lo dico qui, davanti a tutti. Tu sei forse la persona su cui faccio più conto tra i miei collaboratori. È la verità e gli altri non me ne vorranno. Ma questa storia della bocca... Magari avrai anche ragione, può darsi che le donne abbiano una sensibilità particolare, ma a convincermi non ci arriverai mai. E poi, a proposito, stiamo cercando di capire se qualcuno ce l'aveva con don Colombi, o con questo dottor Mangili? Pensaci un momento. Perché, se dovessimo, e ovviamente parlo in astratto, prendere per un momento per buoni i tuoi sospetti, o meglio le tue sensazioni, dovremmo dedurre che qualcuno ce l'aveva col dottor Mangili e, invece di prendersela con lui, se l'è presa con don Colombi e poi con don Mottola, senza contare don Carrino che con gli altri due non c'entra per nulla. E allora...»

«Basta, commissario, ha perfettamente ragione e non mi resta che fare ammenda», disse Grazia Bruni, a voce bassa.

«Bene», riprese Miceli. «Allora, lasciando da parte questo Mangili, mi pare che l'unica novità della giornata sia quella che ci hanno portato Grasso, Tondelli ed Esposito. Abbiamo una 6,35 che forse è stata acquistata da una donna, una signora sui cinquanta di cui non sappiamo nulla. È un passo avanti? Qualcuno potrebbe anche ritenere di sì. Un passo piccolissimo, però, anche perché la signora della 6,35, sempre che quella dell'armeria ce l'abbia raccontata giusta, in questa storia potrebbe non entrarci per nulla. Anzi, la novità potrebbe anche essere fuorviante e noi...»

«Ci troviamo in un casino come prima, anzi, in un casino anche più grosso», borbottò Grasso.

«Mi hai tolto le parole di bocca», concluse Miceli. «Che posso dire? Che ognuno ci pensi su, per conto proprio, e, se per caso gli si accende una lampadina, me lo venga a dire subito. In ogni caso, tutti i giorni, riunione da me alle otto. Magari solo per dirci che siamo sempre al punto di partenza.»

Capitolo 25

Il commissario Miceli si trattenne un altro po' in ufficio. Chissà come stava Petri? Provò a chiamarlo e gli rispose al secondo squillo. «Dottor Petri! Sono Miceli e dal momento che è lei a rispondermi devo dedurre che la sua salute va meglio.»

«Un po' meglio sì», rispose Petri con voce cavernosa. «Ma solo nel senso che sono praticamente sfebbrato e Anna mi ha messo il telefono sul comodino da notte. Ma mi è rimasta una brutta tosse e, per quanta buona volontà ci metta, fumare mi riesce ancora difficile.»

«Capisco», disse, serio, Miceli. «Per lei deve essere un bel problema.»

«A chi lo dice», fece Petri. «Comunque, Miceli, mi ha telefonato soltanto per informarsi sul decorso della mia influenza, o ci sono novità?»

«Per entrambe le cose. Abbiamo fatto un lavoraccio sui registri parrocchiali, limitandoci ai ragazzi che nel tempo hanno fatto parte della squadra di calcio, di cui si occupava proprio don Colombi. Poi abbiamo contattato le famiglie, ma non è emerso nulla. Pare che il nostro con i ragazzi si sia sempre comportato in modo ineccepibile, per lo meno a quanto hanno sostenuto i genitori. Solo Grazia Bruni, in tre colloqui, ha avuto modo di vedere, sia pure di sfuggita, il figlio, e in tutti e tre i casi il ragazzo le è sembrato molto nervoso, ma si tratta solamente di un'impressione della nostra Bruni e...»

«Solo in questi tre casi ha avuto modo di vedere il ragazzo?»

«Sì, nelle altre occasioni c'erano soltanto i genitori.»

«E allora anche in altre occasioni avrebbe potuto trovarsi

di fronte a ragazzi nervosi. La Polizia che ti arriva in casa non è una situazione che ti possa lasciare tranquillo, soprattutto se sei un ragazzo e puoi avere anche altri motivi per preoccuparti.»

«È quello che ho pensato anch'io», disse Miceli. «Prima che mi passi di mente. Mi ha telefonato Martinelli. Mi ha detto di aver parlato a cuore aperto col direttore del Seminario, che ha però escluso che possano esservi stati altri sacerdoti che hanno insidiato dei ragazzini.»

«Non mi sarei aspettato il contrario e sono quasi certo che Martinelli si sia presentato col cappello in mano. Comunque a suo merito che il tentativo l'abbia fatto. Ma in fondo era anche abbastanza logico che si chiudessero a ostrica, ammesso e non concesso di trovare un prete che, a sua volta, ti risponda a cuore aperto.»

Miceli non fece commenti. «L'unica novità», proseguì, «viene da Grasso e Tondelli: un'armeria della città, un'armeria ufficiale intendo dire, ha effettivamente venduto una 6,35 in tempi abbastanza recenti, un paio di mesi fa più o meno, senza registrare la vendita.»

«E perché avrebbero fatto una cosa del genere?» chiese Petri. «E a chi l'hanno venduta?»

«Questo non lo sappiamo con certezza, parlo della vendita non registrata, perché la donna...»

«Quale donna?»

«Quella che ha acquistato la 6,35. Si tratterebbe di una donna che avrebbe convinto la moglie del proprietario a venderle la pistola per sua difesa personale, sostenendo che il marito non avrebbe mai dovuto saperlo perché era assolutamente contrario ad avere armi in casa.»

«Guardi, Miceli, che quella, la venditrice voglio dire, a meno che non sia una cretina integrale, non può avervela raccontata giusta. Cosa c'entra una vendita non registrata col fatto che il marito fosse contrario all'acquisto?»

«È proprio l'osservazione che ho fatto io», rispose il commissario. «Il fatto è che di questa donna non sappiamo nulla: niente registrazione e niente documenti, ovviamente. Sappiamo soltanto che si trattava di una cinquantenne che dava l'impressione di essere una signora per bene. In ogni caso la venditrice, che ci vede solo a un palmo dal naso, non sarebbe in grado di riconoscerla.»

«Quella vi ha raccontato un sacco di balle e la storia della donna che non voleva far sapere al marito di aver acquistato l'arma se l'è inventata per commuovervi. E siamo punto e daccapo», brontolò Petri. «E lo siamo perché questa donna misteriosa, ammesso e non concesso che esista, potrebbe anche non entrarci per nulla, e il killer potrebbe essere tra coloro che una 6,35 la possiedono regolarmente.»

«Questo lo sapremo abbastanza presto. Sto facendo rastrellare per un controllo tutte le 6,35 denunciate, e Giusti farà i necessari confronti. Perché, ancora una volta, lei sta ripetendo quello che ho detto io ai miei collaboratori. Vedo che siamo completamente d'accordo.»

«Cosa che mi fa piacere, senza dubbio», disse Petri. «Anche se l'unica conseguenza, visto che alle 6,35 registrate ci credo poco, sarà che saremo in due a non capirci nulla, cosa che non mi pare molto incoraggiante.»

«E anche questa volta non posso darle torto, dottor Petri.»

«E la pianti di darmi ragione, Miceli, anzi, mi scusi, è che quando sono ammalato do il peggio di me. Adesso, però, la devo lasciare. Mi ha fatto parlare per un quarto d'ora e mi sento di nuovo bruciare la gola. Lo sa cosa significa?»

«Me lo dica lei», rispose Miceli.

«Significa che con la gola che mi brucia non riuscirò neppure a fumarmi quell'unica, stramaledetta sigaretta che mi concedo una volta al giorno.»

«E questo è davvero un grosso guaio», concluse il commissario.

Capitolo 26

Novembre volgeva al termine. Giornate umide e fredde, non solo a Brescia, ma in tutto il settentrione.

Nei viali, dove la gente camminava nella parte interna, divisa dai platani che si rincorrevano al bordo del ring, le foglie, che le frequenti piogge avevano appiccicato sull'asfalto, avevano formato un manto scivoloso che rischiava di mandare a gambe all'aria.

Dopo una primavera che si era vista solo sul calendario, un'estate con un caldo appiccicoso che rendeva difficile respirare, e poi un autunno precoce, che sembrava preludere a un'invernata peggiore della precedente.

Petri si era completamente ripreso. All'insaputa di Anna era andato all'ASL a farsi fare il vaccino antinfluenzale che, secondo lui, lo avrebbe messo al riparo da nuove brutte sorprese, e anche una cura preventiva contro la bronchite. Questa gliel'aveva consigliata la Belvedere, passatagli al telefono a tradimento da Anna, quando non se l'aspettava.

« Vedrai, Carlo, che con questa cura riuscirai a superare l'inverno senza problemi », gli aveva detto la dottoressa. « Ovviamente, io cerco di metterti al riparo da eventuali ricadute o complicazioni, avendo riguardo ai tuoi bronchi che sono purtroppo quello che sono. Tu, naturalmente... »

« Dovrei dimenticarmi le sigarette », l'aveva interrotta lui.

« Vedo che ormai l'hai capito da solo », aveva risposto la dottoressa.

« Cercherò di diminuirle, anche perché con questa cura preventiva contro la bronchite... »

«Sei proprio una causa persa. Ripassami Anna, per favore.»

Petri era abbastanza soddisfatto. Era riuscito a cavarsela senza visite e, soprattutto, senza analisi e radiografie.

Aveva ripreso le sue passeggiate quotidiane, avendo cura di coprirsi bene e di non dimenticare mai l'ombrello. Qualche volta usciva anche la sera, con Anna, quando si lasciava convincere ad andare a vedere l'ultimo film che ormai proiettavano solo nelle multisale, ficcate in centri commerciali che odiava con tutte le sue forze. Soprattutto per quei luoghi, a mezzo tra un bar e un ristorante, sempre affollati da padri, madri, vecchi e bambini, che si ingozzavano di hot-dog e Coca-Cola, in quello stravolgimento che, a suo parere, pareva rincorrere la peggior cultura d'oltreoceano. Ed era un'occasione per rimpiangere le piccole, vecchie trattorie che andavano scomparendo a una a una, chiudendo i battenti, così come avevano fatto i vecchi cinema del centro, l'Adria, il Centrale, il Crocera e l'Odeon, il più grande, con platea e galleria, che apparteneva ai ricordi della sua adolescenza, quando riusciva a entrarci per vedere uno spettacolo vietato ai minori di sedici anni, e che da oltre un quarantennio era stato soppiantato da un grande magazzino.

Nonostante il tempo, al quale era molto sensibile, l'umore di Anna era nettamente migliorato e i battibecchi, così frequenti negli ultimi tempi, sembravano ormai un ricordo. Petri, che nel quotidiano si accontentava di poco, si era quasi rasserenato, salvo quella piccola ombra che non riusciva a scacciare. Si era ormai convinto che quelle di Anna non fossero bizze, come una volta gli era imprudentemente scappato, ma qualcosa di più profondo che, per quanto ci si arrovellasse, non riusciva a comprendere e a soddisfare. A volte si chiedeva se solo a lei appartenessero, o alle donne in genere, alternativa che però non lo aiutava a uscirne, lasciandolo senza dubbio in uno stato di frustrazione che rasentava pericolosamente quello di inferiorità, impressione certo non esaltante per un settantenne che, magari con un pizzico di superficialità, pensava di avere attraversato la propria vita con un certo grado di consapevolezza, o addirittura di sicurezza.

Anna, comunque, gli sembrava essere ritornata la donna di un tempo, quella che aveva amato e continuava ad amare. Aveva ripreso a fumare tranquillamente e vedeva con un certo ottimismo il futuro, per lo meno quel pezzo che ancora gli restava, ma sulla cui durata non si poneva problemi, preferendo non soffermarcisi.

Quella sera non pioveva. Lui, come spesso gli accadeva, si era prefigurata una serata casalinga, quando Anna se n'era uscita con la proposta di andare al cinema, allo spettacolo delle venti, in una sala in periferia che ancora teneva duro e nella quale, di solito per un paio di giorni, passavano film che magari a Milano stavano in cartellone per un mese intero, ma che in provincia parevano destinati a non fare cassetta.

Anna gli aveva sventolato sotto il naso un foglio stampato da entrambi i lati. Sul frontespizio una croce vagamente bizantina e, appena sotto, in grassetto, la frase «**7 vies données pour Dieu et pour leurs frères en Algérie**», a cui, in caratteri più piccoli, tanto che fu costretto a mettersi gli occhiali, ne seguiva un'altra, molto più lunga, che lesse attentamente:

«*Enlevés dans la nuit du 26 au 27 mars 1996, assassinés le mardi 21 mai 1996, ils ont été entourés de tous leurs voisins musulmans bouleversés et ils ont été ensevelis dans la terre de leur monastère de Tibhirine, le mardi 4 juin 1996.*

L'Église d'Algérie les avait associés dans une même célébration aux funérailles de leur protecteur et ami le cardinal Léon-Etienne Duval, archevêque émérite d'Alger décédé le 30 mai 1996.»

A seguire, tre sul davanti e quattro sul retro, le fotografie a colori, dei sette monaci benedettini francesi, partiti per l'Algeria negli anni Ottanta.

Petri abbassò gli occhiali sul petto e guardò Anna. «Da dove viene questa pubblicazione?»

«Da un'amica che fa parte del mio coro. Sua sorella, qualche anno fa, ha visitato in Francia l'abbazia in cui era entrata la maggior parte di quei monaci e ha saputo tutta la storia. Adesso ne hanno fatto un film che lo scorso anno proiettavano a Parigi e che è finalmente arrivato da noi. Si chiama *Uo-*

mini di Dio e di certo vale la pena di vederlo. Ne ho letto molto bene e anche se tu, magari... »

« Io cosa? Ci vengo molto volentieri », rispose Petri, ancora ignorando che quel film avrebbe fatto molta fatica a scordarlo. Una di quelle esperienze destinate a lasciare un segno e a far riflettere a lungo, magari portando a rivedere molte cose su cui non ci si era soffermati abbastanza, se non in una giovinezza sempre più lontana, sbiadita dall'incalzare degli anni e delle cose. Fu quello che accadde a Petri, che se ne restò inchiodato sulla poltrona per un'ora e mezzo, da solo, come se Anna non fosse seduta accanto a lui, senza fare il minimo commento, neppure a mezza voce.

Tornarono a casa a piedi, lentamente, in silenzio.

« Ti è piaciuto il film? » si limitò a chiedergli Anna.

Lui annuì col capo.

« Non sono ancora le dieci e penso che avrai voglia di mangiare qualcosa. Abbiamo in frigorifero ancora un po' di ragù. Un quarto d'ora, tu apparecchi la tavola e ti preparo un buon piatto di pasta. »

« Certo... » rispose Petri, distrattamente. Prese i piatti e le posate, posandoli sul canto della credenza e, mentre stava per stendere la tovaglia, vide su un angolo del tavolo il foglio che Anna gli aveva fatto leggere prima di uscire. Si sedette, con la tovaglia ancora ripiegata che pose sulle ginocchia, e si mise a osservare le fotografie dei sette benedettini, infilandosi gli occhiali per meglio decifrarne le fattezze:

Frère Christian (Christian de Chergé) 59 ans, Prieur du monastère
Frère Luc (Paul Dochier) 82 ans, médecin
Frère Christophe (Christophe Lebreton) 45 ans
Frère Michel (Michel Fleury) 52 ans
Frère Bruno (Christian Lemarchand) 66 ans
Frère Célestin (Célestin Ringeard) 62 ans
Frère Paul (Paul Favre-Miville) 57 ans

Lesse la lunga preghiera-testamento di frate Christian, il priore:

Quand un A-Dieu s'envisage

S'il m'arrivait un jour – et ça pourrait être aujourd'hui – d'être victime du terrorisme qui semble vouloir englober maintenant tous les étrangers vivant en Algérie, j'aimerais que ma communauté, mon Église, ma famille, se souviennent que ma vie était donnée à Dieu et à ce pays

....

....

Et toi aussi, l'ami de la dernière minute, qui n'aura pas su ce que tu faisais. Oui, pour toi aussi je veux ce merci, et cet A-Dieu en-visage de toi. Et qu'il nous soit donné de nous retrouver, larrons heureux, en paradis, s'il plaît à Dieu, notre Père à tous deux. Amen! Inch'Allah!

Alger, 1er décembre 1993 – Tibhirine, 1er janvier 1994
Christian +

Anna lo trovò così, con lo sguardo perso, mentre davanti gli scorrevano le immagini del deserto, di un chiostro, dei campi e dei giardini attorno al monastero sopra una collina, di donne e bambini con le carni lacerate, che venivano amorosamente curati, di guerriglieri e di divise dell'esercito che di notte bussavano rabbiosamente ai battenti di legno della porta del cortile, di tonache bianche svolazzanti, del loro coraggio, delle loro paure, delle loro incertezze, della loro fede che impediva di distinguere tra cristiani e musulmani. Del dono più grande che da Dio avevano ricevuto: quello di non giudicare.

Anna comprese tutto e lo accarezzò sul capo. Mise da parte la zuppiera fumante che aveva in mano e prendendolo sottobraccio, si avviò con lui verso la camera da letto, senza dirgli nulla.

Questo stato di grazia durò alcuni giorni. Poi Petri ritornò tra i vivi. Aveva una grande capacità di ripresa.

La settimana successiva vennero invitati a cena da Miceli. Fu una serata paciosa e sia lui che il commissario parvero ignorare quella maledetta indagine che pareva non avere sbocchi.

«Forse si sono messi il cuore in pace», disse Lucia Miceli ad Anna, in cucina, mentre insieme cercavano di fare un po' d'ordine.

«Io non ne sarei così sicura», ribatté Anna. «Carlo, dopo alcuni giorni in cui pareva in trance, ma questa è una storia che non posso raccontarti, anche perché appartiene solo a lui, è tornato del solito umore. Ma spesso mi capita di coglierlo con lo sguardo perso dietro a qualcosa, uno sguardo che conosco bene, e la mia impressione è che, dopo una parentesi tutta sua, sia tornato a rimuginare su quella storia di cui non sono riusciti a venire a capo. E quasi ne sono contenta. Sono certa che gli farà bene alla salute, quella fisica e quella mentale.»

«Tu dici?» chiese Lucia, che le parole sibilline di Anna avevano lasciata un po' perplessa.

«Non posso affermarlo con certezza, ma la mia impressione è questa.»

Lucia Miceli aveva sospirato. Anna non si sbagliava.

Capitolo 27

Il due dicembre fu una giornata che tutti avrebbero ricordato, e non solo per il ritorno di una tramontana rabbiosa che fin dal primo mattino aveva spazzato le vie della città, facendo volare qualche tegola malsicura e spezzando i rami degli alberi più vecchi, dal Castello fino a san Polo, all'estrema periferia sud.

Petri, che ormai si alzava sempre più presto per preparare la colazione ad Anna, era rimasto a lungo dietro i vetri della cucina, a osservare il suo albero, preoccupato per quel vento che non gli dava tregua, mettendolo a dura prova. I passeri erano scomparsi. Chissà dove si erano rintanati, pensò. Ma era l'albero a preoccuparlo, perché, se uno dei grandi rami si fosse spezzato, abbattendosi sul cortile, la sua guerra con i coinquilini che volevano definitivamente sbarazzarsene poteva considerarsi persa e, alla sola idea, si sentiva smarrito.

Ma le ragioni del suo smarrimento erano anche altre. Pur non essendo più tornato sull'argomento con Anna, temendo di mettere in pericolo quel fragile equilibrio che si era ricreato, la faccenda di tutti quei preti ammazzati gli era rimasta di traverso. Anche perché aveva l'impressione che Miceli avesse fatto conto su di lui, rimanendo deluso dal fatto che nessuna idea nuova gli fosse arrivata. Forse si spiegava anche così il fatto che il commissario, durante la cena di alcuni giorni prima, non avesse neppure toccato l'argomento.

E va bene, pensò per l'ennesima volta, questa è una faccenda che forse dovremo metterci alle spalle. Dovremmo cercare di dimenticarla, come è accaduto in altri casi. E si trovò a ripensare a tutti gli episodi che, nella sua lunga carriera, non era riuscito a risolvere, pur essendocisi impegnato fino allo spasimo, finendo col dover ammettere che, per quante ipotesi avesse formulato, per quante vie avesse cercato di battere, non era riuscito a venirne a capo. Con un'amarezza che aveva faticato a cancellare, non tanto per il colpevole che non era riuscito ad acciuffare – questo era forse il meno perché di colpevoli impuniti il mondo era e sarebbe stato sempre pieno – quanto per la delusione che certamente aveva dato a qualche giovane pubblico ministero che aveva contato sulle sue capacità e, cosa molto più grave, ai famigliari della vittima, che nei suoi confronti avevano nutrito una cieca fiducia.

Ma perdinci!, si disse in un sussulto rabbioso, un conto è un omicidio irrisolto, ma tre, chiaramente legati tra loro, per di più... Aveva il viso scuro e si sforzò di sorridere ad Anna che entrava in cucina, già vestita e pronta per uscire.

«Ma che tesoro il mio Carlo. La colazione già pronta e...»

«La moka sul fornello. Adesso lo accendo. Ma tu, oggi, devi proprio uscire?»

«Sì, Carlo. Ho un paio di lezioni che mi terranno impegnata per tutta la mattina. Purtroppo non sono ancora una pensionata e...»

«Certo, certo», fece Petri, tagliando corto. «Il pensionato sono io e il minimo che possa fare è quello di farti trovare la colazione pronta.»

«Scusami, Carlo.»

«Non c'è da scusarsi, dal momento che le cose stanno esattamente in questi termini.»

Capitolo 28

Neppure il dottor Osvaldo Mangili quel mattino, con quel tempaccio, aveva una gran voglia di uscire di casa, e indugiò a lungo al tavolo della colazione. Ma il latte era troppo caldo, i biscotti, a suo avviso, raffermi, e il caffè una bevanda insapore. Se almeno le arance... macché, acide anche quelle. E i kiwi duri come pietre, lui che solitamente ne mangiava almeno un paio per combattere quella stipsi che da sempre era stata la sua croce. Si alzò di umor nero, incrociando la moglie ancora in vestaglia.

«Perché quella faccia scura, Osvaldo?»

«Perché la colazione era un cesso, il tempo è orribile e dovrò restarmene in clinica dalle nove fino alle quindici, pranzando alla mensa interna.»

«Mi dispiace, caro.»

«Cosa ti dispiace? Che mi hai preparato una colazione da schifo, o che me ne debba andare in clinica per sei ore, pranzando come un barbone, e poi tornarmene a casa e affrontare cinque cardiopatici del cazzo? E sbattermi fino a sera. Sbattermi come faccio tutti i giorni, per mantenere te e i tuoi abiti di sartoria e quel buono a nulla che abbiamo messo al mondo e a cui bisogna cavare una parola di bocca con le pinze...»

«Parli di me?» chiese Marco che, zaino sulle spalle, era apparso sulla porta, pronto a uscire.

«No, no, volevo dire che...»

Marco uscì, sbattendo il portoncino di casa e il dottor Mangili, con una manata, rovesciò sulla tovaglia la tazza del latte e la brocca con la spremuta d'arancia. In bagno era già stato. Infilò una camicia pulita, si annodò con cura la cravatta e indossò il loden. Da via Trento alla clinica erano dieci minuti di macchina.

Fu una giornata più pesante del solito. Trovò modo di litigare con un collega e mandò al diavolo due infermiere che, secondo lui, non capivano nulla e non avrebbero mai capito nulla.

Quando tornò a casa, alle tre e un quarto, si infilò direttamente nello studio che aveva a piano terra e ci rimase fino alle sei, quando liquidò l'ultimo paziente a pagamento. Aveva fatturato due visite su cinque e si sentiva quasi un eroe. Alla mensa si era fatto ingolosire da un piatto di lasagne che gli si erano piazzate sullo stomaco e adesso aveva mal di testa. Ma il vento era cessato e la temperatura si era mitigata. Due passi mi faranno bene, pensò. Tanto quella cretina fino alle sette dal tavolo della canasta non la schioda nessuno. Infilò il portone, percorse tutta via Trento e girò a sinistra, evitando via san Faustino, con quella maledetta gru e quei musi scuri che forse ci stavano ancora appollaiati. Imboccò contrada Santa Chiara, proseguendo per via Gasparo da Salò. Voleva arrivare fino in piazza Loggia e farsi un aperitivo, magari con una compressa di Saridon, che si portava sempre in tasca.

Era quasi arrivato alla chiesa di san Giuseppe, quando le luci si spensero all'improvviso. Il proiettile gli entrò nella nuca, andando ad annidarsi nel mezzo del cervello. Il dottor Osvaldo Mangili si abbatté al suolo, faccia avanti, gli sfinteri che si allentavano. Il problema della stipsi, almeno per quel giorno, lo aveva risolto.

Quando gli telefonarono, il commissario Miceli era naturalmente ancora in ufficio. Sobbalzò sulla poltrona e guardò Grazia Bruni, che gli stava sottoponendo un caso di supposta malasanità, denunciato poche ore prima da un marito disperato, che aveva perso la moglie in sala parto.

«Fermati, Bruni, abbiamo un altro omicidio, pochi minuti fa, all'inizio di via Gasparo da Salò, a due passi da piazza Loggia.»

«Un altro prete?»

«No, questa volta per fortuna no. Non sappiamo ancora

chi sia, ma ci andiamo subito. Aspetta che telefono in Procura al sostituto di turno e tu vedi se c'è Giusti. Ci portiamo dietro anche quelli della Scientifica.»

Ci arrivarono in pochi minuti. L'uomo col loden era ancora a faccia in giù, un braccio proteso in avanti e l'altro dietro, quasi aderente al corpo, come un nuotatore che facesse il crawl. Una Volante e due vigili urbani tenevano lontani i curiosi disposti a semicerchio.

«Via tutti, fate allontanare tutti», disse Miceli ai due agenti della Volante. «E tu, Giusti, fai recintare la zona e mettiti al lavoro. Qualcuno ha visto qualcosa?»

Solo cenni di diniego, salvo una donnetta che fece un passo avanti. «Sono stata io a trovarlo. Ero appena uscita di chiesa e me lo sono trovato davanti, come lo vedete adesso. In quel momento non c'era nessuno in giro e ho capito subito che era morto. Sono corsa al bar che c'è prima di sbucare in piazza. È il padrone che vi ha telefonato.»

«Lei, signora, si fermi un momento e dia le sue generalità agli agenti. Domani mattina presto passi in Questura per fare una deposizione. Gli altri possono andare, anzi», fece alzando la voce, «devono andarsene!»

I due agenti della Volante, con l'aiuto dei vigili, si diedero subito da fare, riuscendo solo a far arretrare di alcuni metri la gente. Molti si fermarono, attratti dalla morbosità dello spettacolo. Qualche secondo e arrivò un sostituto che Miceli non conosceva ancora. Quasi contemporaneamente Gentilini che l'ispettrice aveva chiamato di sua iniziativa, rimediando alla dimenticanza del commissario.

Una sgommata con la sua Cinquecento, che si mise come al solito di traverso. «Ma allora ho parlato inutilmente», brontolò guardando Miceli e Grazia Bruni.

«A cosa allude?» gli chiese Miceli.

«Al fatto che continuate a farveli ammazzare di sera. Perché adesso, naturalmente, vorrete sapere tutto in quattro e quattr'otto.»

«Mi dispiace, Gentilini», rispose Miceli. «Ma nessuno le ha ordinato di fare il medico legale, come nessuno mi ha ordinato di fare il poliziotto. A ognuno le sue rogne.»

Gentilini non seppe cosa ribattere e si chinò sul corpo. «È ancora caldo, per quanto si possa restar caldi con questa temperatura. Un colpo al collo, all'attaccatura della nuca. Per quanto mi riguarda potete mandarmelo anche subito. So già cosa vi interessa.»

«Anche se questo non è un prete», mormorò Grazia Bruni.

Il sostituto, ancora acerbo per prendere in mano la situazione, si fece avanti. «Chiedo scusa se non mi sono ancora presentato. Sono Sigurtà, della Procura, e lei dovrebbe essere il commissario Miceli.»

Miceli gli strinse la mano. «Sono io a dovermi scusare, dottore. Sì, sono Miceli, e questa è la dottoressa Bruni, il mio braccio destro. Penso che potremmo almeno...»

Si interruppe perché Sigurtà sembrava non ascoltarlo. Non riusciva a distogliere lo sguardo dagli occhi verdi di Grazia Bruni, che, a sua volta, lo guardava con un certo interesse. Sigurtà era un giovanotto di una trentina d'anni, alto, snello, con un bel viso intelligente e i capelli biondi che, spartiti nel mezzo, gli ricadevano sui lati della fronte.

Miceli se ne accorse. «Dicevo, dottor Sigurtà, che potremmo procedere subito all'identificazione del morto.»

«Sicuro, sicuro», disse il sostituto.

«Ci penso io», intervenne Gentilini, «prima che mi combiniate qualche pasticcio.» Si chinò, sollevando un lembo del loden e riuscendo a sfilare il portafoglio dalla tasca posteriore dei pantaloni del cadavere. «Qui un documento di identificazione dovrebbe esserci. Chi lo vuole vedere?»

«Dia qua», disse il commissario. Si spostò di due passi, sotto la luce di un lampione. «Osvaldo Mangili, e qui c'è anche un'altra tessera, dell'ordine dei medici. È un medico.»

«Un medico? Mangili?» chiese Grazia Bruni con voce agitata. «Adesso è a faccia in giù, ma io dovrei conoscerlo. È uno di quelli da cui sono andata per... Quello che...» e si interruppe.

«Va bene, Bruni. Ho capito di chi parli», troncò Miceli. «Quando potremo rivoltarlo per caricarlo sull'ambulanza, potrai accertarti se è proprio lui.»

«Non dovrebbero esserci dubbi», disse Grazia Bruni dando un'occhiata al volto, «anche se il viso è pieno di contusioni. Deve aver battuto per terra con violenza, cadendo proprio di faccia sull'acciottolato.»

Miceli tirò un sospiro. Invidiava Petri che in quelle situazioni si accendeva immancabilmente una sigaretta. «Avete finito tutti?» chiese a Giusti e a Gentilini.

«Per me potete imbarcarlo anche subito», rispose il medico legale.

«E anche per me», disse Sigurtà. «Ci sentiamo domani, commissario Miceli. Aspetto una sua telefonata, o se lei fosse impegnato...»

«Le telefonerà la dottoressa Bruni, non dubiti.»

«È già una bella cosa che abbiamo finito coi preti, ma se adesso cominciano coi medici...» disse Gentilini, avviandosi verso la sua Cinquecento.

«Se cominciano coi medici cosa fa?» chiese Miceli.

«Prendo in considerazione la possibilità di cambiar mestiere», rispose Gentilini. «In ogni caso, commissario, tra un'ora può mandare qualcuno a ritirare il proiettile. Non c'è foro d'uscita. Sta sicuramente ancora dentro.»

Miceli e Grazia Bruni tornarono insieme in ufficio.

«Sarai stanca», le disse il commissario. «Io mi fermo ancora un poco ad aspettare la telefonata di Gentilini, ma se tu hai da fare...»

«Con Maccari avevamo una mezza idea di uscire a cena. Dovrebbe essere in ufficio anche lui.»

«E allora chiamalo e filatevene per i fatti vostri. Tanto per questa sera non potremo farci nulla.»

«Credo che avesse prenotato intorno alle nove.»

«Guarda che sono quasi le otto e mezzo.»

«Ma possiamo andarci anche verso le dieci. La telefonata di Gentilini non voglio perdermela. Non avevo tutti i torti a dire che quel Mangili non mi era piaciuto.»

«Senti, Bruni, sia detto tra noi, ma se a tutti quelli che a te non piacciono dovessero fare la pelle, avremmo almeno mille morti all'anno, e Brescia farebbe impallidire Napoli e Palermo messe insieme.»

Grazia Bruni preferì non rispondergli e fece il numero interno di Maccari, che arrivò cinque minuti dopo.

«Buonasera, commissario, e tu», chiese rivolgendosi alla Bruni, «sei pronta?»

«Devi pazientare ancora un momento, adesso ti racconto.»

Maccari fece la faccia scura, ma, ovviamente, rimase ad ascoltarla, pentendosi anche di quel «tu» che gli era sfuggito in presenza del commissario. Ma concluse che, se non erano presenti altri colleghi, insistere col «lei» davanti a Miceli sarebbe stata un'ipocrisia. «E va bene. Intanto, però, potremmo mandare una Volante all'Istituto di medicina legale senza attendere la telefonata del dottor Gentilini, e chiedere al sovrintendente Giusti se si può fermare un altro po' anche lui.»

«Giusto», disse Miceli. «Pensaci tu, per entrambe le cose. E poi si dovrebbe almeno avvertire la famiglia di questo Mangili. Fallo tu, Bruni, che già li conosci. Potete andare nel tuo ufficio. Io intanto telefono a mia moglie che farò un po' tardi e, nel frattempo, mi riguardo un po' la denuncia di quel povero diavolo che ha perso la moglie durante il parto. Devo decidere se quel medico dobbiamo denunciarlo per omicidio colposo.»

«Io sarei per omicidio colposo con colpa cosciente», disse Grazia Bruni.

«E probabilmente hai ragione, anche se non capisco tutti i dubbi che avevi quando mi hai sottoposto il caso. Penso anche che potremmo trasmettere tutto alla Procura con una breve nota di accompagnamento, senza arrivare a...»

«Non sono d'accordo, commissario», rispose Grazia Bruni. «Se siamo abbastanza sicuri, e mi pare proprio di sì, non penso sia un male dimostrare a Martinelli che una laurea in giurisprudenza l'abbiamo anche noi.»

Fu Giusti a chiamare, alle dieci meno dieci. «Sono Giusti, commissario, posso salire un momento da lei?»

Miceli sentì una contrazione allo stomaco. «E non puoi dirmelo per telefono?»

«Preferirei farlo personalmente.»

Il commissario chiamò al telefono Grazia Bruni e Maccari.

«Sta salendo Giusti e ho un brutto presentimento. Se volete raggiungermi...»

Il sovrintendente Giusti se la cavò in pochi secondi. Aveva l'aria soddisfatta, i vecchi occhi che gli brillavano. Non gli si poteva dar torto: il suo lavoro era quello.

Vedendolo entrare, Miceli capì tutto, subito. «E adesso?» fece a Grazia Bruni.

L'ispettrice non gli rispose direttamente e si rivolse a Maccari. «Adesso, Maccari, fammi il favore di telefonare al ristorante per disdire la prenotazione. A cena usciremo un'altra volta.»

Anche il dottor Osvaldo Mangili era stato ucciso con una 6,35, la stessa 6,35 che aveva già steso don Carrino, don Colombi e don Mottola.

Miceli, Grazia Bruni e Maccari si guardarono a lungo tra loro, silenziosamente, con aria smarrita.

«Ma maledizione, maledizione e ancora maledizione!» sbottò Miceli. «Adesso le carte ci si scompigliano in mano.»

«Ammesso che di carte in mano ne abbiamo», disse Maccari con aria tetra.

Miceli lo guardò male. «Senti, tu, per che cosa sei tornato a casa? Per darci una mano o per fare il sopracciò?»

Maccari diventò paonazzo. «Mi scusi, commissario, non volevo certo...»

«No, scusami tu, è che adesso...»

«Lo comunichiamo subito al Procuratore o al dottor Sigurtà?» chiese Grazia Bruni.

«Al diavolo Martinelli! Gli telefonerò domani mattina di buon'ora, sperando di tirarlo giù dal letto. Se, però, tu vuoi telefonare a Sigurtà, non sarò certo io a impedirtelo.»

«Chi è Sigurtà?» chiese Maccari.

«Un gran bel figliolo, il sostituto di turno che è venuto in via Gasparo da Salò e che più di occuparsi del morto si è occupato della tua ispettrice, che sicuramente se n'è accorta e non è rimasta insensibile al suo fascino.» Raro che Miceli avesse di queste uscite sibilline. Non era nel suo stile. Ma in qualche modo era giustificato e il suo malumore da qualche parte doveva pur scaricarlo.

Maccari seppe mantenere il suo aplomb. Così come Grazia Bruni.

«Quello che prima avevo difficoltà a capire, dal momento che don Carrino pareva non avere alcuna parentela con gli altri due preti, adesso mi è addirittura inesplicabile. Cosa cavolo c'entra un medico con tre preti?» riprese Miceli.

«Evidentemente c'entra», disse Grazia Bruni, «dal momento che l'assassino è sempre lo stesso. Le avevo già detto la mia impressione su questo dottor Mangili. Lei ci ha riso sopra, non mi ha preso sul serio, ma per me era un pedofilo anche lui.»

«E don Carrino? Lo era anche don Carrino?»

«Può darsi... Sta a noi scoprirlo. A volte può essere che a uno piacciano le ragazze, ma anche i ragazzini.»

«Stammi bene a sentire, Bruni: la mia impressione è che a don Carrino i ragazzini non piacessero e, secondo me, comunque, non riusciremo mai ad accertarlo. Ma anche se così fosse, mi vuoi spiegare come facciamo a trovare chi tira le fila di tutta questa catena di omicidi? La mia convinzione è che bisogna cancellare tutte le idee che ci siamo fatte finora, ammesso che qualche idea ce la siamo fatta, e trovare il modo di ripartire da un punto fermo.»

«Don Colombi», disse Grazia Bruni.

«Che significa don Colombi? Invece di partire dall'inizio, partiamo dalla metà?»

«Scusi, commissario. Adesso non ho ancora le idee chiare. È tardi, siamo tutti stanchi e ce ne andiamo a casa. Domani mattina forse sarò più lucida e potremo riprendere il discorso.»

«D'accordo. Intanto, però, mi accompagnate a casa. E poi passate la nottata a ragionarci su.»

Arrivarono insieme fino all'inizio di via Musei.

«Ora la salutiamo, commissario», disse Grazia Bruni. «Strada facendo ci facciamo una pizza. A stomaco pieno si ragiona meglio.»

«Beati voi che avete ancora posto per una pizza. Io, questa

sera, non riuscirò neppure a mandar giù una delle minestrine di Lucia», concluse Miceli, mentre toglieva di tasca le chiavi del portone.

«Ci fermiamo in quella piazza che c'è...» disse Maccari, mentre stavano scendendo da via Mazzini.

«Sì, però prima voglio fare un colpo di telefono», rispose Grazia Bruni, allontanandosi di pochi passi. Restò incollata al cellulare per una decina di minuti.

Maccari che scalpitava, anche perché la tramontana aveva ripreso a soffiare. «Allora, vogliamo andare prima che mi trasformi in un ghiacciolo?»

«Certo che andiamo, andiamo subito, ma non in pizzeria.»

«E dove, allora?»

«A casa di Petri. È a lui che ho telefonato. Prima si è messo a imprecare, poi ha voluto sapere tutto e, alla fine, mi ha detto che ci aspetta a casa. Il tempo di arrivare in via Cairoli e fa scaldare uno spezzatino coi funghi. E prepara stappata anche una bottiglia di rosso per te. Non ho potuto dirgli di no.»

«E va be'», brontolò Maccari, che si era prefigurato una serata di tipo diverso.

Una passeggiata di pochi minuti, a passo svelto, col bavero rialzato per ripararsi dal vento, e suonarono al portone.

«Venite, venite su. È già tutto in tavola.»

Il rumore della televisione che si spegneva e Anna apparve sulla porta d'ingresso. «Vi sta aspettando in cucina, ha voluto fare tutto lui e...»

«Ci scusi, signora Petri, soprattutto per l'ora. Ma suo marito, dopo la mia telefonata, non mi ha lasciato scelta. Lo sa com'è fatto.»

«Certo che lo so», rispose Anna con un sorriso. «Datemi sciarpe e cappotti. La cucina sapete dov'è. Io vi aspetto in salotto.»

Petri stava stappando una bottiglia di Valpolicella. «Bruni», disse annusando il tappo, «lo spezzatino è nella teglia. Lo metta lei nei piatti. Solo per lei e per Maccari naturalmente. Io mi limito a farvi compagnia con un pezzetto di formaggio.»

In un angolo del tavolo, su un grande tagliere di legno, un pezzo di parmigiano, un trancio di pecorino sardo e una fetta di formaggio verdognolo, il cui profumo forte e acidulo di erbe d'alta montagna l'ispettrice aveva già sentito a un paio di metri di distanza, arricciando il naso.

Petri se ne accorse. «E non arricci il naso, Bruni! Quel formaggio, che si chiama *bagoss*, è una rarità che viene dalla zona sopra», e si lanciò in una spiegazione che solo un barlume di ragionevolezza gli fece interrompere prima che lo spezzatino si freddasse.

«Dunque, dottor Petri...» attaccò Grazia Bruni, sedendosi.

«Zitta e mangi. E anche lei, Maccari. Non si può ragionare a pancia vuota. Se permettete, vedo se questo Valpolicella va bene», e si versò mezzo bicchiere che trangugiò con aria soddisfatta, riempiendo il bicchiere di Maccari e scuotendo la testa al cenno di diniego di Grazia Bruni.

«Senta, Maccari, io per lei ho molta stima, ma se non riesce a insegnare a bere a questa figliola, mi deluderà molto.»

Un quarto d'ora e avevano fatto piazza pulita. La bottiglia di Valpolicella era vuota e del *bagoss* restava solo una scheggia insignificante.

«Adesso preparo il caffè.»

«No, dottor Petri, a quello penso io», disse Grazia Bruni.

«Bene, e io vado a chiamare Anna. Non vi dispiace se sta a sentire anche lei?»

«Assolutamente no», rispose Grazia Bruni. «Anzi, magari ci dà qualche idea.»

«È quello che penso anch'io», disse Petri, avviandosi verso il salotto.

Stavano seduti tutti e quattro attorno al tavolo della cucina. Anna si era portata dietro una bottiglia di grappa. Solo Petri se ne fece un goccio, fermandosi a un'occhiata di Anna mentre stava per fare il bis. Riuscì però a versarne un po' anche a Maccari.

«Almeno una sigaretta me la posso accendere? Guarda, Anna, che l'ispettrice Bruni fuma più di me.»

Si accesero entrambi una sigaretta, mentre Anna guardava Maccari. Non avevano bisogno di dirsi nulla.

«Allora, Bruni, qualcosa me l'ha anticipata per telefono, ma adesso mi racconta tutto di nuovo, fin dall'inizio. So che, se vuole, sa essere concisa, e un riepilogo dei fatti può servire, anche per Anna, che li conosce solo per sommi capi.»

Grazia Bruni parlò per una ventina di minuti, con Petri che, di quando in quando, faceva segni di assenso.

«Anna, tu cosa ne pensi?» le chiese alla fine. «E lei, Bruni?»

«Secondo me il punto nodale, l'ho già detto anche a Miceli, pur non avendo le idee chiare, è l'omicidio di don Colombi. E lo dico perché di don Colombi, prima che venisse ammazzato, non sapevamo praticamente nulla, mentre don Carrino e don Mottola, sia pure per ragioni diverse, erano già conosciuti. Il secondo addirittura balzato agli onori della cronaca.»

«Veramente non sappiamo ancora nulla neanche del dottor Mangili, e non è che fosse un personaggio noto o conosciuto», disse Maccari.

«Sì, però...»

«Io direi che non dobbiamo dimenticare la cronologia degli avvenimenti», intervenne Anna. «Tutto inizia con don Carrino, e chi ha ucciso don Carrino ha ucciso poi tutti gli altri.»

Petri si accese la terza sigaretta, senza aprir bocca.

«E lei, dottor Petri, cosa ne dice? Non ci avrà fatto venir qui solo per offrirci la cena, anche se quel formaggio...»

«Quel formaggio si chiama *bagoss*, non se lo dimentichi. Voi, a Roma, un formaggio del genere ve lo sognate», disse Petri.

«Potrebbe anche darsi, ma non credo che vorremo metterci a discettare sui pregi dei rispettivi latticini.»

«Certamente no», rispose Petri, «perché per voi sarebbe una battaglia persa.»

«Per favore, dottor Petri, ci dica la sua opinione, sempre che ne abbia una», ribatté l'ispettrice.

«La mia opinione, la mia opinione... Vediamo di non pretendere troppo. Lei, Bruni, ha sottolineato l'omicidio di don Colombi, e Anna ci ha raccomandato di non dimenticarci la cronologia dei fatti. Sapete che vi dico? Che ho la sensazione che un po' di ragione l'abbiate tutt'e due. Lei che ne dice, Maccari?»

«Dico che ho la testa come un pallone. Quella grappa mi ha steso.»

«Lo credo bene, se non ci si è abituati. Viene da un distillatore clandestino che ne produce una quantità limitata, solo per gli amici più intimi.»

«E lei sarebbe tra questi?» chiese Grazia Bruni.

«Naturalmente», rispose Petri.

«Ma, detto che sia sua moglie sia io forse un po' di ragione l'abbiamo tutt'e due, dal punto di vista pratico, qualche idea concreta su come dobbiamo muoverci ce l'ha o non ce l'ha?»

«Certo che ce l'ho, finalmente. Ed è merito vostro, delle nostre donne», fece strizzando l'occhio a Maccari. «La famiglia di questo dottor Mangili l'avete sentita?»

«Sì, visto che ci ero già andata, ho fatto un colpo di telefono prima di uscire dalla Questura.»

«Benissimo, e domani ci va di persona, a casa della vedova Mangili voglio dire. Parla con lei e parla anche con il figlio se ci riesce, e cerca di capire se le sue erano solo delle sensazioni, oppure...»

«Capito. Ne parlerò con Miceli e credo sarà d'accordo.»

«Con Miceli è meglio che parli io. Lo chiamo domani, prima delle otto.»

«Solo questo?» chiese Grazia Bruni.

«No. Non solo questo. Io andrò a Tavernole. Era un'idea che già mi era venuta, poi è arrivata l'influenza e...»

«E cosa ci va a fare a Tavernole?»

«Ve lo dirò quando ritorno. Adesso è meglio che la chiudiamo qui, perché è quasi l'una di notte e anch'io ho la testa un po' pesante.»

«Non sarai per caso un po' brillo?» gli chiese Anna, quando Maccari e la Bruni furono usciti.

«Chi? Io? Che cosa ti viene in mente? Ho solo bisogno di un buon sonno», e si avviò con passo incerto verso la camera da letto.

Capitolo 29

Il giorno dopo, di buon mattino, Petri si mise in macchina e imboccò la statale che conduceva in Val Trompia. Era una delle zone dell'hinterland bresciano che più gli stava antipatica. Un susseguirsi di costruzioni, venite su alla rinfusa, senza soluzione di continuità. Case, opifici, piccole e grandi industrie, alcune delle quali erano state costrette a chiudere per la crisi, ma i cui edifici continuavano a restare lì, con le loro finestre impolverate, occhi aperti su un traffico caotico che non riuscivano più a vedere.

Dopo Gardone le cose cambiavano. Il verde riappariva e si tornava a scorgere la vegetazione che copriva i versanti della valle, e, avendo un buon olfatto, anche a sentire il profumo dell'erba e dei castagneti che si rincorrevano, mitigando il puzzo dei tubi di scappamento.

Arrivò a Tavernole verso le nove. Un paio di chilometri prima aveva riconosciuto l'osteria davanti alla quale, poco più di due mesi prima, aveva lasciato la macchina, per scendere a pescare nel torrente. Si fermò e chiese un caffè doppio: ne aveva bisogno. Pensò per un momento di passare dalla caserma per salutare Zanin, il brigadiere, ma finì col rinunciarvi. Qualche domanda il buon Zanin gliel'avrebbe fatta e non aveva alcuna voglia di dare spiegazioni, o, peggio ancora, di raccontare delle frottole.

Sapeva dove si trovava la segheria e parcheggiò un centinaio di metri prima, in un piccolo slargo tra gli alberi, respirando a pieni polmoni. Già da lì si sentiva l'odore del legno e il frastuono delle macchine che trasformavano i tronchi in assi lunghe e strette, tutte uguali, che venivano accatastate attorno all'edificio. Vide da lontano, un paio di centinaia di metri a monte, una villetta con le imposte chiuse. Forse la casa che Enrico Beni aveva tirato su per andare ad abitarvi con Caterina.

Fece un ampio giro, per sgranchirsi le gambe e fumarsi in pace una sigaretta. Era certo che nella segheria, e magari anche fuori, sarebbe stato severamente vietato fumare. Stava prendendo tempo, fu costretto ad ammetterlo.

Il vecchio Beni si era alzato prima del levar del sole. Ormai era tanto se riusciva a dormire due ore per notte, e solo per stanchezza, appisolandosi in un sonno inquieto poco prima dell'alba. Aveva poco più di cinquant'anni, ma in quei pochi mesi era invecchiato e sembrava un settantenne. Il viso sempre più rugoso, un incedere faticoso, e i capelli, ancora folti, che andavano rapidamente sbiancandosi.

Non aveva altri figli oltre a Enrico e adesso Enrico era in carcere, a scontare una pena troppo severa, sulla quale aveva sicuramente pesato l'atmosfera di sospetto che continuava a gravare su di lui. Aveva appreso che era stato iscritto nel registro degli indagati, con un'accusa che, gli aveva detto l'avvocato, non era molto più di un'ipotesi: concorso con ignoti nell'omicidio di don Ernesto Carrino.

Adesso Francesco Beni si aggirava all'interno della segheria, sorvegliando, senza quasi vederli, gli operai che lavoravano alle macchine e seguendo i muletti che caricavano le assi per accatastarle all'esterno, ricoprendole con grandi teloni impermeabili. Doveva pur farlo, dal momento che continuava a essere il padrone. Anche se gli era venuta la tentazione di mollare tutto, ma non l'aveva fatto, perché sarebbe stato come morire prima del tempo.

Indossava anche lui una tuta da lavoro e portava una mascherina sulla bocca, come tutti gli altri.

Petri si affacciò alla grande apertura del capannone. Chiese del padrone. Il frastuono era assordante e un operaio, a cenni, gli fece capire che le sue parole non si potevano sentire. Ritornò sul piazzale e attese che un muletto finisse di scaricare. Poi si avvicinò al conducente, ripetendo la sua domanda.

«Cosa vuole?» gli domandò l'uomo, guardandolo con aria sospettosa.

«Solo parlare un momento col signor Beni. Se fosse tanto gentile da...»

«Glielo vado a chiamare.»

Attese qualche minuto, prima che quello che gli sembrò un vecchio uscisse dalla segheria, calandosi la mascherina sul collo e scuotendosi di dosso la polvere del legno.

«Lei chi è? E perché mi cerca?»

«Mi chiamo Petri, Carlo Petri, e vorrei fare due chiacchiere con lei.»

«A proposito di cosa?» chiese Francesco Beni.

«Di Enrico, suo figlio, e anche di quella ragazza che stava per sposare.»

«Non ho voglia di parlare né di mio figlio, né di quella ragazza», rispose Beni con voce dura. «E poi, lei, cosa c'entra? Non sarà mica per caso un giornalista?»

«No, assolutamente. Una volta facevo il giudice, ma sono in pensione da qualche anno.»

«I giudici sono peggio dei giornalisti», borbottò Beni.

«Può anche darsi che lei abbia ragione. Ma non ho potuto farci niente, salvo andarmene in pensione con diversi anni di anticipo.»

Francesco Beni parve rilassarsi un poco. «Comunque non mi ha ancora detto perché vuole parlare con me.»

«Vede, signor Beni, quel giorno io stavo pescando nel Mella e sono stato io a trovare il corpo della ragazza annegata e poi mi hanno trattenuto in caserma e ho avuto modo di vedere anche Enrico, il suo figliolo, e a me, a parte il fatto che era sconvolto perché pensava che qualcuno avesse buttato nel fiume Caterina, aveva fatto l'impressione di un bravo ragazzo.»

«Certo che è un bravo ragazzo, lo è sempre stato, e noi, io e mia moglie, eravamo contenti che sposasse Caterina. L'avevamo vista una volta sola, ma ci era piaciuta. La vede quella casetta là, un po' più in su? Se l'era fatta Enrico, quasi con le sue mani, per andarci a vivere con sua moglie, dopo il matrimonio.»

Petri annuì, con un senso di pena.

«Poi le cose sono andate come sono andate. Forse era meglio se restava convinto che qualcuno l'aveva uccisa. Col tempo si sarebbe ripreso, avrebbe finito col dimenticare... Ma quando ha letto sui giornali che Caterina aspettava un bambino che non poteva essere suo, allora è andato fuori di testa. Ha capito che Caterina aveva deciso lei di buttarsi nel fiume e ha capito anche chi era il responsabile. E un bel giorno è sparito, con la mia pistola che tenevo di sopra in un cassetto dell'ufficio e anche con tre cartucce. E prima di andarsene è anche passato dal brigadiere per dirgli quali erano le sue intenzioni. Questo io non l'ho proprio capito.»

«Forse perché in fondo era rimasto un bravo ragazzo, un ragazzo onesto», disse Petri.

Francesco Beni lo guardò con aria sorpresa. «Potrebbe anche essere così, a questo non avevo pensato. Adesso, però, è in galera e, anche se io sono stato sempre convinto che non sia stato lui a uccidere il prete, perché se lo avesse fatto poi si sarebbe tirato un colpo, come aveva detto al brigadiere, gli hanno dato più di due anni e, quando uscirà, non sarà più lo stesso di prima. Due anni sono lunghi e...»

«Guardi, Beni, che due anni sono la pena che c'è sulla carta. In realtà sarà molto meno, perché, se in carcere tieni una buona condotta, ti scalano tre mesi su dodici, e quindi non sono più due anni, ma un anno e mezzo. E, magari, tra un po' di tempo, gli potrebbero anche dare gli arresti domiciliari.»

«Cosa sono?» chiese Beni.

«Possono decidere di mandarlo a casa, con l'obbligo di restarci, di non andarsene in giro, ma potrebbe ricominciare a lavorare con lei e questo sicuramente gli servirebbe. Non glielo ha detto l'avvocato?»

«Ma quale avvocato! Non ha voluto nessun avvocato e gliene hanno dato uno d'ufficio che poi non ho più visto e non so neanche chi sia. Lei, che era un giudice, non potrebbe indicarmene uno, di quelli onesti, che non vengono a raccontarti un sacco di balle?»

«Indicargliene uno non posso. Non sarebbe corretto. Ma, se ha un pezzo di carta, potrei scriverle il nome di tre o quattro avvocati bresciani, tutte brave persone, che sanno far bene il loro lavoro. Uno vale l'altro. Lei prende un appuntamento, gli spiega le cose, e l'avvocato saprà lui quello che deve fare.»

«Vuole venire su un momento in casa?» chiese improvvisamente Beni. «Lei mi scrive i nomi e mia moglie le fa un caffè.»

«La ringrazio», rispose Petri e seguì l'uomo lungo una scala esterna che portava a un appartamento, sopra la segheria. Anche lì si sentiva il rumore delle macchine, ma era molto attutito.

Li accolse una donna che pareva vestita a lutto. Anche lei con l'aria provata, ma meno del marito.

«Lina», disse Beni, «metti su un caffè per questo signore.» Prese un foglio e lo porse a Petri che, sedutosi al tavolo, scrisse quattro nomi, quindi levò di tasca il pacchetto delle sigarette, dandosi un'occhiata in giro.

«Può fumare, qui può fumare. Fumo anch'io. Avevo smesso, ma poi adesso ho ricominciato», disse Beni.

Il caffè era buono, con uno strato di schiumetta che ne copriva la superficie. «Meglio di quello che fanno al bar», osservò Petri.

«È per via di quella macchinetta un po' speciale. È stato Enrico a regalarla a sua mamma.»

«Senta, signor Beni, vorrei farle una domanda e lei è libero di rispondermi o no. Glielo dico con franchezza, perché sinceramente non so se la sua risposta potrebbe aiutare suo figlio oppure danneggiarlo. Vedrà lei... Io non ho nessuna intenzione di tenderle una trappola.»

Beni lo guardò a lungo, accendendosi anche lui una sigaretta. «Vede, signor...»

«Petri.»

«Vede, signor Petri, mio figlio, qualsiasi cosa abbia fatto, resterà sempre il mio ragazzo. Ma anch'io sono un galantuomo. Quello che non voglio è che mio figlio possa pagare per le colpe degli altri, ma per le sue sì. Quello che è giusto è giusto. Io continuo a credere che non sia responsabile della morte di quel prete, ma se fosse stato lui lo potrei anche capire. E lo sa perché lo potrei anche capire? »

« Perché è suo padre », rispose Petri.

« No, non è per questo. È perché se non l'avesse fatto lui, magari l'avrei fatto io. Persone come quel prete non meritano di vivere. Dovrebbero bruciare all'inferno. Ma siccome io penso che l'inferno non ci sia, e non ci sia neanche il paradiso, l'unica cosa è farle scomparire dalla faccia della terra. Perché è stato quel prete a uccidere quella povera ragazza, e anche il bambino che si teneva nella pancia, e anche mio figlio. Ma, come mi ha spiegato il brigadiere, queste non sono colpe che si pagano in Tribunale. E adesso che mi sono spiegato, mi chieda pure tutto quello che vuole. »

Petri si accese un'altra sigaretta. Nessuna trappola, era stato chiaro e anche sincero. Ma venne preso dall'impulso di chiuderla lì e di scappare da Tavernole.

« Le ho detto di chiedermi quello che vuole », ripeté Francesco Beni.

Petri parve riscuotersi. « Ho saputo dal brigadiere che, qualche giorno dopo il fatto, è venuto su un ragazzo a informarsi, a chiedere. È andato dalla maestra Ghelfi e anche dal nuovo prete. È per caso venuto anche qui? »

« Sì, è venuto, ma non so chi era. Enrico stava dentro con me e qualcuno è venuto a chiamarlo. C'era un ragazzo che voleva parlare con lui. Io mi sono affacciato fuori e li ho visti di spalle, che avevano preso la strada che porta alla casa che si era fatta mio figlio. Non so perché quello sia venuto a cercarlo e non so neanche di che cosa abbiano parlato. Poi l'ho chiesto a Enrico, ma non ha voluto dirmi niente, e quelli erano giorni che Enrico bisognava lasciarlo in pace. »

« E lei, questo ragazzo, saprebbe riconoscerlo? »

« No, l'ho visto solo di spalle, a una cinquantina di metri. Ho avuto l'impressione che fosse un po' più giovane di mio figlio, e forse anche un po' più basso. Ma potrei anche sbagliarmi perché, come le ho già detto, li ho visti soltanto di spalle, mentre andavano su per il sentiero. Poi sono ritornato dentro, ed Enrico è arrivato dopo quasi mezz'ora. »

«E quel ragazzo era venuto qui a piedi o in macchina? E c'era anche qualcun altro con lui?»

«Non credo che sia venuto a piedi, perché un po' più in giù c'era una macchina. Non ho fatto caso al tipo di macchina, ma sopra credo che ci fosse qualcuno. Io almeno ho avuto questa impressione.»

«Quindi non ha visto bene chi c'era?»

«No. Qualcuno c'era, ma non saprei dirle nient'altro.»

«Va bene, signor Beni. Adesso tolgo il disturbo.»

«Tutto qui?» chiese Beni.

«Sì, tutto qui», rispose Petri, alzandosi e avviandosi verso la porta. Fece un cenno col capo alla moglie che, per tutto il tempo, era rimasta in piedi, appoggiata con le spalle a un armadio, senza dire una parola.

«L'accompagno di sotto», disse Beni.

Si salutarono ai piedi della scala e Petri si avviò verso la macchina. Dopo qualche metro si girò. Francesco Beni era rimasto fermo sulla soglia del capannone.

«Senta», disse Petri, tornando ad avvicinarsi, «quegli avvocati di cui le ho dato nome e indirizzo li conosco bene tutti. Quando avrà fatto la sua scelta, ci vada pure a nome mio.»

«Grazie», rispose Beni.

Capitolo 30

Petri riprese la strada per Brescia. Il caffè gli aveva provocato una leggera nausea. O forse non si era trattato del caffè. Un senso di nausea, però, l'aveva e si fermò alla solita osteria. Due fette di prosciutto e un bicchiere di bianco gli avrebbero rimesso a posto lo stomaco.

Quando uscì, il sole, anche se l'aria era frizzante, scaldava la faccia. Aprì il cappotto, socchiuse gli occhi e accese una sigaretta. Fu allora che gli balenò una mezza idea. Una volta tanto non si era scordato il cellulare e fece il numero di Grazia Bruni. «Sono Petri e sto tornando da Tavernole...»

«Pescato qualcosa?»

«Forse, ma ne parleremo poi. Lei è stata dalla vedova Mangili e ha visto il ragazzo?»

«Ci vado nel pomeriggio», rispose Grazia Bruni, «e anche di questo parleremo poi. La ragione della sua telefonata?»

«Le chiederei un favore, giusto per portarci avanti. Il Mangili era un medico, e avete le sue generalità complete. Ora, uno che fa il medico deve per forza aver frequentato la facoltà di medicina...»

«Difficilmente quella di scienze politiche», lo interruppe l'ispettrice.

«Mi scusi, ma non sono nel momento più favorevole per apprezzare il suo umorismo e temo che si scarichi anche la batteria di questo maledetto arnese. Stavo dicendo che ha frequentato la facoltà di medicina, e un bresciano che frequenta medicina dove lo fa di solito, o dove lo faceva venticinque o trent'anni fa?»

«Me lo dica lei, io a quell'epoca andavo all'asilo a Roma.»

«Pavia o Padova o Milano. Quello che le chiederei, ovviamente ricorrendo ai vostri referenti locali, sarebbe di accertare con precisione dove l'ha frequentata e in quali anni. Me lo può fare questo favore?»

«Certo. Bastano tre telefonate e nel pomeriggio lo sapremo. Posso chiederle il motivo di questa richiesta?»

«Anche di questo parleremo poi, mi muovo ancora al buio. Ci sentiamo nel tardo pomeriggio.» Ancora un po' vago, ma qualcosa, nella sua mente, iniziava a farsi strada.

Sognava, e un telefono continuava a squillare. Aprì gli occhi e si mosse sulla poltrona, spostando il plaid. Gli ci volle qualche secondo per rendersi conto che era il telefono di casa. Si alzò e fece per raggiungerlo. Smise di suonare e udì lo squillo del cellulare. Si mise a cercarlo affannosamente. In tasca non lo aveva, ma il suono era vicino. Nella tasca del cappotto, che era lì, appeso all'attaccapanni, a un metro di distanza.

Fece appena in tempo. «Sì, Petri.»

«Sono Grazia Bruni, ho chiamato a casa e nessuno rispondeva. Non ci speravo molto di trovarla sul cellulare...»

«Ero in studio, con le porte chiuse. Fortunatamente avevo dimenticato il cellulare acceso e...»

«Posso darle un consiglio?»

«Va bene, me lo dia.»

«Quando è solo in casa tenga le porte aperte e il cellulare spento. Così non si scarica e quando esce...»

«Va bene, va bene. È un argomento che abbiamo già discusso. Mi dica piuttosto perché mi telefonava.»

«Perché ho fatto quell'accertamento che mi aveva chiesto. Il dottor Osvaldo Mangili si è laureato in medicina nel 1961, a Pavia, dove ha frequentato dal 1955. Stava al collegio Borromeo.»

«E a casa ci è andata?»

«Ci sto andando adesso. Magari ci sentiamo più tardi. Dovrebbe rientrare anche Miceli che oggi pomeriggio aveva diversi impegni fuori. Può chiamarmi verso le sette?»

«D'accordo», rispose Petri.

Alle cinque meno dieci Grazia Bruni suonava al 25 di via Trento. Un edificio primi Novecento, di tre piani, vagamente liberty.

«Chi è?» chiese una voce maschile al citofono.

«Sono l'ispettore Bruni, della Squadra mobile. Se è possibile vorrei parlare un momento con la signora Mangili.»

«È un brutto momento. Vado a chiedere.»

Un paio di minuti e scattò l'apri porta. «Può salire, secondo piano. Non c'è ascensore.»

Sul pianerottolo, un uomo di mezz'età, con l'aria distinta. «Sono Vittorio Rovetta, il fratello di Carla, la moglie di Osvaldo. Capirà anche lei in che stato può trovarsi. Credo che sappia che Osvaldo è morto ieri sera e...»

«Lo so, signor Rovetta. Sono stata proprio io a recarmi in via Gasparo da Salò, insieme al dirigente della Squadra mobile, appena accaduto il fatto, e sarò ancora io a occuparmi dell'indagine. Mi rendo conto che è un momento molto difficile, ma, se sua sorella se la sente, vorrei farle un paio di domande. Naturalmente non l'abbiamo fatta venire in Questura, ma sapere alcune cose è abbastanza urgente e...»

«Lo capisco. Venga con me.» Le fece strada in un soggiorno, illuminato solo da una lampada a stelo. Su un divano la vedova Mangili stava seduta immobile, con lo sguardo fisso. Un ragazzo sui diciotto anni le stava accanto, tenendole una mano stretta tra le sue. Aveva gli occhi arrossati, come di chi avesse pianto a lungo.

«Buonasera, signora», disse Grazia Bruni, a voce bassa. «Forse lei non se lo ricorderà, ma ci siamo già conosciute e purtroppo è toccato a me, ieri sera, telefonarle per darle la brutta notizia...»

La donna la guardò con aria stranita. Non si capiva se l'avesse riconosciuta.

«Se vuole posso anche ripassare tra un paio di giorni, ma se potesse prestarmi attenzione un momento... Se potesse dirmi subito se pensa che qualcuno potesse avercela con suo marito fino al punto di... Suo marito, che lei sappia, non aveva mai ricevuto alcuna minaccia? Quello del medico è un lavoro difficile e può anche capitare che uno si faccia dei nemici anche senza rendersene conto. Anche se magari qualcuno può averlo colpito per errore, scambiandolo per qualcun altro, oppure...»

«No», la interruppe la donna. «Che io sappia mio marito non aveva nemici e non aveva subito alcuna minaccia. Per lo meno non me ne ha mai parlato. Era una persona tranquilla, che pensava solo al suo lavoro, anche se non aveva un carattere facile. Forse sono io ad avere dei torti nei suoi confronti.»

«Cosa intende dire?»

«Be', mi aveva abituata a fare la signora e ho finito col comportarmi come tale. Forse pensavo più alle amiche, agli abiti, alla canasta, che a lui. Se gli fossi stata più vicina...»

«No, signora, adesso non si faccia venire dei rimorsi retrospettivi che non farebbero che aumentare il suo dolore, ma che non avrebbero alcun senso perché, riguardo a quello che è accaduto, lei non può avere alcuna responsabilità, neppure morale...»

«È quello che continuo a dirle anch'io», intervenne il fratello. «Ma lei non si dà pace e continua a rimuginarci sopra, facendosi solo del male. Anch'io conoscevo bene Osvaldo e sono sicuro che nessuno potesse avercela con lui. Sono convinto che sia morto per un tragico errore, oppure che sia stato ucciso da un pazzoide.»

«Forse è l'ipotesi più probabile», se ne uscì Grazia Bruni senza pensarci. «Anche perché l'assassino di suo cognato ha già ucciso altre persone.»

«E non avete ancora scoperto chi sia, naturalmente. Ma chi sarebbero queste altre persone?»

«Un prete, ad esempio, un certo don Colombi...» Grazia Bruni si bloccò di colpo, avrebbe voluto mordersi la lingua, ma ormai era troppo tardi.

Come paralizzata, vide il ragazzo, Marco, che, lasciata la mano della madre, balzava in piedi. «Noooo!» urlò, e si precipitò fuori dalla stanza. Si sentì sbattere la porta di casa.

«Che gli ha preso?» chiese Vittorio Rovetta.

«Lui don Colombi lo conosceva senz'altro», mormorò la signora Mangili. «Era il prete di san Genesio che si occupava della squadra di calcio in cui Marco ha giocato per qualche anno. Ecco», disse rivolta all'ispettrice, «adesso mi sono ricordata di lei: era venuta qui quando si interessava dei ragazzi che avevano frequentato la parrocchia di san Genesio. Ricordo che poi ci eravamo chiesti, con mio marito, il motivo di questo vostro interessamento e avevamo concluso che cercavate di capire le ragioni per le quali quel prete era stato ucciso.»

«Sì, più o meno, signora. Però mi sono accorta di averla fatta grossa. Mi è uscita di bocca una notizia riservatissima, mi riferisco all'identità dell'omicida che dovrebbe essere sempre lo stesso, e ora sono costretta a chiedere la vostra collaborazione, anzi, mi dovrete scusare, a imporvela. Quello che ho detto lo dovrete dimenticare, almeno per il momento. Non dovrete farne parola con nessuno. Posso contare sulla vostra parola?»

«Sì, ispettrice, ci può contare, per questo può stare tranquilla», rispose Vittorio Rovetta.

«Anche perché, se la cosa uscisse, sapremmo già che non potrebbe essere uscita che da voi.»

«Certamente», convenne l'uomo. «Lo comprendiamo bene. E mi impegno a vincolare al segreto anche Marco. Ma, a proposito, dove sarà andato a finire quel benedetto ragazzo?»

«Non appena ritorna mi volete avvertire?» Grazia Bruni diede a Rovetta il suo biglietto da visita, con i suoi numeri di telefono. «Evidentemente la notizia che mi è scappata lo ha sconvolto. A quel povero prete doveva voler bene e altrettanto a suo padre, e le due cose insieme... Chiedo ancora scusa, adesso devo andarmene. Buona sera, signora, e le faccio le mie condoglianze più affettuose.»

La vedova Mangili parve non sentirla. Guardava di nuovo nel vuoto, mentre Vittorio, il fratello, accompagnava l'ispettrice alla porta.

Quando si ritrovò in via Trento, Grazia Bruni avrebbe voluto dar di testa al muro. Ma come poteva esserle accaduto di uscirsene fuori con quella notizia che avevano coperto con tanta cura? Non avrebbe potuto nasconderlo a Miceli e una sfuriata nessuno avrebbe potuto risparmiargliela. Non si era ancora resa conto di aver messo, inconsciamente, una tessera importante in quel mosaico che non si decideva a prender forma.

Si avviò verso il centro, a piedi, com'era arrivata. Faceva già buio quando vide il ragazzo raggomitolato su una panchina, in un'aiola che faceva da spartitraffico, prima di imboccare via san Faustino. Lo riconobbe da lontano, per la felpa verde con la scritta «77» sulla schiena. Aveva il capo piegato in avanti, le mani sopra la testa, allacciate. Gli si avvicinò piano. «Marco, perché te ne sei scappato via?»

Il ragazzo alzò gli occhi, con un sussulto, senza parlare, scosso da un tremito nervoso.

«Non voglio disturbarti», disse Grazia Bruni. «E capisco il dolore che provi per tuo padre. Ma forse faresti meglio a tornare a casa. Tua madre ha sicuramente bisogno di te.»

Il ragazzo la guardò senza vederla, con occhi allucinati. «Questo non lo doveva fare, non lo doveva fare...» gridò con voce roca.

«Che cosa non doveva fare? E chi non doveva farlo?» chiese Grazia Bruni.

Marco non rispose. Adesso guardava le macchine che scendevano da via Trento. Si alzò con uno scatto, singhiozzando, e scomparve, correndo verso la strada che saliva al Castello.

Impossibile raggiungerlo. Grazia Bruni riprese a camminare lentamente. Provava un forte senso di disagio all'idea di trovarsi a tu per tu con Miceli. Pensò di chiamare Maccari e iniziò a comporre il numero sul cellulare. Ma si interruppe. Maccari avrebbe di sicuro minimizzato, avrebbe potuto confortarla, ma niente di più. Era Petri che doveva sentire: a quell'ora poteva essere a casa.

Rispose subito. «Che succede, Bruni? Mi sembra agitata.»

«Ho fatto una sciocchezza, dottor Petri, e se avesse un momento di tempo...»

«È in ufficio?»

«No, sono in via san Faustino. Sono stata dai Mangili ed è lì che...»

«Senta, non credo che, qualsiasi cosa abbia fatto, la possiamo risolvere per telefono. Io stavo per uscire perché mi sono accorto di aver quasi finito le sigarette. Esco subito e possiamo incrociarci. Ha presente quel bar che c'è nella piazzetta nei pressi di piazza Loggia, vicino alla chiesa di san Giuseppe? Mi sembra che si chiami Florian, come quello di Venezia. Bene, ci troviamo lì tra una decina di minuti.»

Grazia Bruni era già fuori dal caffè e stava fumando una sigaretta che, vedendo arrivare Petri, fece per spegnere in un posacenere a stelo, vicino alla porta d'ingresso del locale.

«Finisca di fumarla con calma. Ne approfitto per fumarmene una anch'io prima di entrare.»

«Dottor Petri...» attaccò Grazia Bruni.

«Dopo, dentro, adesso si fumi la sua sigaretta e si dia una calmata.»

Salirono il gradino d'ingresso. Petri si tolse il giaccone e si sfilò la sciarpa dal collo. «Cosa prende?»

«Un tè verde.»

«Bene», disse Petri, rivolgendosi al ragazzo che stava dietro il banco: «Un tè verde e un Prosecco. Ce li porti nella saletta accanto, per favore.»

Si sedettero al tavolino più lontano. Non c'erano altri clienti. Un paio di lampade a muro, che emanavano una luce fioca e, dal soffitto, dei finti lampadari: un braccio di ferro e dei rami laterali, che si muovevano lentamente. Alle estremità dei modellini di automobili, vecchie e nuove. Petri ci diede un'occhiata infastidita. Arrivò un ragazzotto con un vassoio.

Petri sorseggiò lentamente il suo Prosecco, in silenzio, lasciando il tempo all'ispettrice di farsi la sua tazza di tè.

«Ne avevo davvero bisogno», disse Grazia Bruni, premendosi un fazzolettino di carta sulla bocca. «Adesso posso raccontarle con calma la mia visita alla vedova Mangili e la cazzata che ho fatto. Non so come mi sia uscita e Miceli mi darà una strigliata da ricordare.»

Petri continuava a tacere e zitto rimase fino al momento in cui l'ispettrice arrivò all'incontro con Marco, il figlio, che era uscito di casa come una furia e aveva casualmente incrociato pochi minuti prima, per poi fuggire verso il Castello.

«"Questo non lo doveva fare"? Ha proprio detto così, prima di scapparsene di nuovo?» chiese Petri che si era fatto attentissimo.

«Sono state le sue parole, quasi urlate. L'unica frase che ha detto, per due volte, piangendo, prima di mettersi a correre.»

«Prima di tutto, Bruni, una telefonata. Ha detto di avere avuto l'impressione che si fosse diretto verso il Castello? Almeno un paio di Volanti, subito, che si mettano alla sua ricerca. Ne dia una descrizione precisa. Non dovrebbe essere lontano e speriamo di trovarlo prima che commetta qualche sciocchezza. Si sbrighi, telefoni!»

Grazia Bruni prese dalla borsa il cellulare. Chiamò Maccari e gli diede tutte le dritte necessarie.

«Ci penso io», disse Maccari. Lo sentì telefonare. «Fatto, ma tu dove sei?»

«Tra poco ritorno. Il commissario è in ufficio?»

«No, ha telefonato per dire che non sarebbe rientrato. Dalla Prefettura sarebbe andato direttamente a casa.»

«Meno male. Tu aspettami, massimo mezz'ora e ti raggiungo.» Si rivolse a Petri, che continuava a osservarla in silenzio. «Che ne dice, dottor Petri, della sciocchezza che ho fatto?»

«Che faccio un po' fatica a credere che l'abbia fatta involontariamente... No, no, non metto in dubbio le sue parole», fece, zittendo l'ispettrice che stava per interromperlo. «Anche perché... Ma lasciamo perdere. Secondo me le è uscita d'istinto, perché senza volerlo, diciamo pure inconsciamente, lei ha messo in movimento un ingranaggio che poteva anche rischiare di arrugginirci tra le mani.»

«Lei dice?»

«Ma certo, Bruni. Io, nei suoi panni, con Miceli non andrei a battermi il petto per aver fatto quella che ha definito una cazzata. Gli direi piuttosto che l'istinto mi ha suggerito questa uscita.»

«Sta parlando sul serio?»

«Certo che sto parlando sul serio e lei temo che stia rincoglionendo. No, mi scusi, non volevo dire questo. Il fatto è che lei è ancora scioccata per il suo errore e non riesce a ragionare in maniera lucida.»

«Ma perché?»

«Perché senza volerlo ha dato un tremendo scossone al ragazzo, a Marco Mangili, e Marco Mangili sa chi è l'assassino. Sia pure implicitamente, ma glielo ha detto. Mi pare evidente. E anche questa è una ragione per rintracciarlo al più presto.»

«Ma...»

«Lasci stare i "ma", adesso. Pago e usciamo. Muoio dalla voglia di fumarmi una sigaretta e l'accompagno per un tratto di strada.»

Sbucarono in piazza Loggia e Petri, come sempre, si fermò un momento davanti a quei nomi, incisi nella pietra in ordine alfabetico. Grazia Bruni non era bresciana e nel maggio '74 non era ancora nata. Ma capiva Petri che indugiava su quei nomi. Prima di farlo aveva spento la sigaretta e l'aveva gettata in un cestino.

Proseguirono per alcuni metri e poi svoltarono a sinistra, nella piccola galleria fitta di negozi che portava in piazza Duomo. Petri accompagnò l'ispettrice fino all'inizio di via Musei. «Adesso la lascio. Per questa sera non deve affrontare Miceli, ha tutto il tempo per parlarne con Maccari. Vedrà che anche lui è del mio parere. Il ragazzo, piuttosto. Non appena lo trovate, me lo fa sapere? Non si preoccupi dell'ora. Terrò il telefono sul comodino e avvertirò Anna che potrà squillare anche in piena notte. Se devo esser sincero, in questo momento è proprio quel ragazzo a preoccuparmi di più.»

La telefonata arrivò alle due di notte. Marco Mangili era stato trovato sul bordo della strada che conduceva alla Maddalena. Adesso si trovava in una corsia d'ospedale. Shock post-traumatico, avevano diagnosticato i medici. Sembrava sveglio, ma farfugliava frasi incomprensibili, completamente lontano dalla realtà.

Capitolo 31

Il mattino seguente, alle otto, Petri era già pronto per uscire. Il tempo era di nuovo mutato e cadeva una pioggerella fitta e pesante, che sbatteva contro i vetri della finestra.

«Carlo», gli disse Anna, «fermati ancora un attimo. Davvero pensi che l'uscita di Grazia Bruni sia stata dettata dall'istinto, o gliel'hai detto solo per consolarla?»

«Volevo consolarla, perché non l'ho mai vista così abbattuta. Però non so quali meccanismi muovano l'inconscio, perché quello che è sicuro è che un risultato l'ha raggiunto.»

«Sempre che quel ragazzo riesca a riprendersi, perché in alcuni casi...»

«Lo so, lo so, e non ci resta che sperare. Perché lo shock, per ridurlo in queste condizioni, deve essere stato terribile. Ma anche se si riprenderà sono quasi certo che si rifiuterà di chiarire le sue parole. Dobbiamo cercare un'altra strada e dobbiamo farlo subito. La mia sensazione è che non ci sia un momento da perdere.»

«Non potresti informarti subito sulle condizioni del ragazzo?»

«Stavo per farlo. Adesso chiamo la Bruni e poi telefono a Miceli.»

Le condizioni del ragazzo erano peggiorate. Era in uno stato di coma vigile e i medici non sapevano cosa pensare. Raramente si erano trovati di fronte a una situazione del genere.

«Questa non ci voleva. Adesso i sensi di colpa di Grazia Bruni sono aumentati. Si sente responsabile anche di quanto sta accadendo al ragazzo.»

«La posso capire», sospirò Anna. «Hai intenzione di andare da Miceli?»
«Sì, è in ufficio e mi sta aspettando.»
«Devo attenderti per pranzo?»
«Penso proprio di sì. Se dovesse accadere qualcosa di nuovo ti chiamo sul cellulare.»
«Scendo anch'io», disse Anna porgendogli l'ombrello. «Ci prendiamo il caffè insieme.»

Era il secondo caffè quello che stava bevendo nell'ufficio di Miceli.
«Grazia Bruni», disse il commissario, «l'ho spedita a casa. Non so se ho fatto bene, ma non ricordo di averla mai vista così a terra. Qui, oggi, non sarebbe servita a nulla. Ho mandato Palestrina in ospedale per seguire la situazione del giovane Mangili. Gli ho dato carta bianca, perché se il ragazzo dovesse riprendersi...»
«Non ci spererei molto, quantomeno in tempi brevi», rispose Petri. «Comunque, la mia convinzione è che dal ragazzo non sapremo mai nulla, anche se quello che gli è uscito di bocca è già molto.»
«Sì, su questo sono d'accordo», disse Miceli. «Anche se non vedo come...»
«Commissario, ricorda la chiacchierata a casa mia e le opinioni di Grazia Bruni e di Anna?»
«E come potrei ricordarmele? Io non c'ero.»
«Ha ragione, chiedo scusa. Dunque, la Bruni sosteneva che il punto nodale di tutta la storia deve essere individuato nell'omicidio di don Colombi, e la vicenda del dottor Mangili, alludo allo shock del figlio quando la sua ispettrice ha nominato don Colombi, parrebbe darle ragione.»
«E l'opinione di sua moglie?»
«Sostanzialmente d'accordo con la Bruni, come lo sono io del resto, ma Anna ha richiamato la nostra attenzione su un dato elementare, e cioè la cronologia dei fatti, e in questa prospettiva non si può che partire da Tavernole e dall'uccisione di don Carrino.»
«Certo», convenne il commissario. «Ma ritorniamo sem-

pre al punto di partenza. La morte di don Carrino, almeno per quel che ne sappiamo, appare legata a un fatto ben preciso: il suicidio di Caterina. Mentre quelle di don Colombi e di don Mottola dovrebbero discendere da motivazioni molto diverse. E se poi ci mettiamo anche l'uccisione del dottor Mangili... A meno che anche lui fosse un pedofilo, ma in questo caso tutto dovrebbe portarci al figlio, a Marco, a quel povero ragazzo che adesso... »

« No, no, no, Miceli, è del tutto fuori strada. »

« A volte mi capita, soprattutto negli ultimi tempi. Ma perché sarei fuori strada così clamorosamente? »

« Perché Marco, pur con tutto il suo dolore, non è uscito di senno alla notizia della morte del padre. Ha dato fuori di matto quando ha saputo che suo padre era stato ucciso dalla stessa persona che aveva già ammazzato don Colombi. »

« È vero... » disse Miceli. « "Questo non lo doveva fare", mi pare che sia stata questa la frase che ha detto alla Bruni. »

« Esattamente. L'ha ripetuta per due volte, e allora mi sembra agevole arrivare al passaggio ulteriore: Marco Mangili con la morte del padre non c'entra nulla, mentre potrebbe entrarci con quella di don Colombi... »

« Nel senso che potrebbe essere stato lui a... »

« Non certo a uccidere don Colombi, del quale potrebbe anche essere stato vittima, visto che aveva fatto parte della squadra di calcio, ma forse a dare l'idea a qualcun altro, che, per così dire, ha travalicato il mandato o, meglio, se n'è andato per conto suo, uccidendo anche suo padre, cosa che, sicuramente "non avrebbe dovuto fare", con tutto quello che ne è seguito. »

« Penso di poter essere d'accordo con lei, anche se, in realtà, non la sto seguendo del tutto. Perché, se impostiamo così le cose, dobbiamo per forza ritornare a Tavernole e a Enrico Beni, e qui non vedo come... »

« Dimentica che Enrico Beni, che di sicuro c'entra dal momento che ce lo siamo ritrovato in Val di Ledro e poi a Idro, aveva certamente un complice? Qualcuno che ha fatto quello che lui non si sentiva di fare di persona, nonostante i suoi propositi sbandierati a destra e a sinistra? »

«E allora Enrico Beni...»

«No, commissario, Enrico Beni col resto non ha nulla a che fare, anche perché se ne sta in carcere. È per forza di cose l'altro che poi ha proseguito, imboccando una strada tutta sua, che il Beni non era neppure in grado di prevedere.»

«E allora, se da Marco Mangili non cavassimo nulla, finiremmo col trovarci in un vicolo cieco.»

«Può anche darsi di no. Non so se la Bruni l'ha messa al corrente di quella piccola indagine che, in sua assenza, l'avevo pregata di fare... Mi riferisco al luogo e all'epoca degli studi universitari del defunto dottor Mangili.»

«No, non me ne aveva ancora parlato», rispose Miceli.

«Pavia, collegio Borromeo, medicina, anni '55-61. Ora, la cosa che le chiedo è quella di accertare il nome degli altri studenti bresciani che in quegli anni frequentarono medicina a Pavia.»

«La consideri cosa fatta. Evidentemente lei un'idea in testa ce l'ha già.»

«Sì, ma ancora un po' vaga, e sarà lei il primo col quale mi confronterò. Dopo che avrà fatto questo accertamento, però. Se il risultato sarà quello che spero, potremmo anche trovarci la strada spianata.»

Miceli lo guardò con interesse, ma non gli fece altre domande. Conosceva Petri troppo bene per ignorare che, in quel momento, gli sarebbe sgusciato di mano come un'anguilla.

Uscendo dalla Questura incrociò Maccari.

«Buongiorno, dottor Petri. Ho accompagnato a casa Grazia e mi sono fermato una mezz'ora con lei. Se si è lasciata convincere a prendersi ventiquattr'ore di riposo, significa che era proprio giù.»

«L'ho pensato anch'io», rispose Petri. «Cerchi di starle vicino.»

«Senta, giudice, Grazia mi ha raccontato tutto e mi sto convincendo di una cosa...»

«Mi dica, Maccari.»

«Che tutto ha avuto inizio a Tavernole, con il suicidio di

Caterina Credi. Non può essere altrimenti, se si pensa che la prima vittima è stato quel disgraziato di un prete che aveva messo incinta la ragazza. E, se partiamo da questo fatto, da questo dato di fatto, e lo colleghiamo con la circostanza che il killer, avendo sempre usato la stessa pistola, è uno solo ed è sempre lo stesso, la conclusione è obbligata e non può che portarci a un nome: Enrico Beni.»

«Ma Beni aveva una 45 e non una 6,35», obiettò Petri, con aria sorniona.

«Ma mi sembra logico pensare che tra la 45 e la 6,35 ci debba essere un collegamento», rispose Maccari.

«In che senso?»

«Nel senso che qualcuno ha inizialmente agito al posto del Beni e poi ha continuato per conto suo, per raggiungere un obiettivo ulteriore, un obiettivo che aveva già in testa...»

«Cerchi di spiegarmi meglio la sua idea.»

«Ecco, la mia idea è che l'omicidio di don Carrino, per il vero esecutore, quello della 6,35 voglio dire, sia stato, non dico un pretesto, ma l'occasione per dare una mano al Beni e poi...»

«Poi?» lo incoraggiò Petri.

«Raggiungere, o cercar di raggiungere, il suo vero scopo, a cui non credo sia ancora arrivato.»

«Nel senso che dovremmo aspettarci un altro omicidio?»

«Sì, anche se non posso esserne certo. La mia sensazione è, comunque, che l'uccisione di questo dottor Mangili sia stata altro fumo che ci è stato gettato negli occhi.»

«È una teoria interessante, e lei, Maccari, ha sempre dimostrato di essere una persona intelligente, uno con la vista lunga.»

«Veramente, se devo essere schietto, non è tutta farina del mio sacco, dottor Petri», mormorò Maccari.

«Sul serio? E chi...»

«Grazia Bruni, dottore.»

«Questa me la deve spiegare, perché, quando ieri sera ci siamo visti e l'ho accompagnata per un pezzo di strada, mi pareva sconvolta per la sua gaffe, e non era certo migliorata stamattina, se Miceli è riuscito a convincerla a prendersi una pausa di una giornata.»

«Verissimo, ma Grazia Bruni è un tipo un po' particolare. Ieri sera, mentre io cercavo di rassicurarla, non ha quasi aperto bocca. Non ha voluto neppur mangiare qualcosa e si è messa a letto. Pensavo che si fosse addormentata, ma quando l'ho raggiunta, un paio di ore dopo, l'ho trovata che leggeva. Non è una cosa insolita, lo fa spesso per rilassarsi quando è particolarmente nervosa.»

«Lo faccio anch'io, per distrarre la mente. Ma ancora non mi ha spiegato...»

«Ci stavo arrivando. Quando l'ho raggiunta non ha posato neppure il libro ed è andata avanti a leggere. Non so fino a che ora, perché io ho finito con l'addormentarmi con la luce accesa, prima di lei, e solo questa mattina ho scoperto qual era stata la sua lettura, e sono certissimo che non lo indovinerebbe mai...»

«La Bibbia?» azzardò Petri.

«Completamente fuori strada. Un poliziesco. Ha presente quei vecchi volumi Mondadori che ormai credo siano fuori commercio, gli Omnibus mi pare si chiamino? Ne ha una collezione: Agata Christie, Van Dine, Rex Stout, Dichson Carr, Raymond Chandler, Ellery Queen, Richard Stark...»

«E cosa stava leggendo?» fece Petri, ormai impaziente.

«Ed McBain. Una raccolta di romanzi brevi, uno meglio dell'altro. Non so se anche lei li conosce...»

«Li conosco, li conosco, in gioventù li ho letti anch'io ed è un ottimo autore. Il suo 87° Distretto è una cosa che non dimentichi facilmente. Ma in particolare, perché mi pare di aver capito che mi stia raccontando qualcosa di importante, cosa aveva letto?»

«Riletto, direi. L'ho scoperto stamattina, quando ci siamo alzati. C'era ancora un segnalibro alla fine del primo romanzo. *L'assassino ha lasciato la firma* è il titolo. Per caso lo ricorda?»

«Vagamente. Ma ancora mi deve spiegare...»

«È stata Grazia a spiegarmelo, quando un'ora fa l'ho riaccompagnata a casa. È una storia che si svolge appunto nell'ambito dell'87° Distretto. Adesso non sono in grado di riassumerla, ma detto in breve: prima viene ucciso un poliziotto del Distretto e poi un altro e un altro, e tutti pensano di aver a che fare con un assassino che ce l'ha a morte coi poliziotti e vuole vendicarsi per un torto subito o qualcosa del genere, mentre alla fine si scopre che l'esecutore di tutte queste uccisioni era l'amante di una donna, la moglie, mi pare, dell'ultimo poliziotto che viene ucciso e che voleva semplicemente disfarsi del marito, mettendo in moto tutta quella sceneggiata destinata a fuorviare gli investigatori, mascherando qual era il vero obiettivo che lei voleva raggiungere. Io non l'ho letto, ma credo che il succo sia questo...»

«Interessante», fece Petri. «E Grazia Bruni le ha anche spiegato il motivo di questa sua lettura, o rilettura?»

«Mi ha soltanto detto che avrei fatto bene a darci una scorsa anch'io e mi ha fatto anche una raccomandazione...»

«E cioè?»

«Di consigliare anche a lei di leggerlo. Anzi, me lo aveva preparato perché glielo dessi, anche se poi ho dimenticato di portarmelo dietro. Ha però aggiunto anche un'altra cosa: che lei, forse, non ne avrebbe avuto bisogno. Una frase un po' sibillina, ma non ha voluto dire altro e io non ho ritenuto di insistere. Poi, però, tornando in Questura, ci ho ripensato. Mi riferisco al contenuto del libro. E questo spiega i discorsi che le ho fatto prima. L'unica cosa che mi sto chiedendo è se siamo arrivati al terzo poliziotto o ce ne sia in vista un altro...»

«Bravo, Maccari, e ancor più brava la sua ispettrice. Complimenti a entrambi. Io ci stavo girando intorno, ma non può che rincuorarmi il fatto che ci siano due poliziotti del vostro calibro che si stanno muovendo sulla mia stessa lunghezza d'onda. Una cosa, però: non è giusto che ci muoviamo all'insaputa di Miceli. Io vengo proprio dal suo ufficio. Perché non va da lui e, senza menzionare la nostra chiacchierata, non gli fa lo stesso ragionamento che ha fatto a me? Io ho un po' svicolato, ma Miceli, che resta sempre il migliore di tutti, in questo momento ha solo bisogno di una mano. È un po' stanco, ed è anche comprensibile, perché è lui che è costretto a portarsi tutto sulle spalle.»

«Capito, dottor Petri. Ci sentiamo», concluse Maccari e, per riguadagnare il tempo trascorso a discutere con Petri, salì a due gradini per volta lo scalone del vecchio palazzo di via Musei.

Capitolo 32

La telefonata di Miceli arrivò mentre Petri se ne stava in poltrona a leggere alcuni testi di medicina legale che aveva scovato nella sua biblioteca. Cercava di capire quali potessero essere le conseguenze di quello che i medici avevano definito uno shock post-traumatico, che aveva peraltro provocato uno stato semicomatoso. Il suo dubbio era che potessero anche essere irreversibili, oppure che il soggetto magari si riprendesse, rimuovendo però tutto quello che la forte emozione provata gli aveva provocato dentro. Non era venuto a capo di nulla e non era servita neppure una telefonata che aveva fatto a Gentilini.

«Non è la mia materia, e correrei il rischio di dire qualche corbelleria. Io faccio il medico legale, e i cervelli che esamino hanno smesso di funzionare. Però la sua domanda mi interessa. Se vuole ne parlo con qualche neurologo che conosco.»

«Grazie», aveva risposto Petri, piuttosto scoraggiato. Si sentiva come un animale in gabbia. Avrebbe voluto muoversi subito, ma voleva quella risposta che aveva sollecitato a Miceli.

Finalmente squillò il telefono. «Petri? Sono Miceli. Prima cosa: stamani ho fatto una chiacchierata con Maccari. Illuminante. Anche se ha poi ammesso che il merito era di Grazia Bruni e, in parte, suo. Ho deciso che d'ora in poi, invece di continuare a leggermi e rileggermi i russi dell'Ottocento, che sono la mia passione, un'occhiata ogni tanto a qualche buon poliziesco non guasterebbe. Seconda cosa: mezz'ora fa mi è arrivato l'elenco che avevo chiesto a Pavia e, a questo punto, ovviamente, ci ho dato una scorsa. I nomi non sono pochi, ma uno mi è subito balzato agli occhi ed è stato come se mi si sollevasse una cortina di nebbia. Lei naturalmente quel nome sperava di trovarcelo e sa già a chi alludo.»

«In verità...»

«Non faccia l'ipocrita con me, dottor Petri. Non attacca. Bene, il nome è quello di Francesco Credi, il padre di Caterina, anche lui laureato in medicina nel 1961 e anche lui interno al Borromeo. Fa il dentista. Io penso che adesso siamo abbastanza vicini al traguardo. Sono certo che è d'accordo anche lei, ma vorrei solo avere la sua conferma.»

«Sì, in effetti sì: potrebbe essere, anzi, è certamente il tassello che ci mancava e...»

«Forse potremmo anche metterlo in stato di fermo, anche se non so... Potrei anche chiamare Martinelli e... Lei cosa ne dice?»

«Dico di andar piano e di lasciare in pace, almeno per il momento, Martinelli. Ma l'ultima cosa che farei sarebbe quella di mettere in stato di fermo Francesco Credi, cosa tra l'altro tecnicamente non facile, a meno che non lo facciate per proteggerlo.»

«Per proteggerlo?» fece il commissario.

«Certo, per proteggerlo, perché la prossima vittima, forse quella definitiva, potrebbe essere proprio lui.»

«Un momento, non la seguo», disse Miceli. «No, anzi! Adesso ci sono arrivato! Ma sono una bestia, sono proprio una bestia... Val di Ledro e quell'altro ragazzo che non siamo riusciti a identificare, e prima ancora i due ragazzi al Vescovado... e il figlio di Mangili che non poteva certo avere come punto di riferimento uno che ha trent'anni più di lui, come potrebbe essere il dentista... Si tratta di Claudio, di Claudio Credi, il fratello di Caterina, anche lui animato da spirito di vendetta nei confronti di don Carrino. E magari anche di sua madre, se pensiamo che quella dell'armeria potrebbe averci detto la verità e sarebbe stata una signora ad acquistare sotto banco una 6,35... Ci sono arrivato, Petri, o no?»

«Certo che c'è arrivato, ci siamo arrivati tutti e due. E, forse, ci saremmo arrivati anche prima, se tutto si fosse fermato a don Carrino. Sono stati gli altri a farci precipitare nella nebbia, così come voleva l'assassino, e come aveva voluto Alice Bush...»

«Alice Bush? E chi sarebbe questa Alice?»

«La perversa moglie del povero Hank Bush, l'ultimo poliziotto che viene ucciso nel romanzo di McBain, quello che si è riletto Grazia Bruni. Non gliene ha parlato Maccari?»

«Sì, a grandi linee...»

«Io ho avuto fortuna. Dopo la chiacchierata di stamattina con Maccari ho fatto un salto al Libraccio e l'ho trovato. Più o meno lo ricordavo, ma gli ho dato una riguardata. Sono centosettantasei pagine in tutto. A cose finite glielo presto.»

«Grazie.»

«Veramente», proseguì Petri, «una differenza ci sarebbe, e neppure una differenza di poco conto...»

«Quale?» chiese Miceli.

«Che la nostra storia sarebbe la copia carbone di quella partorita dalla fantasia di McBain, se non fosse per due particolari importanti.»

Dall'altra parte del filo il commissario pendeva dalle sue labbra. Petri accese una sigaretta. «Primo: don Carrino non è stato ammazzato da un pazzoide che ce l'aveva coi preti, ma per delle ragioni ben precise. Non gli hanno fatto la pelle per la tonaca che indossava, ma per la porcata che aveva fatto alla povera Caterina. Un normale omicidio, quindi, con tanto di movente. Non la prima innocente pedina di un gioco al massacro. E la cosa, se ci fosse stato di mezzo solo il Beni, sarebbe finita lì.»

«Certo», fece Miceli.

«Secondo, e mi lasci finire. Anche gli altri due preti, apparentemente, sono stati ammazzati per delle ragioni precise.»

«Come "apparentemente"? Erano entrambi pedofili», disse Miceli.

«Bravo. Erano entrambi pedofili, ma, se ci riflettiamo un momento, il fatto che lo fossero, mentre don Carrino non lo era, non ci ha certo facilitato le cose, anzi, se ben ricorda ci ha posto una serie di interrogativi che fortunatamente non ci hanno travolti per un motivo molto semplice...»

«Che l'assassino si era sempre servito della stessa pistola», intervenne Miceli, «perché in caso contrario avremmo potuto anche non arrivarci mai.»

«Sicuramente. Qui c'è stato il primo errore dell'omicida, al quale ormai mi pare che abbiamo dato un nome e un cognome. Ma di errori ne ha commessi anche altri e, se fossimo stati più svegli, avremmo anche potuto accorgercene, anche se alla Bruni un barlume era venuto, quando aveva intuito che la chiave stava nell'assassinio di don Colombi.»

«Sì, ricordo qualcosa del genere, ma adesso faccio un po' fatica a seguirla. Perché la chiave poteva essere don Colombi?»

«Perché la sua pedofilia non era conclamata, e solo le sue vittime potevano avercela con lui. E se avessimo avuto un po' di sale in zucca avremmo dovuto capire subito che l'unica persona da cercare non poteva che identificarsi in qualcuno che nello stesso tempo fosse stato vittima di un pedofilo e avesse motivo di vendicarsi di don Carrino. È d'accordo o no?»

«Sì... Ma allora torniamo a Marco Mangili e... No, accidenti a me, ci stavo ricascando, perché Marco Mangili è rimasto sconvolto dalla morte di don Colombi e con quella di Caterina non c'entrava per niente.»

«Finalmente», sospirò Petri. «Ma gli errori del nostro non si fermano qui.»

«L'omicidio di don Mottola?» chiese Miiceli.

«Non direi, anche se con don Mottola ha confermato di avercela a morte coi pedofili. L'errore è stato quello di abbandonare i preti per dedicarsi ai medici.»

«A *un* medico, vorrà dire.»

«Secondo Grazia Bruni e Maccari ce ne potrebbe essere anche un altro e credo proprio che abbiano ragione.»

«Ne è convinto anche lei? E me ne vuole spiegare la ragione?»

«Sempre McBain, riveduto e corretto, più la mia ultima gita a Tavernole e il colloquio col vecchio Beni. Comunque, il problema che si pone adesso è quello di vedere come dobbiamo muoverci, anzi, come dovete muovervi. Affrontare madre e figlio e tentare un bluff? Ho i miei dubbi... Potreste anche andare a sbattere contro un muro.»

«Cosa ne direbbe, visto che vogliamo lasciar fuori Martinelli, di una perquisizione? Una perquisizione d'iniziativa ricorrendo all'articolo 41?»

«Questa mi sembra già un'idea migliore. Senta, commissario, io però, intanto, metterei subito qualcuno a proteggere Francesco Credi, nel caso che questa sera abbia intenzione di uscire per farsi un giretto. È meglio non lasciare nulla al caso. Di scottature ne abbiamo prese a sufficienza. Domani mattina alle otto sono da lei e ci organizziamo meglio. Vorrei essere anch'io della partita.»

«Stavo per chiederglielo. Vediamo in po'... Mi scusi un attimo, mi stanno chiamando su un'altra linea.»

Un paio di minuti. «Era l'ispettore Palestrina. Mi ero scordato di dirglielo, ma appena ho visto quel nome sull'elenco di Pavia gli ho fatto un colpo di telefono. Era sempre in ospedale e con lui la vedova Mangili a vegliare il figlio. Ha appreso che i Credi e i Mangili si frequentavano abbastanza assiduamente, ma quel che più conta, i loro ragazzi, Claudio e Marco, erano amici intimi.»

«E siamo arrivati alla quadratura del cerchio», fu il commento di Petri.

«Certamente. Tornando a quanto dicevamo prima... adesso sono le cinque del pomeriggio. È stata una giornataccia e sono quasi tutti fuori. Ma Nicotra e Vizzini dovrebbero rientrare e, diciamo per le sette al massimo, potranno stare alle calcagna del nostro dentista. Sempre che esca di casa, ovviamente. Perché se abbiamo visto giusto, in casa non dovrebbe correre pericoli.»

«Certo», convenne Petri. «Ci vediamo domani.»

Povero Miceli, si disse Petri ripensando ai vari passaggi della telefonata. Ci arriva sempre, ma sempre con un pizzico di ritardo. Come avrà fatto a pensare al padre e non al figlio? Stava però invecchiando anche lui e, come tutte le persone anziane, qualche colpo lo perdeva. Perché non gli era neppure passato per la testa di chiedersi dove avesse lo studio dentistico Francesco Credi, e neppure che qualcuno avrebbe dovuto essere messo alle calcagna di Claudio Credi, piuttosto che del padre. Pensò solo che comunque Nicotra e Vizzini sarebbero stati di fazione dalle sette. Ma se qualcun altro non ci avesse pensato, e fortunatamente ci pensò, lo avrebbero fatto con venti minuti di ritardo.

Capitolo 33

Grazia Bruni entrò nell'ufficio di Miceli che stava posando il ricevitore. Il commissario era meditabondo. Si mise ad alitare sugli occhiali, che poi pulì delicatamente con una pezzuola di camoscio. «E tu cosa ci fai qui? Ti avevo detto...»

«Mi sono ripresa. Se me ne restavo ancora chiusa in casa, rischiavo di impazzire. Il ragazzo come sta?»

«Pare che si stia riprendendo», mentì Miceli.

«Qualcosa non va, commissario?»

«No, no, tutto bene. Si fa per dire... Adesso ti aggiorno sul mio colloquio telefonico con Petri. Era con lui che stavo parlando al telefono. A proposito, ho parlato con Maccari. Complimenti a tutti e due. Dunque...»

Grazia Bruni lo ascoltò pazientemente. «Posso dire la mia?»

«Certo.»

«Secondo me state facendo uno sbaglio, anzi, due, basandomi su quanto ha appena finito di dirmi.»

«Può anche darsi, ma anche Petri era d'accordo.»

«Ho detto che *state* commettendo un errore. Anche Petri, non solo lei.»

«E allora dimmi in che cosa stiamo sbagliando.»

«In primo luogo, io farei sorvegliare il figlio e non il padre. O comunque entrambi. Però, in effetti, stando dietro al padre...»

«Possiamo raggiungere entrambi gli scopi. È questo che stavi per dire?»

«Sì, forse ero stata precipitosa. Perché il padre dovremmo sapere dov'è, mentre il figlio...»

«Forse, però, anche la madre, la moglie, la signora Credi, insomma...»

«Magari non guasterebbe, anche se penso che lei possa avere acquistato la pistola, ma a usarla non ce la vedo proprio e...»

«L'altro sbaglio?»

«Quello di non muoverci subito e di aspettare il rientro di Nicotra e Vizzini.»

«E tu cosa faresti?»

«Inizierei immediatamente, solo il tempo di arrivarci. A proposito, sappiamo dove ha lo studio dentistico il dottor Credi? Mica ce l'avrà sotto casa come Mangili.»

«No, accidenti, non lo sappiamo.»

«La guida telefonica, subito. Mi faccia vedere un momento.»

La guida stava sulla mensola di uno scaffale, alle spalle di Miceli. Grazia Bruni la prese e iniziò a sfogliarla velocemente. «Ci siamo, guardi. L'abitazione è al 56 di Borgo Trento, ma lo studio dentistico *Dott. Francesco Credi e associati* è in via Ducco al 18, e a quest'ora un dentista che si rispetti è nel suo studio, certo non a casa.»

«Ma Nicotra e Vizzini...»

«E lasci perdere Nicotra e Vizzini. Ci sono io e c'è anche Maccari. In dieci minuti ci siamo.»

«Ma tu...»

«Sto benissimo.»

«Ma sei sicura di...?»

«Ma che sicura e sicura! Dico solo quello che farei se fossi al posto suo.»

«E va bene allora. Fallo subito.»

Ci arrivarono in un quarto d'ora. Divieto di sosta, con minaccia di rimozione forzata e, ovviamente, nessuna macchina parcheggiata.

«Certo che da Borgo Trento non ci viene a piedi. La macchina deve averla pur parcheggiata da qualche parte. Sai cosa ti dico? Adesso entro. Dico che si tratta di un'urgenza e che ho l'auto qui fuori, in divieto. Aggiungo che posso aspettare, ma che intanto mi dicano dove posso sistemarla qui vicino.»

«Mi sembra una buona idea», convenne Maccari.

L'infermiera che stava dietro il banco della sala d'aspetto era una ragazza gentile e comprensiva. Ascoltò Grazia Bruni, che si era messa un foulard in testa e un fazzoletto di carta appallottolato all'interno della guancia destra, per simulare un ascesso. «Credo che dovrà aspettare un po', signora. Ci sono due clienti e poi il dottor Credi dovrà lavorare a un impianto. Vedrò se può darle un'occhiata prima di iniziare quest'ultimo lavoro che sarà piuttosto lungo. In ogni caso dovrà aspettare almeno un'oretta, se non di più. La macchina la può mettere sul retro. Uscendo, giri a destra e poi ancora a destra: il secondo portone, che troverà spalancato. C'è un cortile dove mette la macchina il dottore ed, eccezionalmente, anche qualche cliente. Ma nelle sue condizioni... Vada a vedere: a quest'ora dovrebbe esserci posto.»

Non faticarono a trovarlo.

«Perfetto», disse Grazia Bruni. «Io ritorno allo studio e tu acquattati qui, dove ti pare.»

Maccari restò un momento in macchina. Poi decise di scendere. Il cortile era semibuio e non gli fu difficile trovare un angolo, dietro una sporgenza dell'edificio, dove nessuno poteva vederlo. Ebbe solo cura di allacciarsi la giacca a vento fino al collo e calarsi una berretta di lana in testa. Restando fermi si rischiava di congelare.

Grazia Bruni si era tolta il cappotto, ma non quel foulard che la faceva sudare. Nell'anticamera dello studio dentistico dovevano esserci almeno ventitré-ventiquattro gradi. Un vero supplizio, con quel fazzoletto di carta che le si stava sciogliendo in bocca. Si mise a sfogliare riviste femminili, mettendole da parte, disgustata. Passò a «Famiglia cristiana». Non la conosceva ed ebbe una sorpresa. Qualcosa di buono c'era. Forse un po' contraddittoria, ma anche qualche ottimo articolo, che certo aveva fatto infuriare il Premier. Sorrise soddisfatta.

Francesco Credi terminò l'ultima otturazione e si lavò accuratamente le mani. Ora doveva impiantare due perni all'ultimo cliente. Sarebbe stata una cosa lunga ed era stanco. Aveva bisogno di rilassarsi un momento, e di fumarsi una sigaretta. «Esco un momento in cortile, torno tra cinque minuti», disse all'infermiera. «Tu prepara tutto e avverti la signora che tra un momento iniziamo.»

«Veramente c'è anche un'altra signora, senza appuntamento. Poveretta, sta aspettando da oltre un'ora e ha una guancia come un melone.»

«Un ascesso. Che ci posso fare? Le darò un'occhiata prima di incominciare l'ultimo lavoro. Le prescriverò il solito antibiotico in attesa che si sgonfi. Intanto puoi già preparare la ricetta.» Uscì in cortile dalla porta posteriore e si accese una sigaretta. Sentì un brivido di freddo. Era uscito con addosso solo il camice e aveva ripreso a soffiare un vento gelido, che faceva tintinnare un ammasso di lamiere accatastate contro il muro, alla sua destra.

Maccari era a cinque metri di distanza, con tutti i sensi all'erta. Mezz'ora prima aveva visto un'ombra entrare nel cortile semibuio. Una sagoma indistinta, che era scomparsa tra due macchine. Vide il dentista uscire e accendersi la sigaretta. Mise la mano nella tasca destra della giacca a vento, dove aveva messo la pistola d'ordinanza, col colpo in canna.

L'ombra si materializzò alle spalle del dottor Credi, senza fare alcun rumore. Un braccio che si stava alzando. Maccari balzò dal suo angolo, sparando due colpi in aria e accendendo la torcia tascabile. Il braccio, che prima era teso, si abbassò e due occhi spauriti vennero inquadrati dal fascio di luce della torcia.

«Polizia!» urlò Maccari. «Che nessuno si muova!»

Francesco Credi era immobile, paralizzato, e fissava l'ombra che adesso gli stava davanti. «Ma Claudio, cosa ci fai qui?» Poi iniziò a ridere, convulsamente, come se fosse preso da una crisi isterica. «Ma allora sei tu... Era a me che miravi...» balbettò, col riso che si era trasformato in singhiozzo.

La porta sul retro tornò ad aprirsi: l'infermiera, Grazia Bruni che sputò una manciata di carta, liberandosi del foulard, un'altra signora. Tutti attirati dalle detonazioni che, nel piccolo cortile, erano risuonate come due cannonate.

Francesco Credi era sempre lì, immobile. Piangeva e non staccava gli occhi da quelli del figlio, che Maccari aveva già ammanettato. Per terra, una piccola pistola, poco più di un giocattolo, che venne raccolta da Grazia Bruni.

« Dottor Credi, sono l'ispettore Bruni della Squadra mobile. Ormai avrà capito perché eravamo qui. Per favore, si metta qualcosa addosso, faccia chiudere lo studio e monti in macchina, e anche tu, naturalmente, sulla nostra però », disse al ragazzo. « Maccari, aspetta un attimo che chiamo Miceli e gli chiedo cosa dobbiamo fare. » Una telefonata di trenta secondi: « Tutti in Borgo Trento, subito. Miceli ci raggiunge subito con Garramone e gli altri ».

Capitolo 34

Durante il percorso Miceli chiamò Martinelli, spiegandogli concisamente l'accaduto.

«Petri è al corrente degli sviluppi della vicenda?» chiese il Procuratore.

«Non di quanto è accaduto questa sera, ma per il resto sì.»

«Bene. Telefoni subito anche a lui. Io vengo in via Trento, ma gli dica che rimando subito la mia macchina. Tempo dieci minuti, un quarto d'ora al massimo e sarà sotto casa sua.»

Miceli fece il numero di Petri.

Rispose Anna. «Commissario, ho capito bene? Il Procuratore Martinelli vuole parlare con mio marito? Aspetti che lo chiamo.»

«Sì, e la cosa ha sorpreso anche me, ma non lo chiami. Martinelli vuole anche lui al 56 di Borgo Trento. Gli dica che tra una decina di minuti passerà a prenderlo la macchina del Procuratore. Magari potrebbe farsi trovare già in strada.»

«Carlo», disse Anna, «credo che sia accaduto qualcosa di grosso. Miceli mi ha telefonato per dirmi che Martinelli ti vuole sul posto, mi pare di aver capito in Borgo Trento. Tra poco arriva la sua macchina a prenderti. Non avrai per caso combinato qualcosa che...»

«Ma cosa vuoi che abbia combinato? È Martinelli che sta dando i numeri. Prima non voleva neppur sentire parlare di me, e adesso... Non ci capisco niente, ma è meglio che scenda subito.»

«Mettiti almeno il giaccone pesante.» Lo rincorse per le scale, con una sciarpa in mano e i guanti felpati.

La macchina della Procura era già arrivata. Accostata al

marciapiede. Il motore acceso e una luce lampeggiante sul tettuccio. Petri salì, senza chiedere nulla. Al volante un autista civile che vedeva per la prima volta.

Arrivarono in Borgo Trento e Martinelli, che stava passeggiando sul marciapiede, gli andò incontro con la mano tesa. «Grazie di essere venuto, Petri. Miceli e la Bruni mi hanno messo al corrente della situazione, compresa la parte che hai avuto, ma prima di salire volevo sentire la tua opinione.»

«Quello che non riesco a comprendere è cosa ci facciamo qui, in Borgo Trento», disse Petri. «Anzi, forse ci sono arrivato. È qui che aveva lo studio dentistico il dottor Credi?» Vide Nicotra e Vizzini che parlottavano tra loro, a una ventina di metri.

«No», rispose Martinelli, «e non capisco perché ne parli al passato. Lo studio ce l'ha in via Ducco.»

«Allora non l'hanno ammazzato?»

«No, ma c'è mancato un pelo. Merito di Miceli e, soprattutto, dell'ispettrice Bruni e di quell'agente alto e bruno...»

«Maccari», disse Petri.

«Sì, credo che si chiami Maccari. Si sono precipitati in via Ducco e l'agente è riuscito a sventare in extremis l'omicidio del dentista. Forse immagini di chi era la mano armata di una 6,35...»

«Di suo figlio. L'hanno preso?» chiese Petri.

«Sì, preso e ammanettato. Adesso è su con Miceli e gli altri. Io ti ho aspettato qui perché volevo fare due chiacchiere in privato, prima di salire.» Lo prese sottobraccio, accompagnandolo qualche metro più in là, dalla parte opposta rispetto a dove stazionavano i due agenti.

Parlarono per alcuni minuti. Meglio, fu Petri a parlare, con Martinelli che lo interrompeva solo per fargli qualche domanda, e poi tornava ad ascoltarlo, con grandi cenni di assenso.

«Ma me lo vuoi spiegare una buona volta perché te ne sei andato in pensione?» chiese alla fine Martinelli.

«Lo devo prendere come un complimento? Se è così, ti ringrazio. Il guaio è che, tempo un paio d'anni, se ne andrà in pensione anche Miceli, e quello sì che sarà un guaio...»

«Lo penso anch'io», convenne il Procuratore. «Fortunatamente ci resterà sempre l'ispettrice Bruni e...»

«Scusami l'impertinenza, Martinelli, ma la Bruni non ti è sempre stata sulle palle?»

«Questo sarebbe un discorso complesso, che non possiamo fare in questo momento. La Bruni... Ma tu non hai risposto alla mia domanda: perché hai deciso di andartene in pensione?»

«Anche questo è un discorso complesso, che non possiamo fare così sui due piedi, soprattutto con questo freddo bischero...»

«Allora è meglio che saliamo», concluse Martinelli.

In anticamera Miceli e l'ispettore Garramone.

«Buonasera, dottor Petri», fece il commissario. «Procuratore... Il ragazzo è nella stanza di fronte, ancora ammanettato, con lui c'è Maccari che lo tiene d'occhio. Il dottor Credi è nella sua stanza. Pare uno zombi. In soggiorno c'è Matilde Credi, con l'ispettrice Bruni. E qui c'è la 6,35.» Non ci avevano fatto caso, ma in mano aveva un sacchetto di plastica, con dentro la pistola. «La passerò alla Scientifica per darci un'occhiata, ma ritengo che sia una pura formalità. Già domattina la depositeremo in Procura, insieme a tutti i proiettili recuperati. Penso che di tutto dovrà occuparsi ufficialmente il Banco nazionale di prova di Gardone...»

«Certo», disse Martinelli.

«Abbiamo anche dato un'occhiata in giro, soprattutto nella stanza del ragazzo, non una vera perquisizione, ma non mi pare sia uscito nulla di interessante. Piuttosto, abbiamo qui anche il cellulare del ragazzo. Questo penso che potrà esserci molto utile.»

«Ma certo», disse Martinelli.

«E adesso?» chiese Miceli.

«Adesso», rispose Martinelli, «aspettiamo l'avvocato Balzarotti, al quale, in attesa di Petri, ho telefonato. Gli ho spiegato sommariamente la situazione. È il Presidente dell'Ordine avvocati, oltre che un fior di penalista. Ci raggiungerà a minuti. Appena arriva sentiamo la signora Credi e il figlio. C'è qualcuno in grado di verbalizzare?»

«L'agente Maccari», rispose Miceli. «E mi sembra di aver visto in giro anche una macchina per scrivere. Ma forse di avvocati ne occorrerebbero due, giusto per andare sul sicuro e fare le cose per bene.»

«Balzarotti arriva col suo socio di studio. Crede che non ci abbia pensato?» puntualizzò Martinelli. «Piuttosto, dove mi ha detto che si trova la signora Credi?»

«In soggiorno», rispose il commissario.

Matilde Credi stava seduta in un angolo del divano. I capelli corti, grigio argento, appena increspati, un golfino sulle spalle e un filo di perle al collo.

Grazia Bruni era seduta in una poltrona d'angolo. Lei guardava fisso, davanti a sé, molto tranquilla. Parve non accorgersi delle persone che erano entrate.

«Signora Credi», cominciò Miceli, «le presento il dottor Martinelli, il Procuratore della Repubblica.» Ignorò volutamente Petri, che si manteneva nelle retrovie, come avrebbe potuto fare un anziano segretario.

«Accomodatevi pure», disse la signora Credi, con voce piatta. Pareva una padrona di casa, che accogliesse degli ospiti, capitati lì in visita.

«Signora», esordì Martinelli. «Tra poco arriverà l'avvocato Balzarotti, è il Presidente del Consiglio dell'Ordine degli avvocati. La sua presenza è necessaria perché vorrei interrogarla, ma prima potrà conferire con lui, a meno che abbia un legale di sua fiducia. In questo caso può avvertirlo, e magari occorrerà anche un legale per suo figlio. Noi aspetteremo tutto il tempo necessario.»

«Non ho bisogno di avvocati di fiducia. Tanto non ho niente da dire.»

«Come vuole, ma preferisco attendere l'avvocato», rispose Martinelli.

Presero posto tutti in silenzio. Pochi minuti e si affacciò alla porta l'ispettore Garramone. «Chiedo scusa, sono arrivati gli avvocati.»

«Benissimo», disse Martinelli, alzandosi e avviandosi verso l'anticamera, seguito da Miceli e da Petri. «Adesso, signora, potrà parlare con l'avvocato.»

Balzarotti li attendeva fuori. Snello, coi capelli brizzolati, i tratti affilati e scuri, che contribuivano a dargli un aspetto distinto. «Procuratore... Dottor Petri... Sono a vostra disposizione, ma vorrei saperne qualcosa di più oltre a quello che il dottor Martinelli mi ha accennato per telefono.» Accanto a lui un tizio più giovane, che non era un viso sconosciuto.

«Adesso le spiego meglio», fece Martinelli. «Anzi, visto che siamo in una situazione un po' singolare, è più opportuno che lo faccia il dottor Petri, che lei certamente ricorderà...»

Balzarotti fece un cenno d'assenso, tacendo il fatto che Petri era un suo amico di vecchia data.

Petri, in pochi minuti, recitò la sua parte. «Il Procuratore, ovviamente, le lascia tutto il tempo necessario per conferire con la signora Credi. E altrettanto vale per il suo collega per quanto riguarda il giovane Claudio Credi, il figlio. Quando siete pronti glielo farete sapere.» Si rivolse a Martinelli. «Lei mi scuserà, ma scendo un momento in strada a fumarmi una sigaretta.»

Balzarotti riuscì a restare impassibile, celando un risolino. Sapeva che l'autonomia di Petri non superava la mezz'ora.

Petri scese le scale e si affacciò alla strada, stringendosi la sciarpa intorno al collo. Nicotra, che stava chiacchierando con l'autista del Procuratore, gli si avvicinò.

«Vuole una sigaretta anche lei, Nicotra?» gli chiese Petri, tendendogli il pacchetto.

L'agente, che tirava una boccata solo di tanto in tanto, non seppe rifiutare. Gli sarebbe sembrato scortese. Fumarono in silenzio per alcuni istanti, emettendo degli sbuffi che la temperatura rigida trasformava in piccole nuvole spesse e bianche.

«Forse è meglio che risalga», disse a un certo punto Petri, e rientrò dal portone che aveva lasciato accostato.

Erano ancora tutti in anticamera. L'avvocato Balzarotti uscì dal soggiorno. «Credo che possiate entrare. La signora Credi vi aspetta. Non penso che voglia avvalersi della facoltà di non rispondere, anche se mi ha precisato che intende fare solo una breve dichiarazione.»

«Garramone, sostituisci Maccari e fallo venire qui», disse Miceli. «Nella stanza in cui si è rifugiato il dottor Credi credo di aver visto una piccola Olivetti.»

Dopo un attimo entrarono tutti in soggiorno. Matilde Credi era sempre seduta sul divano. La stessa posizione e lo stesso sguardo, fisso sulla parete di fronte, a guardare qualcosa che vedeva solo lei. Martinelli accostò una poltrona. Maccari su una sedia, l'Olivetti sulle ginocchia.

«Signora», esordì il Procuratore, «un verbale dobbiamo pur farlo, perché lei è indiziata di concorso in omicidi plurimi e di tentato omicidio nei confronti di suo marito. Ho saputo dall'avvocato che intende effettuare solo una breve dichiarazione. È un suo diritto. Comunque, preliminarmente, deve dettare le sue generalità complete e poi io le contesterò in modo formale le accuse a suo carico e gli elementi di prova.»

Matilde Credi, con voce metallica, dettò a Maccari nome, cognome da nubile, data di nascita, professione e residenza.

Petri si era defilato in fondo al soggiorno, su una seggiola. Balzarotti gli diede un'occhiata, ma non fece alcuna osservazione per quella sua presenza che non si giustificava in alcun modo.

«A questo punto, signora», disse il Procuratore, «le enumero gli episodi dei quali lei sarà chiamata a rispondere, facendole presente che l'elemento di prova cardine a suo carico...» Martinelli, consultando i suoi appunti, parlò per quasi dieci minuti. Avrebbe anche potuto essere più conciso, dal momento che tutto si riduceva al fatto che lei era fortemente sospettata di essere stata l'acquirente della pistola e la venditrice, sostenne con tranquillità, ne aveva data una precisa descrizione e sarebbe stata in grado di riconoscerla. «Detto questo», concluse, «lei intende avvalersi della facoltà di non rispondere?»

«Sì», rispose la donna. «Voglio solo fare una semplice dichiarazione.»

«L'ascoltiamo, signora. Detti pure lei.»

«Mi dichiaro responsabile di tutti i fatti che mi sono stati contestati», disse Matilde Credi, senza tradire alcuna emozione. «A iniziare dall'acquisto della pistola destinata a vendicare la morte di mia figlia Caterina. Ho poi indotto mio figlio a fare tutto il resto, anche se lui non voleva, ma sono riuscita a convincerlo. La mia idea era quella di confondere le acque, in attesa di raggiungere l'obiettivo finale: l'uccisione di mio marito.»

L'impressione fu che Matilde Credi avesse recitato un breve copione, imparato a memoria.

«Ma perché...» fece Martinelli.

«Non intendo rispondere ad alcuna domanda», disse Matilde Credi.

«Come vuole», sospirò Martinelli. «Adesso rilegga quanto abbiamo scritto e, se desidera modificarlo, lo può fare. Poi, ci metta la sua firma.» Firmò anche lui e, in calce, per presa visione e rinunzia al deposito, anche l'avvocato Balzarotti.

Entrò l'ispettore Garramone, che sussurrò qualcosa all'orecchio del Procuratore. Martinelli si alzò e tutti lo seguirono in anticamera.

L'avvocato Fresi, il collega di Balzarotti, era in piedi, con un paio di fogli, vergati a mano. «Signor Procuratore, Claudio Credi, il figlio, ha voluto fare questa dichiarazione. L'ha scritta di suo pugno, alla presenza mia e dell'ispettore Garramone, dopo che l'avevo informato che non aveva alcun obbligo in proposito. Ma ha voluto farla. Sia l'ispettore che io abbiamo controfirmato. Mi rendo conto che la cosa è abbastanza irrituale, ma non mi resta che consegnargliela. Non posso certo tenermela in tasca.» Tese i fogli a Martinelli che vi diede una rapida scorsa. La grafia del ragazzo era chiara e non v'era alcuna correzione.

Il Procuratore ci pensò un momento. «D'accordo, ma adesso dobbiamo formalizzare la cosa con un verbale di interrogatorio. Lei, avvocato, venga con me e anche lei, con la macchina per scrivere», disse rivolto a Maccari.

Claudio Credi stava seduto sul letto della sua stanza, assolutamente tranquillo. Un tavolo con sopra un computer e una stampante, uno scaffale di libri e, alle pareti, una serie di manifesti con immagini di rockstar. Su un comodino, accanto al letto, altri due o tre libri, uno sopra l'altro.

«Buonasera a lei», disse Martinelli. «Ho visto la dichiarazione scritta che ha voluto fare...»

«Non ho intenzione di aggiungere altro.»

«Non posso certo obbligarla a farlo. Ma intendo redigere un formale verbale di interrogatorio.»

Maccari aveva già inserito un foglio nell'Olivetti che si era portato dietro.

«Tempo sprecato», disse Claudio Credi.

Martinelli lo guardò, senza fare alcun commento. «Anzitutto un paio di precisazioni. Lei desidera far intervenire un avvocato di sua fiducia, o accetta come difensore d'ufficio il qui presente avvocato Fresi?»

«Non ho e non desidero alcun avvocato di fiducia. Va bene l'avvocato Fresi.»

«Metta la dichiarazione a verbale», disse Martinelli rivolgendosi a Maccari. «Prima, però, ora, data e luogo. E generalità complete.»

«Credi Claudio, nato a Brescia il 13 giugno 1991, residente a Brescia, Borgo Trento, 56, studente.»

«Intende avvalersi della facoltà di non rispondere?»

«Sì, mi riporto alla dichiarazione che ho scritto di persona.»

«È però mio dovere comunicarle formalmente che lei sarà indagato per l'uccisione di don Ernesto Carrino, di don Pietro Colombi, di don Ersilio Mottola, del dottor Osvaldo Mangili e, infine, del tentato omicidio di suo padre, il dottor Francesco Credi. Gli elementi di prova a suo carico...»

«Se li può risparmiare. Sono colpevole di tutti i fatti di cui ha parlato. Ho personalmente ucciso i tre sacerdoti e il dottor Mangili e, se non ci fosse stata la Polizia ad aspettarmi, avrei fatto altrettanto con quel porco di mio padre.»

Maccari ebbe un breve sussulto, ma continuò a pestare sui tasti.

«Detto questo», proseguì Claudio Credi, «ripeto che mi riporto alla mia dichiarazione e non intendo aggiungere altro.»

«Va bene», disse Martinelli, adesso firmi e ci metta una firma anche lei, avvocato Fresi. Così come farò io. Maccari, dia atto che al presente verbale viene allegata come parte integrante la dichiarazione autografa di Claudio Credi.»

Martinelli aprì la porta della stanza. Fuori Miceli, Petri e l'avvocato Balzarotti.

«Scusi, Procuratore, credo che di noi, per questa sera, non abbia più bisogno», disse Balzarotti. «Magari, domani, passeremo da lei in Procura.»

«Certo», rispose Martinelli. «Qui abbiamo finito e non posso che ringraziarvi ancora per la vostra disponibilità.»

Balzarotti e Fresi strinsero la mano al Procuratore e, con un cenno del capo, salutarono Petri e il commissario, avviandosi verso la porta d'ingresso.

«Una scorsa alle dichiarazioni del ragazzo penso che gliela vorrete dare», disse Martinelli, dando il verbale a cui erano spillati i due fogli manoscritti a Miceli. Si avvicinò anche Petri, che inforcò gli occhiali.

Oggi, alle ore 21, nella mia abitazione di Borgo Trento, 56, a Brescia, io sottoscritto Claudio Credi, dichiaro spontaneamente quanto segue:

Tutto ha avuto inizio a Tavernole, quando mi ci recai con mia madre per parlare con coloro che avevano conosciuto mia sorella Caterina. Parlai anche con Enrico Beni e appresi che intendeva vendicare la morte di Caterina uccidendo il responsabile e cioè don Carrino. Era quello che volevo anch'io e raggiungemmo un accordo. Scoperto dove si era rifugiato il prete, ci saremmo andati e lo avremmo ucciso insieme. Enrico mi disse poi che aveva manifestato la sua intenzione al brigadiere di Tavernole e io riuscii a convincerlo che, a quel punto, era meglio che lo facessi io. Seguimmo don Carrino da Pieve di Ledro fino a Idro.

La responsabilità di Enrico finisce qui. Il resto è stata una mia idea, prima abbastanza vaga. Si è concretizzata quando il mio più caro amico, Marco Mangili, mi confidò che anni prima, quando faceva parte della squadra di calcio della parrocchia di san Genesio, aveva subito gravi molestie sessuali da parte di don Pietro Colombi. Io non gli dissi nulla, ma mi trovavo nella stessa situazione, perché anch'io, da piccolo, quando avevo dieci-undici anni, ero stato abusato da mio padre. Anni dopo mi ero confidato solamente con mia sorella Caterina e credo che questa sia stata la ragione che la indusse a piantare la famiglia e a far perdere le sue tracce andandosene a Tavernole. Mia madre non ne aveva mai saputo nulla. La convinsi, quando tornai da Tavernole, a procurarmi una pistola. Cercò di dissuadermi, ma le dissi che poteva fermarmi solo uccidendomi e allora finì col cedere. Sono certo che lei pensasse che volessi solo spaventare don Carrino e con tutto quello che è seguito non c'entra per niente...

Come un film dell'orrore, che si dipanò davanti agli occhi di Petri e Miceli, scena dopo scena.

Aveva aspettato che il padre uscisse e poi aveva affrontato la madre. Con lei aveva sempre avuto una grande confidenza e l'amava senza riserve. «Mamma», le aveva detto, «adesso ci sediamo qui un momento e parliamo seriamente. E tu mi stai ad ascoltare, fino in fondo, perché credo di avere bisogno del tuo aiuto.»

«Ti ascolto», rispose la madre.

«Tu lo sai cosa mi è accaduto anni fa, e non una sola volta, ma per diverso tempo, quando ero piccolo?»

Alla donna si erano riempiti gli occhi di lacrime.

«Lo sai o non lo sai?»

«Lo so, o meglio, l'ho sempre sospettato, sperando di sbagliarmi.»

«E perché non me ne hai mai parlato?»

«Speravo di sbagliarmi, forse sono anche una vigliacca... e tuo padre mi avrebbe ammazzata di botte.»

«Ti picchia, per caso?»

La donna aveva ripreso a piangere.

«Ragione di più», aveva detto il ragazzo. «Questa cosa orribile l'avevo confidata solo a Caterina. Ma adesso non importa più. Adesso ti spiego quello che ho in testa. Guarda che quello che ho deciso lo porterò a termine in ogni caso. Tu, però, mi devi aiutare in una cosa, una cosa sola.»

La madre era rimasta ad ascoltarlo pazientemente, col volto che le si ingrigiva, e le lacrime che continuavano a rigarle le gote. «E lo faresti anche senza il mio aiuto?»

«Di questo puoi star certa e, se vuoi fermarmi, devi uccidermi subito, in questo momento.»

La donna si era portata una mano alla bocca e poi l'aveva guardato a lungo.

«Ti aiuterò», aveva detto. «E se sarà necessario sarò con te, fino alla fine.»

I due ragazzi, uno giovanissimo e l'altro con qualche anno in più, avevano parlato a lungo, simpatizzando subito, forse anche per il dolore che ognuno dei due si portava dentro.

«Detto questo», aveva fatto il più anziano, «mi sono convinto che il vero responsabile è uno e uno solo, ed è lui che deve pagare.»

«Hai ragione, ma cosa vorresti fare?»

«La pelle, voglio fargli la pelle.»

«È anche la mia idea», aveva detto il più giovane. «Potremmo farlo insieme.»

«Lascia stare», rispose il ragazzo più grande. «Per me la vita è finita, ma tu sei giovane. Non devi rovinarti. In ogni caso, che lo faccia io o che lo faccia tu, il risultato sarà lo stesso.»

Il più giovane restò in silenzio. Un'idea improvvisa, ancora vaga, stava prendendo forma nella sua mente e stava pensando intensamente.

«Senti», fece all'improvviso. «Promettimi di telefonarmi quando hai preso una decisione. Hai un cellulare?»

«Certo che ce l'ho.»

«E allora tu mi dai il tuo numero e io ti do il mio. Ci risentiamo, ma ricordati la promessa che mi hai fatto. Prima mi telefoni.»

«Promesso», rispose il ragazzo più anziano. «Ho intenzione di farlo al più presto.»

A casa, il più giovane non ci aveva dormito la notte, seguitando nel suo lavorio che lo aveva lasciato stremato, ma con le idee che, nonostante la stanchezza, gli si erano chiarite. Ormai il piano lo aveva nitido in testa, anche se, forse, gli sarebbe stato necessario l'aiuto di sua madre.

Lui non aveva mai frequentato quella parrocchia, ma il suo più intimo amico sì. Tra loro non avevano segreti e qualche mese prima, un pomeriggio d'estate, nel quale la calura li aveva indotti, nel loro girovagare, a sedersi all'ombra sui gradini di una chiesa, l'amico che era molto giù di corda si era lasciato andare a una confidenza. Anni prima, quel prete di cui gli aveva già vagamente parlato, se ne ricordava?, aveva abusato di lui ed era stata un'esperienza che lo aveva segnato.

Aveva sentito un brivido corrergli per la schiena, nonostante i trentotto gradi all'ombra. Anche lui, in una situazione diversa, ci era passato e anche la sua ferita era ancora aperta. Ma non aveva detto nulla. Aveva solo cercato di consolare l'amico, con tutto l'affetto di cui era capace, mascherando il dolore e la rabbia che continuavano ad accompagnarlo.

«Ne hai parlato con tua madre... o con tuo padre?» si era limitato a chiedere.

«Sì, tu sei l'unico estraneo a cui abbia confessato questa cosa, ma con loro avevo parlato. Avevo raccontato tutto.»

«E che hanno fatto?»

«Niente. Non hanno fatto niente. Certo, hanno cercato di rassicurarmi, ma hanno concluso che sono cose che possono capitare, che col tempo me ne sarei dimenticato e che non era il caso di sollevare scandali che avrebbero potuto anche farmi più male che bene, o addirittura nuocermi. Questo, ricordo, lo disse mio padre. Aggiunse che uno scandalo avrebbe potuto danneggiare anche lui. Una delusione cocente. Una ferita che si è aggiunta all'altra, forse ancor più dolorosa. Da mia madre non è che mi aspettassi molto, quella di me non si è mai curata. Ma mio padre... Da lui mi sarei aspettato qualcosa di diverso. La mia impressione è che non abbia neppure capito il dramma che stavo vivendo. Parlare di delusione è poco. Non ne abbiamo più parlato, parliamo il meno possibile. È come se mi sentissi orfano. Anche se a mio padre continuo a voler bene.»

Era stato il ricordo di quel colloquio, che se n'era rimasto lì per qualche mese sotto la cenere, a fare scattare nel cervello del ragazzo l'idea che prima gli si era affacciata alla mente, durante la chiacchierata con quel nuovo amico che non aveva mai visto prima, e poi, durante quella notte insonne, mentre si rotolava nel letto, madido di sudore, aveva preso corpo, e adesso aveva chiara davanti a sé. Anni che, senza che lui se ne rendesse conto, gli covava dentro e ora avrebbe forse potuto realizzarla.

Ci sarebbero andate di mezzo anche persone che non gli avevano fatto nulla, ma che gli avrebbero permesso di raggiungere il suo obiettivo. Era un ragazzo di intelligenza superiore alla media, anche se venata da una vena di follia.

Martinelli ripiegò la lunga dichiarazione manoscritta.

Don Colombi, al quale il ragazzo aveva indirizzato le lettere minatorie, punito per il male che aveva fatto al suo amico Marco.

Don Mottola, che, aveva compreso dai giornali, aveva abusato di alcuni ragazzi del Seminario.

Il dottor Mangili, al quale Marco aveva parlato degli abusi del prete di san Genesio e che non aveva dato peso alla cosa, timoroso di sollevare scandali, provocando al figlio una ferita ancora più cocente.

Infine il padre, per gli abusi da lui subiti; perché aveva saputo che era solito maltrattare sua madre; e perché, per la confidenza da lui fatta a Caterina, l'aveva indotta a fuggirsene a Tavernole, e doveva quindi essere ritenuto anche corresponsabile della sua morte.

«Che ne pensate?» chiese alla fine.

«Posso dare un'occhiata ai libri del ragazzo?» domandò Petri entrando nella stanza.

Il libro sul comodino, quello sopra gli altri due, era *L'assassino ha lasciato la firma* di McBain. Petri lo prese in mano. «Questo ce lo portiamo via», gli disse. «Forse, se lo avessi letto con maggiore attenzione, avresti potuto evitare un gravissimo errore.»

«Quale?» chiese d'impulso Claudio Credi.

«Quello di dedicarti a far fuori i preti, invece dei medici. È stata questa improvvisa virata che ti ha fottuto.»

Il ragazzo ebbe un sussulto e guardò Petri, con gli occhi carichi d'odio.

Claudio Credi venne nuovamente ammanettato. «Posso salutare mia madre?»

«Sì», rispose Martinelli. «Ma in nostra presenza. Solo un abbraccio, non un colloquio.»

Restarono stretti alcuni secondi, senza scambiarsi una parola. Poi Claudio Credi venne accompagnato di sotto, scortato da Garramone e Maccari.

«Penso che anch'io dovrò venire con voi», disse Matilde Credi.

«Temo proprio di sì», rispose Martinelli. «Ci pensa lei, dottoressa Bruni?»

«Certo. Di sotto ci sono anche gli agenti Nicotra e Vizzini. Dove dobbiamo portarla?»

«Direttamente alla casa circondariale. In isolamento fino a nuovo ordine, come il figlio. E raccomandi al Direttore che presti la massima attenzione perché non abbiano nessun contatto, anche indiretto, tra loro. E vengano sorvegliati a vista, ventiquattr'ore su ventiquattro.»

«Ma in casa c'è ancora Francesco Credi, il dentista. Si è ritirato nella sua camera e ce lo siamo dimenticato», disse Miceli.

«Lo chiami», fece Martinelli.

Francesco Credi si avvicinò con passo titubante. «Non vedo come possa ringraziarvi... Se non fosse stato per voi...»

«Nessun ringraziamento», rispose secco Martinelli. «Tra i compiti della Polizia c'è anche quello di salvar la pelle alle persone, che lo meritino o no. Comunque, io sono il Procuratore della Repubblica e avrà mie notizie al più presto, su questo può contarci. La prescrizione non dovrebbe ancora essere maturata.»

Francesco Credi, già pallido, si fece cadaverico. Se ne tornò in camera, farfugliando qualcosa di incomprensibile.

«Ti accompagno a casa», disse Martinelli a Petri. «Tu, comunque, cosa ne pensi? E lei, Miceli?»

«Rashomon», rispose Miceli.

«McBain», fece Petri.

Martinelli lo guardò senza capire.

Durante il tragitto per via Cairoli, questa volta a velocità normale e senza alcun lampeggiante sul tettuccio, restarono in silenzio.

Fu Martinelli a romperlo, all'improvviso. «Sai, Petri, quasi quasi sono tentato anch'io dalla pensione. Solo che dopo non saprei che fare. È questo che mi spaventa. Perché non vieni a cena da me, una di queste sere, con tua moglie? Mi farebbe piacere, e magari, se a te non dispiace, potremmo invitare anche Miceli e quella sua ispettrice con la quale mi sono spesso stupidamente scornato. Sarebbe un bel modo per ricominciare e...»

«Martinelli», lo interruppe Petri, «mi vuoi spiegare cosa ti sta accadendo? In verità non ti riconosco più e quasi rimpiango il tempo in cui ci scazzavamo e mi vedevi come il fumo negli occhi. Te lo ripeto: cosa ti sta accadendo?»

«Niente», rispose Martinelli con un sorriso stanco. «Forse sto solo invecchiando un po' anch'io.»

Capitolo 35

Erano passate le undici quando Petri rincasò. Anna lo stava aspettando, seduta in salotto, con un libro in mano, davanti al televisore al quale aveva tolto il volume. «Carlo, ero decisamente preoccupata, neppure una telefonata e...»

«Hai ragione. Adesso è finita anche questa storia, con l'ultimo tentato omicidio. Claudio Credi voleva ammazzare il padre, che anni fa aveva abusato di lui. D'accordo con la madre, ne sono convinto.»

«Hai mangiato qualcosa?»

«No, ma non ho alcun appetito. Magari solo un bianco. Mi siedo un momento con te, mi fumo una sigaretta in pace e poi un bel tranquillante. Credo di averne proprio bisogno. Domani ti racconto la fine di questa vicenda, e tutto il resto che ancora non sai.»

«E non potresti farlo adesso?»

«Se non sei troppo stanca, volentieri. Se non altro servirà a scaricarmi.»

Anna lo ascoltò, pallida, con il volto che le si faceva sempre più triste. «Sai una cosa, Carlo? Che in questa orribile storia, provo quasi più pena per i vivi che per i morti.»

«Forse hai ragione, anche se... Accidenti! Mi stavo dimenticando una cosa importante. Martinelli, accompagnandomi a casa, ci ha invitati a cena da lui.»

«Non stai per caso scherzando?»

«Niente affatto. Ma la cosa che mi ha lasciato veramente di sale è che ha pensato che potrebbe essere l'occasione per invitare anche Miceli e Grazia Bruni.»

«Ma stai parlando sul serio?»

«Certamente.»
«Allora dovresti batterti il petto.»
«E perché?»
«Per non aver pensato che è sicuramente ammalato. Forse gli restano pochi mesi di vita e non vuole dirlo a nessuno.»
«Forse hai ragione, questa possibilità non mi era neppure passata per la testa. Potresti anche averci preso, anche se mi auguro di no. Ma, già che siamo in argomento, quel mio cugino di secondo grado, il prete...»
«Don Bortolo?»
«Sì, don Bortolo. Ti senti sempre con lui?»
«Qualche volta sì.»
«E allora, la prima volta che lo senti, perché non lo inviti a pranzo da noi? Potrebbe essere un'idea.»
Anna lo guardò un momento. Poi gli sfiorò la guancia con una carezza e gli arruffò la barba, come era solita fare quando faticava a esprimersi a parole.
«Una cosa, però, deve essere ben chiara», disse Petri.
«E cioè?»
«Che io mi sento bene. Sono solo un po' stanco, ma non mi pare di accusare alcun disturbo.»

Nota dell'autore

Ancora Petri e Miceli. E la squadra della Mobile bresciana, con i suoi componenti ai quali ormai mi sono affezionato e che mi pare di conoscere come dei vecchi amici, che si muovono in un'attività quotidiana, fatta di intuizioni che a volte si rilevano determinanti, ma anche di piccole ingenuità e di qualche tensione destinata presto a rientrare, per la generosità e il legame profondo che li unisce.

E Anna Petri e Lucia Miceli che, sommessamente, sono accanto ai protagonisti, magari dando il loro contributo che deriva dal buon senso e dall'affetto che continuano a nutrire per i rispettivi mariti, spesso travolti dalle vicende che si trovano ad affrontare.

Miceli e Petri stanno invecchiando: con i capelli bianchi non si può venire a patti e gli anni che passano lasciano il segno.

Miceli vagheggia una pensione che si sta sempre più avvicinando. La desidera e, a un tempo, la teme, nascondendo le sue piccole insicurezze con un atteggiamento burbero, destinato a proteggerlo, ma che non inganna i suoi uomini che sanno di avere in lui una sorta di padre benevolo e comprensivo.

Petri si è fatto più bizzoso, morde il freno, forse inconsciamente rimpiangendo gli anni in cui il suo lavoro lo impegnava a tempo pieno. Vive con sempre maggiori difficoltà le contraddizioni e le storture dell'epoca che sta attraversando, e reagisce con qualche ripiegamento su se stesso, con momenti di insofferenza che, qualche volta, rischiano di minare il suo rapporto con Anna. Non perde occasione per sfoderare, un po' provocatoriamente, il suo anticlericalismo di sapore ottocentesco, che fa sorridere, ma che in lui è radicato, anche se finisce col diventare quasi un gioco innocente, che solo l'intransigenza di Anna non sa riconoscere.

Il tempo passa e tutto cambia, anche persone che nelle storie precedenti potevano non aver destato la simpatia di qualche lettore, ma che, lentamente, acquistano una dimensione nuova, imboccando percorsi inattesi e positivi.

E anche molte vicende di quest'ultima storia continuano a essere pervase da una sotterranea pietas, che spesso non distingue tra vivi e morti, tra vittime e carnefici, tutti immersi in un divenire che, per certi versi, li accomuna.

Narrativa TEA

Pamela Aidan, *Per orgoglio o per amore* (2ª rist.)
–, *Quello che resta* (2ª rist.)
–, *Tra dovere e desiderio* (2ª rist.)
Alan D. Altieri, *Armageddon* (1ª rist.)
–, *Hellgate*
–, *Killzone*
–, *Underworlds*
Stephanie Barron, *Jane e la disgrazia di Lady Scargrave* (3ª rist.)
–, *Jane e il mistero del Reverendo* (2ª rist.)
–, *Jane e il segreto del Medaglione* (3ª rist.)
–, *Jane e lo spirito del Male* (1ª rist.)
–, *Jane e l'arcano di Penfolds Hall* (1ª rist.)
–, *Jane e il prigioniero di Wool House*
–, *Jane e i fantasmi di Netley*
–, *Virginia Woolf e il giardino bianco*
Carrie Bebris, *Intrigo a Highbury*
–, *Le ombre di Pemberley* (2ª rist.)
–, *L'enigma di Mansfield Park* (2ª rist.)
–, *Orgoglio e preveggenza* (6ª rist.)
–, *Sospetto e sentimento* (2ª rist.)
–, *Inganno e persuasione*
Alethea Black, *Un giorno uno sconosciuto mi diede una chiave*
Paolo Cacciolati, *Digestione del personale*
Monica Ciccolini, *Il cielo bugiardo* (1ª rist.)
Shobhaa Dé, *Notti di Bollywood*
–, *Ossessione*
Daniela De Prato, *Il sole negli occhi*
Stefano Di Marino, *Sole di fuoco*
Susan Finden, *Casper il gatto pendolare* (2ª rist.)
James Frey, *Buongiorno Los Angeles*
Juliet Gael, *Romancing Miss Brontë*
Marina Garaventa con Emilia Tasso, *Voglio arrivarci viva*
Roberto Goracci, *Acqua viziata*
Amanda Grange, *Mr. Darcy, Vampyre*
Cornelius Kane, *Gli Ingrattabili*
–, *Il braccio felino della legge*
Raffaello Mastrolonardo, *Lettera a Léontine* (2ª rist.)
Tucker Max, *Spero che servano birra all'inferno* (2ª rist.)
Viviane Moore, *Il sigillo dell'abate*
Elizabeth Newark, *La figlia di Jane Eyre*
Rossella Panigatti, *AnimaMagica*

Gabriella Parca, *La guerra acerba*
Tony Park, *Il respiro della savana*
–, *Sotto il cielo dell'Africa*
Roberto Parodi, *Scheggia* (2ª rist.)
–, *Controsole* (1ª rist.)
Rebecca C. Pawel, *I professori di Salamanca*
Matteo Pelli, *Non invitarmi al tuo matrimonio*
Liaty Pisani, *Il diario della signora*
Ian Sansom, *Il caso dei libri scomparsi* (9ª rist.)
–, *Che cosa è successo a Mr. Dixon?* (2ª rist.)
–, *Due uomini e un furgone (per non parlar dei libri)* (1ª rist.)
–, *Galeotto fu il libro*
Sara, *In un corpo senza carne*
Michaela Schwarz, *Un tango a Manhattan*
Gianni Simoni, *Commissario domani ucciderò Labruna* (2ª rist.)
–, *Lo specchio del barbiere* (1ª rist.)
–, *Morte al cancello* (2ª rist.)
–, *Un mattino d'ottobre* (2ª rist.)
–, *Pesca con la mosca* (1ª rist.)
Nicole C. Vosseler, *Il cielo sopra Darjeeling*
Zoran Živković, *Sei biblioteche*
–, *L'ultimo libro* (4ª rist.)
–, *Sette note musicali*

Gianni Simoni
La morte al cancello

In una fredda notte bresciana la ricca e bella moglie di un medico molto in vista viene barbaramente uccisa davanti al cancello della sua villa. Qualche giorno più tardi i corpi senza vita di due senzatetto vengono ritrovati nella periferia della città. Due casi apparentemente lontanissimi, ma entrambi molto scomodi per gli inquirenti perché rischiano di attirare troppo l'attenzione pubblica. Due casi che scottano sulla scrivania del commissario Miceli. Ma anche questa volta non sarà da solo: al suo fianco, oltre ai collaboratori più fidati – non possono mancare la bella e brava ispettrice Bruni e il buon Maccari, agente dal fiuto imbattibile – ci sarà l'ex giudice Petri, che, sempre assetato di giustizia, nonostante l'età, e insofferente alla sua altrimenti noiosa vita da pensionato, non esita a buttarsi in una nuova indagine.
Se il primo caso sembra non trovare risposta – chi poteva avercela con due barboni che non avevano mai dato fastidio a nessuno? – il secondo parrebbe averne troppe, perché molti potevano avere interesse a togliere di mezzo la bella signora: il marito, dall'alibi zoppicante, l'amante troppo giovane, il marito dell'amica assetato di soldi...
Un noir raffinato, in cui la soluzione prende forma lentamente, seguendo percorsi pieni di ombre, come le vie di quella città, Brescia, che fa da inconfondibile sfondo alle indagini di Petri e Miceli, amici e alleati in nome della giustizia.

TEA

Fotocomposizione:
Nuovo Gruppo Grafico s.r.l. - Milano

Finito di stampare
nel mese di febbraio 2012
per conto della TEA S.p.A.
dalla Grafica Veneta S.p.A.
di Trebaseleghe (PD)
Printed in Italy